新编

終朝采藍

古名物尋微

下

扬之水 著

三联书店

目次

新编

終朝采藍

工艺品中的人物故事图

小引

《海外中国名画精选·Ⅰ》著录一件美国弗利尔美术馆藏北宋何充《摹唐卢媚娘像》，图版说明云："这帧被称为《摹唐卢媚娘像》的肖像画，尚不知卢媚娘为何人，大约是唐代一名媛。此图并非摹唐人画迹，而是宋人之作，画中人物的服饰和造型是典型的宋代仕女的样式。卢媚娘手持麈尾，眼睑低垂，静候而立，是一幅十分动人的仕女画。"[1]（图1）

又《中国绘画全集·6》著录故宫藏一件南宋无款册页《叱石成羊图》，说明云："此图不知原载何册，又名《初平牧羊图》。图绘土坡上一长者袖手而立，倾听席地而坐的童子捧卷朗读，身后四只山羊，其态自在。左侧山石嶙峋，苍松红枫掩映，白云瀚起，山泉奔流。右侧水波潾潾，空旷浩渺。"[2]（图2）

图版说明偏重于对作品的艺术欣赏，这里引录的尚非全文。不过图画表现的内容究竟是什么呢，这似乎也应作为赏鉴的一个重要部分，——人物或人物故事的选择，总是反映着时代之审美趣向的。

卢媚娘，亦作卢眉娘，她却并非"唐代一名媛"，而该算作神仙之属。《云笈七签》卷一一六"神姑"条："神姑者，卢眉娘是也，后魏北祖帝师卢景祚之后，生而眉长且绿，因以为名。永贞元年，南海太守以其奇巧而神异，贡于京。卢眉娘幼而慧晤，能以一丝析为三缕，染彩于掌中，结为伞盖五重，其中有十洲三岛、天人玉女、台殿麟凤之像，而外列执幢捧节仙童，不啻千数。其阔一丈，秤之无三数两。自煎灵香膏傅之，则虬硬不断。顺宗皇帝叹其巧妙，二宫内谓之神姑。

1　刘育文等《海外中国名画精选·Ⅰ》，页93，上海文艺出版社一九九九年。
2　中国古代书画鉴定组《中国绘画全集·6》，图七八，浙江人民美术出版社等一九九九年。

图 1 《摹唐卢媚娘像》美国弗利尔美术馆藏

图 2 《叱石成羊图》故宫藏

入内时方年十四，每日但食胡麻饭三二合。至元和中，宪宗皇帝嘉其聪慧，因赐金凤环以束其腕。久之，不愿在宫掖，乃度为女道士，放归南海，赐号曰逍遥。数年不食，常有神人降会，一旦羽化，香气满室。将葬，举棺觉轻，撤其盖，唯旧履而已，往往人见乘紫云于海上。罗浮李象先作《卢逍遥传》，苏鹗载其事于《杜阳编》中焉。"《云笈七签》原是道教类书，这一段文字所述眉娘事迹与《杜阳杂编》卷中所述大致相同，唯《杂编》说到卢氏的先人"自大足中流落于岭表"，且道眉娘"能于一尺绢上绣《法华经》七卷",则眉娘虽是逍遥仙,却于佛法也曾投入一份深情。

确定身分之后,观画之眼便可以稍稍调整。郭若虚《图画见闻志》卷一"论妇人形相"条说道,"历观古名士画金童玉女及神仙星官中,有妇人形相者,貌虽端严,神必清古",何充摹本于郭氏,自属当代作品,依了他的标准,却可以算得不失古意。

《叱石成羊图》写皇初平故事。《云笈七签》卷一○九"皇初平"条:"皇初平者,丹溪人也。年十五,家使牧羊。有道士见其良谨,将至金华山石室之中,四十余年,翛然不复念家。其兄初起,行索初平,历年不得。后见市中有一道士,善《易》,而问之曰:'吾弟牧羊,失之四十余年,不知存亡之在,愿君与占之。'道士曰:'昔见金华山中有一皇初平,非君弟乎?'初起闻之惊喜,即随道士去求弟,果得相见,悲喜语毕,兄问初平曰:'牧羊何在?'答曰:'近在山东。'初起往视之,杳无所见,但有白石垒垒,复谓弟曰:'山东无羊也。'初平曰:'羊在耳,兄自不见。'兄与初平偕往寻之,初平曰:'叱叱羊起。'于是白石皆起,成羊数万头。"将《云笈七签》与册页所绘相对看,可知它的"又名《初平牧羊图》",原是更为贴切。"土坡上一长者"头戴莲花冠,则为道士无疑,那么这便是最初的情节,图绘"童子捧卷朗读",正是意在见其"良谨"。金华有赤松山,一名卧羊山,即初平叱石成羊处。初平故事也早见于诗人吟咏,晚唐五代诗僧贯休《古意九首·莫轻白云白》"莫见守羊儿,或是初平辈";又《和杨使君游赤松山》"初平谢公道非远,黯然物外心相逢。石羊依稀龁瑶草,桃花仿佛闻仙钟"[1]。谢公,谓谢灵运。初平仙游与谢公放浪山水,是

1　《贯休歌诗系年笺注》(胡大浚笺注),页63、277,中华书局二〇一一年。

同怀超然物外之情也。宋及宋以后,它更成为人们常用的典故。如苏轼《和子由送将官梁左藏仲通》"问羊他日到金华,应许相将游阆苑",句下自注:"黄初平之兄寻其弟于金华山。"又《登云龙山》"醉中走上黄茅冈,满冈乱石如群羊"[1],都似信手拈来。

不过这里解读两幅画作,其实更在于另外的意义,即它与下面讨论到的工艺品图案中的人物故事密切相关。在工艺品从器形到纹样的全面趋向中土化这样一个大的潮流中,绘画自是装饰工艺最为直接的范本。

一 许旌阳斩蛟铜镜

工艺品的图案设计取材于神仙传说和历史故事,这种做法宋代开始多起来,当然此前在金银器中已经不止一例,如法门寺地宫出土金花银香宝子装饰烂柯山故事[2](图3),陕西耀县柳林背阴村出土鎏金银三足罐饰春秋人物故事[3],又辽耶律羽之墓出土鎏金银折肩罐上安排孝子图[4]。金代磁州窑枕的人物故事做纹样,更开了一代风气。

先举两个铜镜的例子。其一,《广西铜镜》著录一面征集于兴安县溶江镇的宋代人物故事镜,图版说明称作"仙人降龙纹葵瓣形铜镜",并述其图案曰:"钮右有一仙人,头挽髻,身着对襟长袖衫,右手抬起,抛剑刺向飞龙。左手臂上挽着一根打成圆结的长索,双脚踩在云朵上。钮左一龙的龙头向下,俯身曲颈,后肢被压在剑下,尾卷曲缠于剑格处。钮上方一小长方格内有铭文(不清)。"[5](图4)

图3 金花银香宝子局部 法门寺地宫出土

图4 许旌阳斩蛟纹铜镜 广西壮族自治区　　　图5 许旌阳斩蛟纹铜镜 浙江江山博物馆藏
博物馆藏

　　另一件菱花镜著录于《浙江出土铜镜》,构图与它大致相同,中部刻"衢州郑家"牌记,出江山县城关镇老虎山⁶(图5)。

　　图案中的人物为"仙人",似无疑义,但究竟是哪一位真仙呢?

　　此位仙人应是许旌阳,即铜镜图案为旌阳斩蛟故事。且看唐张鷟《朝野佥载》卷三中的一段记述:"西晋末有旌阳县令许逊者,得道于豫章西山。江中有蛟为患,旌阳没水,剑斩之。后不知所在。顷渔人网得一石甚鸣,击之声闻数十里。唐朝赵王为洪州刺史,破之得剑一

1　《苏轼全集校注》(张志烈等校注),第三册,页1722、1826,河北人民出版社二〇一〇年。

2　有关考证见倪亦斌《瓷器故事图画新证》,页100~101,《艺术世界》杂志社二〇〇六年。不过作者曰一旁的观棋者"怀抱一根扁担",非是。曾有机会在展厅近距离观摩实物并摄影,可见所谓"扁担",原是衣襟,标识砍柴身分的当是别在腰间侧后露出在身体左边的斧子。

3　申秦雁《陕西历史博物馆珍藏金银器》,图七六,陕西人民美术出版社二〇〇三年。

4　盖之庸《探寻逝去的王朝:辽耶律羽之墓》,页61~63,内蒙古大学出版社二〇〇四年。

5　广西壮族自治区博物馆《广西铜镜》,图五一,文物出版社二〇〇五年。

6　王士伦、王牧《浙江出土铜镜》,图一四二,文物出版社二〇〇六年。

双，视其铭，一有'许旌扬'字，一有'万仞'字。遂有万仞师出焉。"段成式《酉阳杂俎·前集》卷三也有旌阳斩蛇故事，与这里的叙述稍有不同[1]。至宋，许旌阳故事变得很流行，并且多有形象的塑造和题咏，如陆游《剑南诗稿》卷十九《小斋壁间张王子乔、梅子真、李八百、许旌阳及近时得道诸仙像，每焚香对之，因赋长句》。又韩淲《赵主簿以许旌阳李八百像刻来，因得二首》，其一句云"眇眇西山路，谁知许旌阳。余事断蛟尔，剑气聊自藏"；"安得从其游，像刻不可忘"[2]，也是一例[3]。风气之下，铜镜取此作为装饰图案便很自然，而纹样的构图与当时流行的"得道诸仙像"应该是很有关系的。

二 一组银花片上的人物故事图

金银器中的人物故事图，一个比较集中的例子发现在浙江义乌柳青乡游览亭村宋代窖藏，《义乌文物精粹》著录了这一组七枚的錾刻人物故事图银花片[4]。七枚银片均用鱼子地上的缠枝卷草和折枝花卉装饰宽宽的边框，画心錾刻人物故事。以刀代笔，虽然难得笔墨韵致，但它的经营位置与刻画人物都很见功夫，写态传神也不输画笔。

且讨论其中的四枚：

第一图，画心简笔刻泉石古木和轻轻涌起的烟岚，中坐一人鼓琴；赏音者二，一人抱膝，一人拊掌，中设酒食；侍者二人，分立两边；泉畔有坐骑，马鞍、障泥毕具（图6）。

第二图，隐隐一线勾出山坡，坡间写树，写羊；坡前古松细写松针，松下老者策杖与少年对答，少年伸臂做指点状（图7）。

第三图，一带远山为后景，近景一座跨水之桥，桥头一对交午柱，女子捧砚，男子题桥，右边的小半个画面用两株桂树提醒主题（图8）。

图 6　萧思话松下抚琴　浙江义乌柳青乡游览亭村
窖藏银片画心

图 7　初平故事　游览亭村窖藏银片画心

图 8　相如题桥　游览亭村窖藏银片

图 9　毕卓故事　游览亭村窖藏银片

第四图，画面中心赫然一排酒具，酒瓮二，经瓶二，一人抛酒盏醉卧在酒瓮前边，旁立一人，叉手示敬，边侧有主仆二人对答（图9）。

该如何确定图案所表现的故事内容？从"三代"到唐宋，追索的

1　江中斩蛟的晋故事尚有《晋书》卷五十八中说到的周处，不过后世多视他为壮士，而不作仙人看。

2　《全宋诗》，册五二，页32453。

3　又，《夷坚志·三志辛》卷一《吴琦事许真君》曰：饶州吏人吴琦徙居后，"整顿神佛堂，铺设位像，以所蓄寿星一轴挂左壁，右方阙焉"，"旋命画工刘生绘九州都仙太史高明大使像以补之，所谓许真君也"。

4　吴高彬《义乌文物精粹》，文物出版社二〇〇三年。

范围似乎太大了，更何况很多故事会有场景的相似。不过图案的设计总离不开它的时代背景，总要与时代的风气紧密相连。前面说到工艺品的图案设计取材于神仙传说和历史故事是宋代的装饰风格之一，而金银器中的人物故事因为使用者的关系，便更加贴近士人趣味。不过一个必要的前提是选取的故事不宜太偏，否则当会影响对它的理解和欣赏。如此，它应是容易查找和经常使用的典故，——比如见于类书的故实，而图案的粉本，最方便取用的莫过于同时代的绘画。北宋郭若虚《图画见闻志》卷一"论收藏圣像"，曰自魏晋南北朝至近代，诸大家"无不以佛道为功。岂非释梵庄严，真仙显化，有以见雄才之浩博，尽学志之精深者乎"。是书以下各卷叙述画家事迹，于人物画，亦每每首先举出佛道人物。所谓"佛"，则"释梵庄严"也；所谓"道"，则"真仙显化"也。那么后者的构图，不妨是写真形式的画幅，如何充得《摹唐卢媚娘像》；大约也有一部分是表现了若干情节的故事画，如前面举出的《初平牧羊图》。此外便是有意趣有情味的历史人物故事，如竹林七贤图、六逸图之类。

基于这样一个基本的，虽然是很粗略的认识，似可大致推定游览亭村窖藏银片中几幅图案的内容。

第一图为萧思话故事。《事类赋》卷十一"松石方期于思话"，句下注云："《宋书》曰：萧思话领左卫将军，尝从太祖登钟山北岭，中道有磐石清泉，上使于石上弹琴，因赐银钟酒，谓曰：相赏有松石间意。"萧思话事见《宋书》卷七十八。太祖即宋文帝刘义隆。思话是孝懿皇后弟，《宋书》说他"好书史，善弹琴，能骑射"，而且"颇能隶书"，先即为武帝刘裕所赏，至"以国器许之"。北岭抚琴事在元嘉二十四年。故事里的景物在银片中几乎无一遗漏，所谓"松石间意"，也以简笔渲染得好。

《事类赋》，亦名《事类赋注》，作者吴淑，乃徐铉之婿，与铉相同，也是由南唐入北宋。《事类赋》是类书之属，它以骈四俪六之文熔铸故实，然后分题合作为赋，赋的每一句之下再一一注明出处和故事。作者的撰述目的之一当是为了服务于取士之制，取材的广博又使得它略如一部小百科，好处且在于选用的多是"习见"之书[1]。虽然目前能够见到的最早的刻本是南宋时物，但北宋时期它已屡被人提及。宋代金银器常见成套的组合，那么当日很可能是集中为一批而同时打造出来，在这种情况下，把银匠请到宅中，自然也是常用的办法，如《夷坚志·乙志》卷二十中说到的"童银匠"故事[2]。如此，图案设计有主人的参与，自是题中应有之义。而这一组银器中的人物故事，便很可以见出士子文人的价值取向和审美趣味。

第二图与故宫藏宋人册页《叱石成羊图》正好合看（见页8图2），这一幅倒是可以命作"叱石成羊图"，便是皇初平故事后半部中的情节。图中的策杖老者，乃初平的兄长初起，叱石成羊者则是初平，虽金华山中四十余年，但作为得道的仙人，而依然一副少年形容也。初平故事在《事类赋》中两见，一见于卷七《地部》"石"类的"初平叱羊"，一见于卷二十二《兽部》"羊"类的"叱白羊于金华"。初平后来又被称作金华羽士，如元张可久［南昌·四块玉］《闲居》"玉洞仙书带云缄，金华羽士登门探"。成书于明万历间的汪云鹏《有象列仙全传》中也有初平事迹，所配插图即"叱石成羊图"（图10），且与银片的构图并没有相去很远，唯"皇初平"作"黄初平"[3]。清末"海上四任"

1　《四库提要》说它选材之"精审尤为可贵，不得以习见忽之矣"。当然其时用到的不少书今已非"习见"。

2　"童银匠"一则开篇即曰"乐平桐林市童银匠者，为德兴张舍人宅打银，每夕工作"，云云。游览亭村窖藏与银片同出的尚有一组七件鎏金银台盏，酒盏的圈足外侧有"陈官人宅用"五字铭，则很有定制的可能。

3　王秋桂等《中国民间信仰资料汇编》第一辑第六册，台湾学生书局一九八九年。

图 10 《有象列仙全传·黄初平》　　　图 11 《列仙酒牌·黄初平》

之一的任熊绘列仙酒牌，"黄初平"便是其中一叶，题曰"羊成石，石成羊，即此可以喻沧桑，今朝有酒须尽觞"，似乎最与宋人对此故事的喜爱相通[1]（图11）。金华山在今浙江金华市北，若银片主人家本义乌，那么初平故事也可算得"本地风光"了。

　　第三图当命作"相如题桥图"。与它相同的题材也见于河北磁县南来村西岗古墓出土金代磁州窑枕，二者构图大致相同，不过后者特地在桥头交午柱下的横额上面写出一个"桥"字[2]（图12）。故事原出晋常璩《华阳国志·蜀志》，曰成都"城北十里有升仙桥，有送客观，司马相如初入长安，题市门曰'不乘赤车驷马，不过汝下'也"（赤车，《水经注》卷三十三引作"高车"；市门，引作"其门"）。相如题桥更是当时乃至后世常用的熟典，王实甫《西厢记》第五本第五折〔太平令〕"得意也当时题柱，正酬了今生夫妇"；白朴《裴俊卿墙头马上》第三折〔鸳鸯煞〕"唱道题柱胸襟，当垆的志节，也是前世前缘，今

图 12　磁州窑枕相如题桥 中国磁州窑博物馆藏

磁州窑枕相如题桥 局部

图 13　磁州窑白地褐花扁壶 大英博物馆藏

生今业"，皆其例也。元代的关汉卿和屈恭之均曾作过《升仙桥相如题柱》杂剧，惜不传。明孙梅锡《琴心记》传奇敷演相如事迹，第二十出即为《誓志题桥》。同样题材装饰图案的使用与传播，也正与此相应。大英博物馆藏一件元代磁州窑双系扁壶，文君捧砚，相如题桥，桥头柱下的匾额书"升仙桥"三字，自使图案主题更为醒豁[3]（图13）。

1　《任渭长人物版画四种之一·列仙酒牌》，人民美术出版社一九八七年。

2　今藏中国磁州窑博物馆，本书照片系参观所摄。倪亦斌《看图说瓷》于此有详考，所举图例甚多，见该书页53～58，中华书局二〇〇八年。

3　霍吉淑《大英博物馆藏中国明代陶瓷》，下册，页506～507，故宫出版社二〇一三年。图版说明曰："酒瓶一面描绘这样一幅图画：柳树下，一男一女正在翩翩起舞，旁边有一公一母两只山羊在悠然张望；另一面则是一男一女正要过桥的图画，桥上立着一座牌坊，上面写着'升仙桥'三个大字。桥上方的天空中，有几只仙鹤飞来飞去。"按注释所举倪亦斌文，文中也以此为图例之一，不过作者认为捧砚者是个"小厮"，却是认得差了。

图 14　相如题桥金掩鬓 江苏常熟市西门外程家坟出土　　　　　　相如题桥金掩鬓局部

常熟市西门外程家坟明墓出土一对金掩鬓，其中一支也是以此为饰，书童捧砚，相如题桥，身后添了仆从与马，桥头柱下的横匾篆了"升仙"两个大字 [1]（图 14）。捧砚者由文君易为书童，可知是依据《琴心记》描述的情节设计纹样。

　　第四图为毕卓故事。《晋书》卷四十九《毕卓传》说他晋元帝时为吏部郎，"常饮酒废职，比舍郎酿熟，卓因醉夜至其瓮间盗饮之，为掌酒者所缚，明旦视之，乃毕吏部也，遽释其缚。卓遂引主人宴于瓮侧，致醉而去"。银片图案即天明时分颇有戏剧性的一刻。

　　毕卓故事也见于传世绘画，故宫藏传唐人陆曜《六逸图》中的"六逸"之一即为"毕卓醉酒"。图绘毕卓赤膊醉卧在酒瓮之侧，掌酒者手提绳索方欲持缚（图 15）。两相比较，绘画的着墨在于人物，银片图案则更偏重于表现故事情节。

　　毕卓醉酒是当时人们很熟悉的故事，"阮修杖头，毕卓瓮下"，见于宋人作《蒙求集注》卷上，因此银片纹样可以作"毕卓醉酒"，也

图 15 《六逸图·毕卓醉酒》故宫藏

图 16 磁州窑酒人图罐（毕卓醉酒图）旧金山亚洲艺术馆藏

不妨题作"毕卓瓮下"。毕卓也是诗人喜用的典故，苏轼《成伯家宴，造坐无由，辄欲效颦而酒已尽，入夜，不欲烦扰，戏作小诗，求数酌而已》，切题之句便是"抱瓮须防吏部来"[2]。元杂剧里也用得俏皮，乔吉《李太白匹配金钱记》第二折王府尹云："再有那几个古人做贼的来。"答话的韩飞卿唱一支〔滚绣球〕，道是"有一个直不疑同舍郎，有一个毕吏部在酒瓮边"[3]。"有一个毕吏部在酒瓮边"，明代瓷器上却又绘得真切（图 16）。

　　两宋士人的谈神仙，一方面是为着有趣，——由《太平广记》卷一至卷七十神仙故事的编纂，可以很容易看出这样的宗旨；一方面也不是如同汉武帝的求仙是为着肉身不死，而不过欲为自己营造一个暂

1　今藏常熟博物馆，承馆方惠允观摩并拍照。
2　《苏轼全集校注》，第三册，页 1338。
3　藏晋叔《元曲选》，第一册，页 20，中华书局一九五八年。

时摆脱尘累、宁静且复逍遥的人生境界。陆游《剑南诗稿》卷十三有诗题作《宿黄仙观，兵火焚荡之余，惟一殿突兀犹在，黄仙盖许旌阳同时飞升者》，诗云："拔宅翛然上碧虚，神仙岂亦爱吾庐。重门不改云山色，古殿犹存劫火余。翠木萧森高蔽日，黄冠贫窭自畦蔬。残年安得长来此，一椀松肪读《隐书》。"此诗可与卷一的《夜读〈隐书〉有感》同看。仙与人的精神时相往来，便是所谓"平生志慕白云乡"也，它也很可以代表宋士人的对待神仙态度之一般。中古以来至于近古，魏晋风度式的放浪形骸与闲雅从容，在宋人眼中，也常与神仙等量齐观。两宋绘画与工艺品纹样中表现的人物故事，在这一点上可以说是相通的。

三 吐尔基山辽墓出土银壶所饰人物故事图

内蒙古通辽市科左后旗吐尔基山辽墓出土一件银鎏金提梁扁壶，壶腹两面开光中各装饰一幅人物故事图，两图均有榜题，其中一幅题作"四浩先生"，另一幅榜题也是四个字，不过第二字稍欠清晰，不同版本的图录此幅之图版说明概作"弘□先生"[1]（图17）。让人欣喜的是，《契丹风韵——内蒙古辽代文物珍品展》一书不仅刊出此器的全形照片，且两幅装饰图案也分别刊载特写，因得以仔细观看。细审其字，原当是个"牙"字。于是可以明白榜题四字乃是"弘牙先生"，实即"洪崖先生"，正如另一幅中的"四皓"写作"四浩"。

"弘牙先生"之幅，开光内的鱼子地上草丛簇簇，山石三五，其间一行五人。策鞭缓辔骑驴者一，前后从者四，乃分别奉物：持羽扇、负琴、背酒葫芦、肩扇。负琴和背酒葫芦，是并不陌生的构图，在辽宁法库叶茂台七号辽墓出土的《深山会棋图》中已有如此造型（图18）。

四皓先生图

"弘牙先生"
摹本

图 17　银鎏金扁壶　内蒙古通辽市
吐尔基山辽墓出土

洪崖先生图

草丛的布局也类如七号辽墓所出画轴《竹雀双兔图》。唯觉可怪者，
是肩扇之矮人形若侏儒，扇的六角造型尤奇，似为他处所鲜见。根据
榜题，可以容易识得图中的骑驴者便是主人公"弘牙"亦即洪崖。然
则"洪崖"者，何许人也？

　　宋张淏《云谷杂记》有"二洪崖先生"一则，略云："洪崖先生
有二，其一三皇时伶伦，得仙者，号洪崖。《神仙传》：卫叔卿与数人
博戏于华山石上，其子度世曰：不审与父并坐者谁也。卿曰：洪崖先
生，许由、巢父耳。郭璞诗曰'左把浮丘袖，右拍洪崖肩'，即此是也。
其一，唐有张氲，亦号洪崖先生。按本传及《豫章职方乘》云，氲晋

1　《文明之旅——中国北方草原古代文明揽胜》，页92，内蒙古博物院二〇〇九年；台北
　　故宫博物院、内蒙古博物院《黄金崇族——大辽文物展》，页72，时艺多媒体传播股份
　　有限公司二〇一〇年；深圳博物馆、内蒙古博物院《契丹风韵——内蒙古辽代文物珍品
　　展》，页47～49，文物出版社二〇一一年。

图18 《深山会棋图》局部 辽宁法库叶茂台七号
辽墓出土

州神山县人，隐姑射山。开元七年招至长安，见玄宗于湛露殿。十六年洪州大疫，氲至，施药，病者立愈。州以上闻，玄宗意其为氲。驿召之，果氲也。常服乌方帽，红蕉衣，黑犀带，跨白驴，从者负六角扇、垂云笠、铁如意，往来市间，人莫知其年岁。今人好图其像者，即此是也。豫章有洪崖，盖古洪崖得道处也。后张洪崖亦至其处，

豫章人立祠于洪井，洪崖遂至无辨。"[1] 是洪崖先生之一，为黄帝时候的乐官[2]。洪崖先生之二，为玄宗时候的张氲[3]。而"今人好图其像者"，实此张氲，所谓"今"，自然是作者所处时代。

不过以洪崖先生为题的画作，唐代似已出现。《铁网珊瑚》卷十一著录阎立本《洪崖仙图》，图有东坡跋语，曰："洪崖先生，不知何许人也，姓张，名蕴，字藏真。风神秀逸，志趣闲雅，仙书秘典，九经诸史，无所不通。开元中，已千岁矣。盖古之高仙。明皇仰其神异，累召不赴。多游终南泰华，或往青城王屋，与东罗二大师为侣。每述金丹华池之事，易形炼气之术，人莫究其微妙焉。先生戴高帽，衣红蕉葛衫，乌犀带，短鞠靴。仆五人，名状各怪，曰橘、术、栗、葛、拙。有白驴曰雪精，日行千里。复有随身之用白藤笠、六角扇、木如意、筇竹杖、长盈壶、常满杯，自然流酌。每跨驴，领仆游于市廛，酒酣笑傲自若。明皇诏图其像，庶朝夕得瞻观之。"末署"元祐四年东坡苏轼书"。张丑《清河书画舫》卯集"吴道子"条录此幅，而题作吴道子《洪崖仙图》，苏东坡、黄大痴跋尾，前引东坡跋语之"易形炼气"，

此作"易形炼丹"。黄跋曰:"余往年每见钱舜举、龚翠岩画《洪崖图》,其人物与此卷略相似,而笔路染色各自不同。今观此图制作,皆有唐人法度,非钱、龚二老可及,诚旧物也。其出处已详于坡仙之跋,兹不复赘。至正甲申十月廿八日,大痴道人题,时年七十有六。"此图曾为张丑先人所藏,——"洪崖盖张姓,故府君购以自况"。依黄公望之言,画作虽非出自名笔如阎立本、吴道子,但总是唐人气象。图今不传,然而宋人既"好图其像",则当日同类画作必是常见。依南宋人之说,不仅有李公麟笔,且有临摹之作,所谓"修髯危肩老仙人,布袍革带乌靴巾";"扇者橘,书者栗,瓢者术,缰而掣者葛,笠而鞭者拙,中间庞然大者雪"[4],构图与形象也正如唐人。吐尔基山辽墓出土银壶的取材应即来自绘画以及口传的故事而非文本,构图因素的更易和削减,部分原因或在于材质和工艺,但主要特征依然是保留的。"有白驴曰雪精",银壶图案中洪崖先生之坐骑是也。"白藤笠、六角扇、木如意、筇竹杖、长盈壶、常满杯",图案则以六角扇和酒葫芦略传其神。"仆五人,名状各怪",图案中的肩扇之侏儒是其"怪"也,唯"仆五人",易作四。

　　四皓故事,却是很早就进入装饰领域,如江西南昌火车站东晋墓出土彩绘人物故事图漆盘[5]（图19）,如河南邓县学庄村南朝墓出土彩

1　《说郛》涵芬楼本卷三十。

2　张引《神仙传》,见该书卷二"卫叔卿"条。

3　《新唐书·艺文志》神仙类著录张说《洪崖先生传》一卷,注云:张氳先生,唐初人。

4　洪咨夔《洪崖图行》（叶知录薄临龙眠本见遗）,《全宋诗》,册五五,页34597。洪氏《平斋文集》卷十又有《题洪崖图》一则述此图始末,曰"吴兴叶子渊得晁氏所藏龙眠本,手临以见遗",末署"绍定癸巳立秋日"（《日本国立公文书馆藏宋元本汉籍选刊·14》,页85～86,凤凰出版社二〇一三年）,癸巳,为绍定六年。又元王恽有诗作《题洪崖先生卷后》,句云"昔梦洪崖仙,遗我五色鹿。振衣登长岗,超迈骞玄鹤。山精与木怪,役使供走仆。……我欣拜遗像,及此凡数幅,不知入藏之"数幅",是否为"好图其像"的宋人所作。

5　孙机《翠盖》一文,考订漆盘图案为四皓图,见《中国文物报》二〇〇一年三月十八日。

图 19 彩绘漆盘 江西南昌火车站东晋墓出土

绘模印砖，彩绘砖榜题曰"南山四皓"[1]（图20）。东晋漆盘中尚出现往商山礼请四皓为辅佐的惠太子，但在装饰领域的图像传递过程中，似乎逐渐略去了故事中的政治背景，以后便成为神仙故事了[2]。作为银壶图案的"四皓先生"与"洪崖先生"，取意亦当如此。而纹样设计者，对中原地区的传统题材应该是十分熟悉的。"四皓先生"中坐具之鹿皮荐、下有壸门座的棋局、仙人所戴莲花冠，由此诸般细节的处理，更可见出这一点。

四 邵武南宋窖藏人物故事盘盏

银鎏金盘盏一副出自福建邵武市故县村南宋窖藏[3]（图21），银盏造型为八角，系夹层，高5.5厘米，口长9.3厘米，宽7.5厘米，内层杯心錾刻一首《踏莎行》，词云："足蹑云梯，手攀仙桂，姓名高挂登科记。马前喝到（道）状元来，金鞍玉勒成行对。宴罢琼林，醉游花市，此时方显平生至（志）。修书速报凤楼人，这回好个风流婿。"盏身外壁六个开光布置为六个连续的画面，以为《踏莎行》词意。相对两个长边的开光里，分别表现主题中的两番意思，即一边是"宴罢琼林，醉游花市"，一边为垂柳依傍的宅第一座，两扇大门开启，高高的台阶向上铺展，尽端一溜垂幔，以见"凤楼"之意。女主人闻讯，已在阶前伫候（图22、图23）。窄边各有三个相对的小开光，一边是"足蹑云梯，手攀仙桂，姓名高挂登科记"的图解，即桂树一株，士子踏

图 20　南山四皓 河南邓县南朝墓出土模印砖

一朵祥云正在攀枝折桂，桂树旁边一座殿阁，便是蟾宫，门首大书"登科记"三字[4]（图 24、图 25）。一边是马前喝道与垂柳下侍儿接报的连续画面。

　　构图与它相似者有江西新建县出土的一件银菱花口承盘[5]（图 26）。盘心打作用来承盏的一个菱花形凸棱框，框内錾刻一首与邵武银盏相同的《踏莎行》。框外安排图案。两侧垂柳三株，花开正茂的

1　今藏中国国家博物馆，此为参观所摄。

2　《贯休歌诗系年笺注》，页 387：《四皓图》："何人图四皓，如语话唠唠。双鬓雪相似，是谁年最高。溪苔连豹褥，仙酒污云袍。想得亡秦日，伊余亦合逃。"

3　王振镛、何圣庠《邵武故县发现一批宋代银器》《福建文博》一九八二年第一期，页 57。本篇照片承福建省博物院暨邵武市博物馆提供。

4　宋人讲述的一则故事颇与这里的情境相合，——《扬州茅舍女子》："扬州士人，失其姓名。建炎二年春，因天气融和，纵步出城西隅，遥望百步间有虹晕烨然，如赤环自地吐出。其中圆影，莹若水晶，老木槎丫，斜生晕里，下有茅舍机杼之音。试徐行入观，潇洒佳胜，了非尘境"，"白皙女子四五辈"，"交梭组织白锦"。"逼而视之，锦纹重花交叶之内，有成字数行：第一行之首曰李易，稍空，次又一人姓名，复稍空，又一人焉，如此以十数。乃拱手问之曰：'织此何为？'一人毅然而对曰：'登科记也，到中秋时候当知之。'余无一语。士人辞退，待出得虹晕，回头注目，荡无所睹。"至八月，始唱名放榜，第一人曰李易，其下甲乙之，次无一差，易正扬人也。于是悟首春所届，盖蟾宫云。"（《夷坚志·支志庚》卷九）

5　图片承江西省博物馆提供。

图21　银鎏金盏 福建邵武故县村南宋金银器窖藏　　　　银鎏金盏 盏内层杯心

图22　银鎏金盏 外壁图案：醉游花市　　　　图23　银鎏金盏 外壁图案：凤楼人

图24　银鎏金盏 外壁图案：接报　　　　图25　银鎏金盏 外壁图案：手攀仙桂

一株桂树撑满画面上方。树前通衢之上一行五人，前行一人捧喜报，后面两人打旗，一面旗上大书"天下状元"，状元骑马执鞭，末一人随行于马后张伞盖。垂柳之侧一带楼居，楼上女子凭窗眺望，亦所谓"修书速报凤楼人"，"马前喝道状元来"。

邵武银盏盏心和新建银盘盘心的刻词见于明洪楩编宋人小说《清

图 26　银魁星盘 江西新建县出土　　　　　图 27　银鎏金魁星盘

平山堂话本》中的《简帖和尚》，其入话部分讲咸阳宇文绶与娘子王氏的"错封书"故事，曰宇文绶做了只曲儿，唤作《踏莎行》，即是这一阕，唯字句稍有不同。此词当日在民间应颇为流行，南戏《张协状元》第二十出以及《荆钗记》第十五出、《拜月亭》第三十九出的下场诗，便都是它的摘句，道是"马前喝道状元来，这回好个风流婿"[1]。状元游街在文人词里也是热门话题，不过文辞典雅而已，如北宋张先《少年游慢》"花探都门晓，马跃芳衢阔。宴罢东风，鞭梢一行飞雪"[2]。选取这一题材来作装饰纹样，自是讨人欢喜，用作酒器便为合宜。

邵武银盘长 17.5 厘米，宽 13.4 厘米，式样与盏相谐（图 27）。如此一组两件自是酒器中的盘盏一副。盘心以打造工艺装饰人物故事图。故事情节即系在画面中心的一方小小莲池，池中腾起祥云数朵，云起处一尾游鱼，云端上一条舞龙。图案左边的祥云飞凤是借了龙的故事也来添一份祥瑞，亭子旁边轻烟袅袅的一个三层台似是丹炉，——如果以元代方士画的偃月炉亦即太乙神炉为对照的话[3]。右下角的"携

1　在当日的社会生活中，"状元游街"也已有了固定的形式。南宋《西湖老人繁盛录》记状元游街情景曰，"丽正门喝出状元来三人，第一名状元，第二名榜眼，第三名探花郎"，"各有黄旗百面相从，戴羞帽，执丝鞭，骑马游街"。按宋俗一甲三名，均称状元。

2　《全宋词》，册一，页 79。

3　赵匡华等《中国科学技术史·化学卷》，页 405，科学出版社一九九八年。

新编
髹
朝
采
盏
下

图 28　雕漆捧盒图案局部 东京国立博物馆藏　　　图 29　雕漆捧盒图案局部 冈山美术馆藏

琴访友"乃南宋绘画中常见的图式，在这里烘托气氛，也点缀风雅。此盘的独具匠心之处在于把通常承盘中心的装饰框巧妙化作图案故事中的一个重要情节，即生出鱼龙变化的莲池。

　　整个图案讲述的是关于邛子的传说。刘向《列仙传》卷下《邛子传》云："邛子者，自言蜀人也，好放犬子。时有犬走入山穴，邛子随入，十余宿行，度数百里，上出山头，上有台殿宫府，青松树森然，仙吏侍卫甚严。见故妇主洗鱼，与邛子符一函并药，便使还与成都令桥君。桥君发函，有鱼子也。著池中养之，一年皆为龙形。复送符还山上。犬色更赤，有长翰，常随邛子，往来数百年，遂留止山上，时下来护其宗族。蜀人立祠于穴口，常有鼓吹传呼声。西南数千里共奉祠焉。"这一则故事也收在《太平御览》，见卷九〇五《兽部·狗下》，唯字句多有不同[1]，故事里，犬依然是主角，鱼龙变化也是不曾忽略的情节。之后的不断流传，这一情节在人人欲求"姓名高挂登科记"的时代里，似乎是被提取出来赋予了新的意义，或者说从中生发出另外的主题，即同鲤鱼跃龙门的传说联系在一起，而成为登科的象征。

邵武银盘把它取来布置为图案，便正好成为银盏所饰状元游街图的呼应。画面里，传说中的其他情节大多省略，原为联系情节的犬也不再出现，而庭院中的丹炉如果没有认错的话，那么它应是鱼龙变化的一个凭证，即对原来故事中所谓"符一函并药"的另一种表述方式。

《列仙传》中的邗子故事后世是否仍被人们熟知，也许没有太多的证据以为推断，然而被宋人提取出来的鱼化龙的情节却是独立成篇了，至少作为一种艺术语汇它仍在不断使用。比如日本东京国立博物馆及冈山美术馆收藏的两件雕漆楼阁人物图捧盒。前者为菱花式造型，后者为圆形，鱼化龙的图案均布置在盒盖上面的圆形开光里。楼阁、松竹、边缘点缀山石的池塘，构图的几个基本要素大抵相同，与邵武银盘在纹样上的一脉相承则令人一目了然，而在鱼龙变化之瞬间的几个细节刻画上却特别有着点题的生动，虽然冈山美术馆藏的一件并没有刻画出龙来，而只是用祥云腾涌象征龙的破空飞去。画面中池畔人物的举手投足，若惊若喜，也与情节呼应得更为紧密[2]（图28、图29）。两件漆捧盒的时代约当明中期。又比如湖北蕲春蕲州镇九龙咀明墓出土的一条珠子箍[3]（图30），珠花托了金花，金花衬着珠花，大大小小相间交错，中间一大朵珠花的下方各一尾浪花中跃起的鲤鱼，与它呼应处的珠花上方则是腾身于祥云中的飞龙，也正是鱼化龙故事。

最后再来讨论邵武盘盏的定名。就金盘图案而言，鱼化龙的寓意并不止于举状元，宋廷封赠草制用笺也或以此作为纹样，宋徽宗《宣和宫词》"翰苑花深夜漏稀，奉承亲笔草麻归。鸾笺几幅鱼龙化，近掖重陛一品妃"[4]，所咏即是。然而鱼化龙金盘与状元游街金盏组合

1　如邗子作列子，又省略了桥君，等等。

2　德川美术馆《彫漆》，图一三二，图一七四，大塚巧藝社一九八四年。

3　今藏蕲春博物馆，此为观展所见并摄影。按展品说明作"镶金嵌银龙凤头巾"。

4　《全宋诗》，册二六，页17054。

图 30　珠子箍　湖北蕲春蕲州镇九龙咀出土

珠子箍局部

为一副，含义便很明确了。周密《癸辛杂识·后集》"光斋"条云：
"太学先达归斋，各有光斋之礼，各刻于斋牌之上。宰执则送真金碗
一只，状元则送镀金魁星杯柈一副。"魁星是司文章之神，本名奎星，
为天宫星座之一，《孝经》称"奎主文章"，其状"屈曲相钩，似文字
之画"，科举取士，列在第一者称之为"魁"或"魁首"。明清时代的
吉祥图案中有魁星点斗，最常见的一种是神像为鬼，提笔举足反顾点
斗，即把魁字图像化。不过这种纹样宋代尚未出现。而邵武盘盏以鱼
化龙和状元游街为表现内容，正与"魁星"之意相合，那么以"魁星
盘盏"命名，应该是切题的。

五　明万贵墓出土人物故事金盘盏

元代工艺品人物故事图中的文人趣味，似乎多见于漆器，它的设

图 31 张成款剔红圆盒盒盖 中国国家博物馆藏

图 32 杨茂款剔红八方盘 故宫藏

图 33 《观瀑图》故宫藏

计构思更常常带着从绘画脱胎而来的痕迹。比如宋代开始兴盛起来的雕漆，起初多取用雕饰规整的如意纹，入元以后，尤其是张成、杨茂手制之器，装饰纹样与此前图案化的式样很是不同，花卉禽鸟、人物山水，皆集一时之盛，构图则泰半得自绘画作品，如折枝花卉，便与南宋时代的这一类工笔写生声气相通。人物山水大约也有所本，不过是用鲜丽的红色营造恬静的意境，而刀锋下的景物仍保存着笔墨的圆转流动。最有名的两件张成款和杨茂款剔红观瀑图，分别为圆盒盒盖和八方盘纹样（图31、图32），宋人绘画是它经营意境与图式的范本，差不多是可以肯定的，如辽宁省博物馆藏《白莲社图》，故宫藏《观瀑图》（图33）、《纳凉观瀑图》、《秋山红树图》，等等。关于元代绘画的题咏，也不妨移作它的题画诗，如刘崧《题唐子华〈江居平远图〉》之句"盘石在渚，丛荫在门。有风夏凉，维日冬温。岂无方舟，可以游钓。言曳其杖，于焉遐眺"[1]。唐子华，唐棣也。有意思的是，永乐宫纯阳殿东壁元代壁画吕祖事迹图中的"武昌货墨"一幅，它的配景竟也是与主题

1　《全宋诗》，册二六，页 17054。《刘槎翁诗选》卷一。按刘崧系由元入明。

31

图 34　永乐宫纯阳殿壁画中的观瀑图

几乎无关的观瀑图[1]（图34），可见这一图式的流行。如果把文人绘画定位于"雅"，工匠作品定位于"俗"，那么元代漆器图案显示出来的一种雅俗合流，正可以说是宋代风气的延续。只是元代的文人画风格和题材都发生了大的转变，且以成熟的姿态渐成画坛主流，风气影响之下，漆器图案中的人物故事，其艺术语言着重表达的亦非故事，而是意境。

到了明代，情况又有变化。传统的神仙传说逐渐转变为吉祥题材，最为典型的自然是八仙故事。此外的西王母、东方朔、麻姑，等等，也都陆续收编为祝寿的群仙。工艺品图案取用神仙故事，其要义便不是"度脱"和"飞升"，而是把其中原有的幻丽发扬为人间的喜庆和热闹。

此举金器中的一例。

《北京文物精粹大系·金银器卷》著录北京右安门外明万贵墓出土一件錾人物纹金八角杯和一件錾楼阁人物纹金八角盘[2]（图35）。万贵是明宪宗宠妃万贵妃之父，卒于成化十一年，那么金器的时代当更早一点。关于金杯，图版说明云："金杯以范铸、焊接、錾花等工艺技法制作。杯为八方形，敞口折沿，向下渐收，平底。杯心为太白醉酒像，诗仙李白双眼平视前方，右手置胸前，左手扶一倒地的空酒坛，右腿支住右手，左腿横卧地上，外壁錾刻八仙人物。"

有柄曰杯，无柄曰盏，平底曰盂，若区分稍严，则此金杯当呼作金盂，当然也不妨泛称为盏。八角造型，明人称作"八方"，如《天

图 35　金八角杯　北京明万贵墓出土

金八角盘

金八角杯外壁

金八角盘局部

水冰山录》"金八方杯一十六个"。这两件造型一致的金器，应是一套酒具，即宋元以来经常说到的"盘盏一副"。

　　金盏外壁錾刻八仙人物是不错的，但杯心果然为太白醉酒吗？它似乎与明人塑造的李白形象不很相符。明汪云鹏《有象列仙全传》卷六"李白"一则曰白"醉堕江死"，"元和初，有人海上见白与一道士在高山上笑语，久之，与道士于碧雾中共跨赤虬而去"。这一段仙话原是从宋元时代十分流行的李白骑鲸传说演变而来，元曲中用到的李

1　《中国殿堂壁画全集·3·元代道观》，图一三五，山西人民出版社一九九七年。纯阳殿壁画成于至正十八年（1358）。

2　《北京文物精粹大系·金银器卷》，图五二、图六五，北京出版社二〇〇四年。器藏首都博物馆，本书照片系参观所摄。

图36 《有象列仙全传》中的李白

白典故即以"捉月沉江"为多[1]，似可见出发展的线索。《列仙全传》同卷为故事所配插图，便是一幅山巅云雾里的李白骑虬像（图36）。《天水冰山录》"杯爵"类登录有"金素李白骑鲸大杯一个"。明末话本小说《鼓掌绝尘》第十三回说西湖边上有那博泥人儿的，泥人儿名目中有"李白骑鱼"。此外，李白在元明瓷器纹样中作为酒人形象出现，也总是紧扣"玩月沉江"的题目。如旧金山亚洲艺术馆藏一件白地黑花褐彩图罐[2]，罐腹一周三个开光，开光内的三个酒人分别是毕卓、陶渊明、李白[3]（图37）。李白独坐江边，旁置酒盏与注壶，天边云朵捧出明月与江心之月相辉映。所谓"月映江心月在天"，似乎是"太白捉月图"中不可缺少的构图因素[4]。

与李白时代大抵相同而稍稍晚一点的还有一位著名的酒人，即张志和。前引《有象列仙全传》卷六也有他的传记和图像。图绘万顷波涛中一叶坐席，席置酒坛和壶等酒具，志和戴幞头，服圆领袍，袍系革带与看带，手持高足杯，与云中舞鹤相对。明洪应明《月旦堂仙佛奇踪合刻》卷三《玄真子》中，也有一幅构图大体相同的画像，唯玄真子的身边多了一具钓竿[5]（图38）。

张志和先仕后隐，很早即入编仙籍。一组极见旷达情怀的《渔父词》传之广远，以至与他一起唱和的颜真卿也成为神仙传中的人物。《云笈七签》卷一一三下"玄真子"云："玄真子姓张名志和，会稽山阴人也。博学能文，进士擢第，善画，饮酒三斗不醉。守真养气，卧雪不寒，入水不濡。天下山水，昔所游览。鲁公颜真卿与之友善。真卿为湖州刺史，与门客会饮，乃唱和为渔夫词。其首唱即志和之词，曰：

图 37　磁州窑酒人图罐（渊明爱菊图）　　　　磁州窑酒人图罐（太白捉月图）

'西塞山前白鸟飞，桃花流水鳜鱼肥。青箬笠，绿蓑衣，斜风细雨不须归。'真卿与陆鸿渐、徐士衡、李成矩共唱和二十五首，递相夸赏。而志和命丹青剪素，写景夹词，须臾成五本，花木禽鱼，山水景像，奇绝踪迹，今古无伦。而真卿与诸宾客传玩，叹伏不已。其后真卿东游平望驿，志和酒酣为水戏，铺席于水上，独坐饮酢啸咏。其席来去迟速如刺舟声，复有云鹤随覆其上。真卿亲宾参佐观者，莫不惊异。寻于水上执手以谢真卿，上升而去。今犹有宝传其画在人间者。"[6]

　　关于张志和的画图，米芾《画史》曾提到"唐画《张志和颜鲁

1　如马致远《吕洞宾三醉岳阳楼》第一折"李白扪月在江心丧，刘伶荷锸在坟头葬"。

2　郭学雷《明代磁州窑瓷器》，页 69，文物出版社二〇〇五年；叶佩兰《元代瓷器》，图二五一，九洲图书出版社一九九八年。后者定其时代为元。

3　毕卓故事，见本篇前节。

4　金人蔡珪《太白捉月图》："寒江觅得钓鱼船，月映江心月在天。世上不能容此老，画图常看水中仙。"薛瑞兆等《全金诗》，册一，页 466，南开大学出版社一九九五年。

5　王秋桂等《中国民间信仰资料汇编》第一辑第八册，台湾学生书局一九八九年。

6　末句据《太平广记》卷二十七改。

图 38　张志和《有象列仙全传》　　　　　　　　《月旦堂仙佛奇踪合刻》

公樵青图》"。樵青者，志和之婢也，为肃宗所赐[1]。日人古原宏伸作
《画史集注》，以《三庞图》为例，推测此作的构图或为三人并立之
像[2]。今此图不传，未知究竟如何。不过两幅明代版画所绘都是玄真
子在水戏中酒酣乘席仙去之际的奇幻。以版画与金杯杯心的塑像相对
看，可以见出形象的一致，而后者的一点巧思在于"留白"，即波涛
的效果正要靠满斟于杯中的酒来表现，这一构思原也是来自传统工艺，
如在杯心做出游于莲叶之上的小龟。当然版画的时代或晚于金杯，但
所本的故事则是同源，——《有象列仙全传》作者序云，是编"共成
五百八十一人，而有像则二百二十二人。何则？王母多齿，尚父无髭，
非可拟议而想像者，宁用阙如，以俟博识云尔"。可见此书的"出像"
取之有据，前面举出的"叱石成羊图"即是一例，版画与金杯中的形象因此不妨互证。

金八角盘盏在图录中未被作为一组来看待。盏与盘又曾收入《中国金银玻璃珐琅器全集·金银器·三》，在此卷中，同出于万贵墓的另一件海水鱼龙寿字圆盘与金八方盏合成了一组[3]。然而从器形与装饰工艺来看，同为八方造型以及同以錾刻纹样为饰的盏与盘组合为一套，当更为合式。与此相类的更早的例子，有前节所举邵武南宋窖藏中的金盘盏一副，金盏装饰图案为"状元游街"，金盘图案为鱼化龙故事，形制相谐，装饰手法与主题图案一致。

关于盘的图案，说明云："盘心为一组人物故事图，图案内容极为丰富，刻画了人物、楼阁、树木、水波、马匹、山石等，共刻画人物二十一位，或骑马，或携琴，或交谈，或对饮，人物錾刻随意、洒脱、自如，似信笔而为，却又极富神采，笔笔到位，重檐楼阁用笔严谨，似界画，一丝不苟，整体画面动中有静，静中寓动，是中国传统绘画以錾刻手法在金器中的再现。"

盘心构图的确有画韵，可以对看的有上海博物馆藏一幅明前期宫廷画家安正文作《黄鹤楼图》。只是金盘图案另有故事。

且来重新审视盘心的楼阁人物图。临水一座高阁，门前酒望高挑，楼上有人置酒对饮，有人登临远眺。楼脚一带通衢，有人马络绎而行。水畔一株高柳，柳边现出一角石桥。酒楼顶端松枝掩映，松稍处涌出几朵流云，云间二人，上风处一人负剑，下风处一人捧篮。

1　《事类赋》卷十七"煎于竹里"，注云："《茶谱》曰：唐肃宗尝赐高士张志和奴、婢各一人，志和配为夫妻，名之曰渔童、樵青。人问其故，答曰：渔童使捧钓收纶，芦中鼓枻。樵青使苏兰薪桂，竹里煎茶。"
2　《美术史研究集刊》第十二期，页120，台湾大学艺术史研究所二〇〇四年。
3　杨伯达《中国金银玻璃珐琅器全集·金银器·三》，图版一六一，河北美术出版社二〇〇四年。此前关于墓葬的报道称"万贵夫妇合葬墓随葬品丰厚，出土大量金银、珠宝、玉器"，金器有"'海水江崖'金盏托'太白醉酒'金杯"。北京市文物研究所《北京考古四十年》，页204，图版四二：3，北京燕山出版社一九九〇年。

　　与金杯外壁的八仙相呼应[1]，金盘图案表现的人物故事应是马致远《吕洞宾三醉岳阳楼》，虽然场景描绘并不完全忠实于杂剧情节。由云朵上的捧篮者可知这里是拈来范康《陈季卿误上竹叶舟》中的一个关键情节，而与《岳阳楼》合在了一处。《竹叶舟》第二折吕洞宾自述经历道："呀！则俺呵，曾经三醉岳阳楼，踏罡风吹上碧云游"。所谓"三醉岳阳楼"，是吕洞宾度脱柳精和梅精，此中酒醉岳阳楼是推进剧情发展的关捩。《竹叶舟》里，则吕祖度脱书生陈季卿。剧中一个情节是吕洞宾为梦中的季卿留下一个荆篮，篮子里一首述其梦中经历的七律，季卿梦醒读诗，当下彻悟，于是提了荆篮追上吕洞宾，入道成仙。

　　关于八仙由来的考证，浦江清《八仙考》作得最为透辟，其中又有极好的意见。略云："八仙的构成，有好多原因：（一）八仙空泛观念，本存于道家。（二）唐时道观有十二真人图等，为画家所专工，此种神仙图像可移借为俗家祝寿之用，因此演变成此八仙图，至久后亦失去祝寿之意，但为俗家厅堂悬画。改为瓷器，则成摆设。其用意与'三星'同，祝主人吉祥长寿之意。（三）戏剧本起于宴乐，《蟠桃会》等本为应俗家寿宴之用的，神仙戏亦多用以祝寿。其中八仙排场最受欢迎，适合戏剧的组织。（四）此八人的会合，约略始于宋元之际。（五）此八人的会合并无理由，在绘画方面，犹之唐宋道家画《十二真人画》，南宋板画雕四美人图，宋元俗画《七贤过关图》的随便的组合。"[2]山西侯马出土一组金墓藻井八仙砖雕[3]（图39），中有徐仙翁而无何仙姑，正与宋元戏剧中的八仙角色一致。诚如《八仙考》所论，神仙戏每用于寿宴，此在明代愈成为风气。

　　以这样的认识而反观金盘图案，它的意义便更为显豁。《岳阳楼》首折〔寄生草〕〔金盏儿〕诸曲，曾深为批评家爱赏，赞之为"吐属名隽"[4]，不仅此也，就诸曲的意思来看，也正是祝寿筵席中的俊句。如〔寄生草〕"说什么琼花露，问什么玉液浆。想鸾鹤只在秋江上。

图39　八仙藻井砖雕　山西侯马出土

似鲸鲵吸尽银河浪。饮羊羔醉杀销金帐"。又〔金盏儿〕"我这里据胡床，望三湘，有黄鹤对舞仙童唱。主人家宽洪海量醉何妨，直吃的卷帘邀皓月，再谁想开宴出红妆"。《竹叶舟》的曲辞也有相同的好处，如末了的一曲〔煞尾〕"会瑶池庆赏蟠桃果，满捧在金盘献大罗。增俺仙家福寿多，保俺仙家永快活。

你将这鹤氅乌巾手自摩，葛履绦环整顿过。青色骡儿便撒和，驾一片祥云俺同坐。便有那十万里鹏程，怕甚么海天阔"。

　　从纹饰图案来看，这一组两件的錾刻八仙故事金杯盘为祝寿的贺礼或庆寿宴席中用器应无疑义。纹样设计运思缜密，则表现情节的选择，恐怕也是考虑了与此相关的曲辞，——前面举出的几支曲子，对于寿宴来说，都是恰好不过[5]。另一件不妨和它对看的明黑漆螺钿八

1　《北京文物精粹大系·金银器卷》此器图版说明曰外壁所錾八仙为吕洞宾、汉钟离、铁拐李、张果老、曹国舅、韩湘子、蓝采和、何仙姑。我认为此中没有何仙姑，而有徐神翁，正与当日内府演出本《争玉版八仙过沧海》一致。

2　《浦江清文集》，页14～15，人民文学出版社一九八九年。

3　今藏山西博物院，此为参观所见并摄影。

4　吴梅曰："余独爱此剧之文，如首折〔寄生草〕〔金盏儿〕诸曲，吐属名隽。"《吴梅戏曲论文集》，页392，中国戏剧出版社一九八三年。

5　朱有燉《新编瑶池会八仙庆寿》杂剧前有作于宣德七年的小序，曰"庆寿之词，于酒席中，伶人多以神仙传奇为寿，然甚有不宜用者"，因另为新编。所举其不满意者，即有《吕洞宾岳阳楼》，由此可知此剧原是当日流行剧目之一。宣德七年为一四三二年，万贵人葬时虽距此已有四十余年，但这一套金酒器却很可能是墓主人生前所用之物。何况朱有燉之新编也并未能取代世俗之流行者，比如所举"不宜用者"尚有《韩湘子度韩退之》，而《金瓶梅词话》第三十二回，西门庆摆宴庆贺生子加官，"教坊呈上揭帖，薛内相拣了四折《韩湘子升仙记》"；同书第五十八回，西门庆生日，"下边乐工呈上揭帖，到刘、薛二内相席前，拣令一段'韩湘子度陈半街'《升仙会》杂剧"。小说家固然是借此另做文章，却也见得明代晚期风气犹是如此。

图 40　明黑漆螺钿八方盒　日本大阪市立美术馆藏

方盒，适可作为这一图式之流行的一个旁证 [1]（图 40）。漆盒今藏日本大阪市立美术馆，盖面图案与八方金盘的构图大体一致，石桥、垂柳、酒望、高阁，高阁上下内外的各色人物，基本要素都是相同的。唯天际一朵祥云中只有负剑持扇者一，而以负剑为标识，可知这里讲述的是与八角金盘同样的故事，不过略作变化而已。

七　雕漆裴航故事图盒

明末以后直到清代，漆器中的人物故事图案有不少来自戏曲故事，最常见的似乎是《西厢记》，而它与版画的关系尤其密切，这是近年已经引起关注的话题。至于神仙故事，如前所述，已多被编入祝寿仙班，此外的"散仙"偶尔入取漆器纹饰，或许还是因为它是有名的戏曲故事。

中国国家博物馆藏一件清前期雕漆人物故事图盒，小盒直径 12.4 厘米，造型为梅花式，盒盖细雕山石古松和一道矮矮的篱笆门，门前老妪拄着一根竹节龙头杖，若与拱手施礼的士人相问答，士人幞头圆领，脚下放着的雨伞和包袱，见出是一位远途赶路者 [2]（图 41）。

此即著名的蓝桥遇仙故事，原是唐人裴铏所作《传奇》中的一则。故事说秀才裴航于湘水舟中遇一绝色女子，因以小诗传递情愫。女子

图41 雕漆裴航故事图盒 中国国家博物馆藏

答诗曰："一饮琼浆百感生，玄霜捣尽见云英。蓝桥便是神仙窟，何必崎岖上玉清。"诗中的"蓝桥""云英"，乃情节之预设，只是裴生一时尚不能会得个中玄机。以后裴航促装往京师，途经一地名蓝桥驿，方值口渴难耐，适见茅屋三四间，老妪在焉。生因施礼求浆，于是得遇前番舟中女子赠诗中提到的云英。其后再历周折，终遂良缘，夫妻二人同登仙籍。

裴航故事自问世后即被不断复述及敷衍新篇，笔记、小说之外，据此改编的杂剧、戏文、明清传奇，数量也很是可观[3]。广东雷州出土一件元代雷州窑釉下褐彩罐，罐腹的装饰带内是间以折枝菊花的"蓝桥会仙"四个大字[4]（图42）。故事深为人们爱赏，大约因为它一举占得两项好处，其一情缘，其一仙缘，正是鱼与熊掌兼得已。前面提到过的《月旦堂仙佛奇踪合刻》卷三也有"裴航"一则，便是裴铏《传奇》的简本，值得注意的是同卷所配插图，乃蓝桥驿裴生求浆于老妪的一幕，亦即解开舟中女子所留诗谜的一个要紧关目（图43），以它为比照，尚可认识此前的两个实例：一是吉林大学博物馆藏裴航故事图铜镜[5]（图44），一是出自湖南涟源桥头镇元

1　东京国立博物馆《中国の螺钿》，图九五，便利堂一九八一年。
2　此器承张燕同道相示并提供照片，特致谢忱。
3　关于各种体裁的裴航故事，石昌渝主编《中国古代小说总目·文言卷》李剑国作"裴航传"条所列甚详，见该书页323，山西教育出版社二〇〇四年。
4　今藏广东省博物馆，此为参观所见并摄影。按器物说明定其时代为宋，同行的刘涛先生认为此是元代物。
5　此为参观所见并摄影。按展品说明作"宋西厢画像镜"。

图 42 "蓝桥会仙" 褐彩罐 广东省博物馆藏

图 43 裴航故事《月旦堂仙佛奇踪合刻》

图 44 裴航故事图铜镜
吉林大学博物馆藏

裴航故事图铜镜局部

图 45　裴航故事图银盘局部　湖南涟源元代窖藏出土

代窖藏的裴航故事图银盘[1]（图 45）。可见雕漆梅花小盒的图式其来有自，唯刻画精微，弥见秀巧，度其用途，则香盒为宜也。

明中期以后，注重人物风采气度和故事情节的人物故事图作为漆器、金银器的装饰纹样已经不是流行的做法。如同没有很多情节而只有表演之热闹的诸多庆寿剧一样，从神仙故事剥取来的吉祥寓意差不多成为造型艺术语汇的主流，且在程式化中不断固定它的符号意义，而完全用吉祥寓意来组织人物故事，几乎成为压倒群芳的表现形式，结果便是故事的成分减弱，而由故事引申出来的寓意增强，神仙传说因成生活中用作祈福的平安点缀，本来的出世求解脱，至此变成了入世求福禄。工艺品图案中的人物故事距士人的欣赏趣味于是越来越远，绘画与工艺美术也因此各自独立，各自有了独立的比较固定的题材。可以说，从宋元时代工艺向着绘画的借鉴乃至合流，到明清时代二者的逐渐分流，伴随这一进程的是工艺品装饰全面中土化的完成，以是又成一个新格局。

1　扬之水《湖南宋元窖藏金银器丛考》，载《湖南宋元窖藏金银器发现与研究》，页 367，文物出版社二○○九年。文中写道"就已知的材料而言，这是最早的一例"，不久前所见吉林大学博物馆藏品如果断代无误，那么就它的构图之成熟来看，或当还有更早的来源。

宫妆变尽尚娉婷：

毛女故事图考

日本大和文华馆藏有一件红绿彩人物故事图罐，它在不少中外有关著述中都被提到。不过关于它的时代、它的装饰图案，各家的意见却并不一致。高桥宣治编译的《中国纹样》将之命为"五彩壶"，并有一番详细的形容："在大莲瓣形开光中，画了四个故事图。猴子献桃图是描写西王母的故事，大概是依据吴承恩的小说《西游记》改编来的元曲或故事罢。带着鹤的女人，穿着鹤氅、打赤脚，可知其为仙姑无疑。然单就顶在她头部的宝伞以及她的形姿来看，或许也是王母罢。两图的主题不外都是求取灵药、仙草。正面的一个开光中的二人图，由于中央桌台上放着鼎形香炉，可知右边的是被祭祀者，左边立者为信徒。背面是把宋代以来就有的莲池的植物（在此为莲与慈姑）捆扎起来成为一吉祥图案。细部上，我们从庙地板上的如意头形砖格子，可以肯定此壶为元代之作品。"[1]（图1）郭学雷《明代磁州窑瓷器》也著录此件，名作"白地黑花红绿彩人物图罐"，定其时代为明初，并认为它是禹州窑场出品[2]。应以后者所论为是。这里不妨再补充一点论据，即坐在榻上的女子戴着葫芦耳环，耳环脚乃典型的明代样式[3]。而《中国纹样》对此器装饰图案的种种解说，实在未得其意。

最值得讨论的是罐身四个开光里的三个故事画面。其中的两幅采药图不免教人想到两幅构图相近的绘画作品。一为山西应县佛宫寺释迦塔中发现的辽代绘画，今一般称它为"采芝图"或"神农采药图"。图绘行走于山间的一位赤脚仙人，覆草为披，缀叶为襦，一手持药斧，一手拈灵芝，药箑负背，箑中卓然一杖，杖头挂斗笠、拂子、药葫芦，

1　高桥宣治编译《中国纹样》，图四八，艺术图书公司一九九五年。原著为中野徹等《展开寫真による中国の文樣》，平凡社一九八五年。

2　郭学雷《明代磁州窑瓷器》，页62，文物出版社二〇〇五年。

3　在此特别感谢大和文华馆惠允观摩实物。

新编
终朝采蓝
下

图1　红绿彩人物故事图罐
日本大和文华馆藏

红绿彩人物故事图罐局部

红绿彩人物故事图罐局部

红绿彩人物故事图罐局部

红绿彩人物故事图罐展开图

腰系书卷一帙（图2）。另外的一幅则为台北故宫博物院藏《仙女采芝图》，画面不做配景，只绘一位赤脚仙姑，结树叶为下裳，臂挽竹篮，手拈紫芝，一头青丝绾作双髻，不簪不钗，面容姣好（图3）。

两幅画图中的女子固然都是手拈灵芝，然而画题即因此是"采芝图"吗？似乎不然。所谓"神农"，所谓"仙女"，其实都是"毛女"。

毛女故事最早见于《列仙传》，其卷下"毛女"条云："毛女者，字玉姜，在华阴山中。猎师世世见之，形体生毛，自言秦始皇宫人也。秦坏流亡，入山避难。遇道士谷春，教食松叶，遂不饥寒，身轻如飞，百七十余年。所止岩中，有鼓琴声云。"在葛洪《抱朴子内篇》中，故事情节又有增益，卷十一《仙药篇》："汉成帝时，猎者于终南山中，见一人无衣服，身生黑毛，猎人见之，欲逐取之，而其人逾坑越谷，有如飞腾，不可逮及。于是乃密伺候其所在，合围得之。定是妇人。问之，言我本是秦之宫人也。闻关东贼至，秦王出降，宫室烧燔，惊走入山。饥无所食，垂饿死。有一老翁教我食松叶松实。当时苦涩，后稍便之，遂使不饥不渴，冬不寒，夏不热。计此女定是秦王子婴宫人，至成帝之世，二百许岁。乃将归，以谷食之。初闻谷臭呕吐，累日乃安。如是二年许，身毛乃脱落，转老而死。向使不为人所得，便成仙人矣。"

神仙志怪流行于魏晋，前可上溯到两汉，余波及于南北朝。不过流传下来并且作为艺术表现题材的故事并不很多，而其中的毛女故事却是格外有生命力，它的几个主要情节不仅成为后世小说的创作母题[1]，且是诗歌绘画中不断出现的题材。

唐常建有诗题作《仙谷遇毛女意知是秦宫人》，似真若幻仿佛洛

1　详审之考述，见李剑国《论"毛女"》一文，载《古稗斗筲录：李剑国自选集》，页105~130，南开大学出版社二〇〇四年。

图2　出自山西应县佛宫寺释迦塔的《采芝图》　　　图3　《仙女采芝图》台北故宫博物院藏

神之赋，而大致可以代表唐人对毛女故事所添助的诗意想象。诗曰："溪口水石浅，泠泠明药丛。入溪双峰峻，松栝疏幽风。垂岭枝袅袅，翳泉花蒙蒙。夤缘霁人目，路尽心弥通。盘石横阳崖，前流殊未穷。回潭清云影，弥漫长天空。水边一神女，千岁为玉童。羽毛经汉代，珠翠逃秦宫。目觌神已寓，鹤飞言未终。祈君青云秘，愿谒黄仙翁。尝以耕玉田，龙鸣西顶中。金梯与天接，几日来相逢。"[1]《太平广记》卷四十神仙部有"陶尹二君"一则，注云出自《传奇》，正好可与常诗对看。它说唐大中初年，有相契为友的两个老翁，一名陶太白，一名尹子虚，二人以采松脂茯苓为业，常偕行于嵩、华二山。一日饮酒在芙蓉峰的松林之下，忽闻松间有人抚掌笑语，须臾，着服来见，却是一女一男。男子"古服俨雅",女子"鬟髻彩衣"。原来男子生于秦皇之世,几番遭逢苦役而几番逃脱,直到充为陵工最后被闭锁在内又终于逃得性命。女子即原为秦宫人的毛女,不幸而做了殉人,却也脱得大难。二人在山中日食松子柏食,岁久日深,毛发绀绿,不觉生之与死。陶尹二翁因向之讨取长生丹药,答曰:哪里有什么长生丹,松脂柏食而已。于是授以二物,作别而去,"旋见所衣之衣因风化为花片蝶翅而扬空中"。

与旧日传说中"无衣服,身生黑毛"的陋容不同,唐代以及唐以后的毛女虽然仍是毛发绀绿之仙体,而姿容一如人家好女,且翩翩来去风致嫣然。画家笔下的毛女图正与此互为呼应,高山清流,藤蔓古松,鹤鹿猿狸,自是伊人最好的配景和游侣。明汪砢玉《珊瑚网·画录》卷一著录有"唐人作《毛女图》",据所录题跋中的形容,图中的毛女却是白云里的一对,"丰姿端丽,错著彩绘树皮,背绊筍篮插花枝,纷披如幕,咸握一偃月钩"。又所录题咏有祝允明一首,句云"山头剥枣分猿吃,云里巢笙唤鹤骑"[2],当也是画面内容之一。

宋画家擅毛女者有勾龙爽和孙觉,前者神宗时为翰林待诏,仇远《勾龙爽毛女》:"曾是阿房学舞人,玉箫旧谱尚随身。喜归商岭寻仙药,忍见秦宫化劫尘。松蜜春腴差可饱,槲衣秋碎不须纫。凭谁唤起勾龙爽,更写湘妃与洛神。"[3]夏文彦《图绘宝鉴》卷四说到宋理宗时画院待诏孙觉"善水墨白描毛女,笔力细巧"。元则钱选。元钱唯善《江月松风集》卷六《题钱选〈毛女〉》:"槲叶绹衣绀发青,宫妆变尽尚娉婷。君王若问长生药,只有胡麻与伏苓。"据《珊瑚网·画录》卷

1 《全唐诗》,册四,中华书局一九六〇年。
2 祝氏《怀星堂集》卷八收此诗,题作《家藏李兴宗〈毛女〉》。
3 《全宋诗》,册七〇,页44246。

七所录，钱选毛女画迹尚有四幅，所绘"女形甚伟"，而风姿标格各个不一，"或披翠羽，或遮锦裈，或编瑶草，或挂琼叶"；又手各有持，"为铲，为筐，为画卷，为云母"；又肩各有负，"为琴，为扇，为书帙，为药物，为花果"；又各有所随，"为鹤，为鹿，为猿，为狸"，可说集毛女图之大成。

见于著录的历代毛女图今虽不存，但墨彩纷披推送出来的容光妙质，由记载下来的题咏和跋语仍可见其大略，如苏轼《题毛女真》"雾鬓风鬟木叶衣"，元刘跃《毛女图》"长镵相伴坐岩阴""玄猿独挂危梢底"[1]，明瞿佑《毛女成仙图》"童女楼船去不归，三山何处觅灵芝"，等等。如果说毛女图已有相沿的基本图式，那么毛女形象的几个主要特征乃是携筥篮，拈紫芝，木叶结裳，赤足而行。反观前举应县木塔发现的"采芝图"，又台北故宫博物院藏《仙女采芝图》，可见均与之相合，如此，这两幅作品正该易其名曰《毛女图》。山西壶关县上好牢村宋金墓葬一号墓壁画也有类同的形象[2]（图4），发掘简报形容此图曰："后室西壁绘两女子，南侧者梳双髻，肩披巾，腰束草叶裙，一手提篮，一手持锄，似在行走。北侧者头梳髻，腰束草衣，身后背篓，一手持一束花草，似在采药。"壁画所绘，自然是毛女图。新安

图4　毛女图　山西壶关县上好牢村宋金墓葬一号
墓壁画

海底沉船遗物中有一件"景德镇窑釉下彩仕女像"[3]（图5），为元代物。此所谓"仕女"，却是草叶结为上衣和下裙，袒胸赤足，抱膝坐于山石，身边一个葫芦瓶，脚旁一只卧羊。这当然不是仕女，而是女仙。不必说，伊人亦为毛女。上海博物馆藏一件晚明"漳州窑系五彩人物花鸟纹盘"[4]（图6），盘心一个赤足负药篮的仙姑，身边一只口衔灵芝的仙鹿，则此"人物花鸟纹"，毛女图也。

宫妆变尽尚娉婷

图 5　景德镇窑釉下彩塑像　出自新安海底沉船

至于开篇所举大和文华馆藏红绿彩人物图罐中的两个画面，与应县之幅尤其相似，挎筥篮，握偃月钩亦即药锄，又所谓"山头剥枣分猿吃，云里巢笙唤鹤骑"，大约都是早已有之的构图，这里也依然沿袭，虽然稍稍改变，却以配景的丰富更见出仙境幽奇，也更多装饰意味。

既识得毛女，红绿彩人物图罐中两幅毛女图之间的一幅画面便有了确解：开光里绘一女子盘膝坐在小榻上，绿袄红裙，脸上贴着翠钿，一边露着的瓜棱式葫芦耳环，长长的耳环脚从耳垂后面弯过去。榻后一屏风，屏风后侧一个放着冲耳三足炉的香案，一人捧碗近前，碗里探出长柄，显见得是饭匙之属。验之以毛女故事中因被人食以五谷而由仙变人的情节，此图正可令人会心一粲。

毛女故事作为瓷器上面的装饰图案，并不突然。它本来是流传久远的传说，且历

1　元散曲中的毛女也是一位逍遥仙，如邓玉宾﹝正宫·端正好﹞中的一支《叨叨令》，句云"更有这风鬟雾鬓毛女飘飘飒飒样，春花秋草獐鹿呆呆痴痴相。青天白日藤葛笼笼葱葱障，朝云暮雨山水崎崎岖岖当"。隋树森《全元散曲》，页 305，中华书局一九六四年。

2　山西省考古研究所等《山西壶关县上好牢村宋金时期墓葬》，图版拾壹：2，《考古》二〇一二年第四期。

3　此为"大元帆影：韩国新安沉船出水文物精华展"所见并摄影，展品说明作"景德镇窑釉下彩仕女像"，并形容说："仕女双手环抱胸前，脸微侧，膝下有一卧羊，后侧置一葫芦瓶。女子梳高髻，着曳地襦裙，衣纹褶皱清晰，线条流畅，发型和服饰均是当时流行的样式。"

4　此为参观所见并摄影。"漳州窑系五彩人物花鸟纹盘"，原系展品说明。

图 6　漳州窑系五彩人物花鸟纹盘
　　　上海博物馆藏

漳州窑系五彩人物花鸟纹盘盘心

代不曾中断，又伴随着以它为题材的为数不算很少的绘画作品，而使故事更为人们所熟悉。作为一组连续的画面，瓷器装饰的优势似在于能够表现出比绘画更多一点的情节，这一件红绿彩人物图罐即是一例。它的装饰纹样，自然不是"画了四个故事图"，而是情节连续的一个故事，便是毛女的传说。

　　毛女故事用于装饰，这一件红绿彩罐并不是最早的例子。江西省博物馆藏一件德安出土的宋代银鎏金簪首残件，簪首顶端的开光里一位仙姑，头梳双丫髻，肩被草叶披，左臂挎药篮，右手拈灵芝[1]（图7）。依前面举出的毛女图图式，此仙姑自是毛女无疑。毛女故事作为绘画和工艺品题材，明清时代也始终流行不衰。南京太平门外板仓徐达家族墓出土一对金镶宝毛女图耳坠[2]（图8）。又有湖北蕲春县蕲州镇雨湖村王宣明墓出土的一支金簪[3]（图9），簪长17厘米，簪脚与簪首以龙头相接，龙身隐于海浪，浪尖上生出层层莲花，花心托起一个栏杆回护的

图 7　银鎏金毛女图簪首　江西德安出土

图 8　金镶宝毛女图耳坠 江苏南京太平门外板仓徐达家族墓出土

六角台，台上擎出一个曲柄花叶伞，伞下是背负花篓的仙姑，身披草叶衣，腰系草叶裙，左手拿葫芦，右手托一颗珠。它与金镶宝毛女图耳坠几乎相同，不必说，表现的是同样的故事。成书于明万历年间的汪云鹏《有象列仙全传》，其中的"古丈夫"条便是经过改编的"陶尹二君"故事，且配得插图，这里看重的仍是古老传说中的故事因素[4]（图 10）。清任渭长《列仙酒牌》中有"毛玉姜"，曰："有美人兮山之阿。解衣者饮。"绘图与制令也还是从故事中取意（图 11）。

　　以明清两幅有榜题的图像为依据，可知毛女形象的几个主要特征乃是携筇篮，拈紫芝，木叶结裳，赤足而行。以我们今天能够看到的实例而论，至少在山西应县佛宫寺释迦塔发现的辽代绘画中即已形成

1　此簪首承胡丹同道提供照片，特致谢忱。

2　南京市博物馆《明朝首饰冠服》，页 128，科学出版社二〇〇〇年。图版说明作"药神形金耳坠"。本书照片为参观所摄。

3　南京博物院《金色中国：中国古代金器大展》，页 342，译林出版社二〇一三年。展品说明称作"金镶宝石仙人采药纹簪"。本书照片为观展所摄。

4　与此同时，毛女在俗间又或作为仙人服务于丧葬，《金瓶梅词话》第六十三回曰"来兴又早冥衣铺里做了四座堆金沥粉侍奉的捧盆巾盥栉毛女儿，都是珠子缨络儿，银镶坠儿，似真的色绫衣服，一边两座摆下"。

毛女图金簪局部

图 9　毛女图金簪
湖北蕲春县蕲州镇王宣明墓出土

毛女图金簪局部

图 10 《有象列仙全传·古丈夫》　　　　图 11 《列仙酒牌·毛玉姜》

图式，并且直到明清都没有变化。大和文华馆藏红绿彩人物故事图罐的两个开光中所绘女子完全符合毛女图的主要特征，另一个开光中的图像则与毛女故事中的情节正相吻合，那么把这一件"人物故事图罐"定名为"毛女故事图罐"，该是可以成立的。

雷峰塔地宫出土
光流素月镜线刻画考

  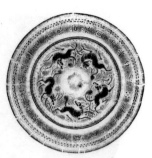

图 1　光流素月镜 雷峰塔地宫出土　　　图 2　光流素月镜 广西博白县出土　　　图 3　光流素月镜 故宫藏

　　雷峰塔地宫出土铜镜凡十面。日光连弧铭带镜一，为汉镜；海兽葡萄镜、双鸾葵花镜各一，均为唐物。又有一面"光流素月"镜，直径10.3厘米，圆钮，内区四只瑞兽环钮而奔，瑞兽间点缀缠枝葡萄。外区一周楷书铭文带，首尾以一圆点做分隔，铭曰："光流素月，质禀玄精。澄空鉴水，照回凝清。终古永固，莹此心灵。"[1]（图1）这种样式的铜镜原很常见，虽然内区图案稍稍有别，但铭文几乎一字不差。如广西博白县沙河村圆岭屯出土的一件，亦圆镜，铭文与此相同，唯内区装饰四鸾衔绶纹[2]。又故宫收藏的一面镜面稍大，内区为五兽[3]。又《旅顺博物馆藏铜镜》和《中国铜镜图典》两书中各著录的一面[4]，等等（图2、图3）。这一类铜镜的流行时期约在隋至初唐，雷峰塔地宫所出这一件的时代也应相去不远，那么相对于入藏地宫的五代，它也可以算作古镜了。

1　浙江省文物考古研究所《雷峰塔遗址》，页157，图二五五；页159，图二六一，文物出版社二〇〇五年。
2　黄启善等《广西铜镜》，图一一〇，文物出版社二〇〇四年。
3　郭玉海《故宫藏镜》，图八二，紫禁城出版社一九九六年。
4　《旅顺博物馆藏铜镜》，图八五，文物出版社一九九二年；孔祥星等《中国铜镜图典》，页514，文物出版社一九九七年。

图 4　雷峰塔光流素月镜镜面线刻画　　　　　　雷峰塔光流素月镜镜面线刻画（摹本）

　　有意思的是，此镜本来用作照容的一面，却是占满镜面的一幅线刻画（图4）。画面左右两边各现高阶上的重阁一角，楼阁前边各有一株高与楼齐的菩提树。画面下端，中间一具香案，案置香炉。右边四人，前面两个是戴冠奉简的道士，后面一对头梳双髻的女童，其中一人持节。左边四人，持竿的两人戴朝天幞头，乃乐工也，打扇的一对在后，则内侍也。略近中心的地方又一具香案，案垂桌幔，上置瓜果，两边一对坐墩，一对香炉。一朵祥云飘起在楼阁之间，云端一对男女，虽细线浅刻，但仍可约略见出女子盛装，男子道服。云朵上首飞龙，下首舞凤，又有仙鹤盘空，中间则是琵琶、腰鼓、横笛、箜篌、拍板，不鼓自鸣的诸般乐器，顶端星月交辉，与底部的七朵流云遥相呼应，意在表明上下通贯的整幅画面乃一想象之境。

　　以龙凤为标识，可以推定画中主角的帝王身分。持竿的乐工，所持之竿名为"竹竿子"，乃用于引舞。它先已出现在贞观五年唐淮安靖王李寿墓的石椁线刻画中[1]，又陕西彬县五代冯晖墓甬道壁画[2]（图5）、

图 5　陕西彬县五代冯晖墓甬道壁画

河北曲阳县王处直墓后室西壁浮雕中也都有它的形象[3]（图6），几例均可作为参证。

地上的一对香炉，其式似乎不很流行，可做比照的有敦煌莫高窟第一一二窟金刚经变中供养菩萨手捧的一具，时代为中唐（图7）。西安市南郊甘家寨出土唐代石函的线刻天王像中也有一例，顶礼于天王之侧的供养人手持香炉，炉顶一缕轻烟缭绕[4]（图8）。这种样式的香炉原是传自西域，撒马尔罕附近片治肯特古城遗址发现的壁画[5]（图9），又新疆库木吐拉第一号峡谷第十五号窟中的一幅残像[6]（图10），均可以为例，前者约当七世纪，后者时代稍晚。

画面中舞鹤之间不鼓自鸣的乐器，意在表现净土世界。佛经中说到的净土有很多，这里应是阿弥陀佛所居的西方净土。《佛说阿弥陀经》曰佛为阿难显现阿弥陀佛所居国时，阿弥陀佛国遂大放光明，于是"钟磬琴

1　孙机《中国圣火·唐李寿墓石椁线刻〈侍女图〉〈乐舞图〉散记》，页202～204，辽宁教育出版社一九九六年。
2　咸阳市文物考古研究所《五代冯晖墓》，图四四、图四五，重庆出版社二〇〇一年；河北省文物研究所等《五代王处直墓》，彩版四八，文物出版社一九九八年。
3　今藏河北博物馆，本书照片为参观所摄。
4　周天游《寻觅散落的瑰宝——陕西历史博物馆征集文物精粹》，页92，三秦出版社二〇〇一年。
5　今藏俄罗斯艾尔米塔什博物馆，本书照片为参观所摄。
6　阿尔伯特·冯·勒克科《中亚艺术与文化史图鉴》，赵崇民等译，页69，图一七，中国人民大学出版社二〇〇五年。

图 6　河北曲阳县王处直墓后室西壁浮雕

图 7　敦煌莫高窟第一一二窟壁画

图 8　陕西西安出土唐代石函线刻画

图 9　片治肯特古城遗址发现的壁画

图 10　新疆库木吐拉第十五号窟残像

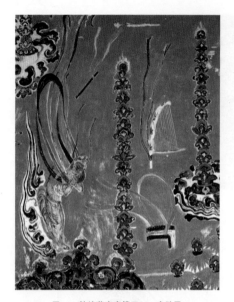

图11　敦煌莫高窟第三二一窟壁画

图12　敦煌莫高窟第一七二窟壁画

瑟箜篌乐器诸伎，不鼓皆自作五音声"，当是时，"诸天各共大作万种自然伎乐，乐诸佛及诸菩萨阿罗汉，当是之时，其快乐不可言"[1]。

净土宗系专修往生阿弥陀佛法门。自东晋慧远在东林寺率众立誓，专修念佛三昧，共期往生西方之后，又有昙鸾于北方专修净业，至唐代而善导创立净土宗，遂盛行中土，深入民间。根据净土信仰所奉经典叙述的极乐世界及佛国庄严而绘制的经变画，即净土变或曰西方变、西方净土变，因此是人们久已熟悉的题材，画史著作和笔记小说便记载了唐代的不少名品，如张彦远《历代名画记》卷三所云兴唐寺和安国寺吴道子的西方变，如段成式《酉阳杂俎·续集》卷五"寺塔记"一节记"三阶院西廊下，范长寿画西方变"。敦煌壁画所存尤多，虽然不是出自见诸记载的名家之手，但二者总有共同遵循的基本程式，比如以空中飞舞着的乐器表现"钟磬琴瑟箜篌乐器诸伎，不鼓皆自作五音声"。莫高窟第三二一窟北壁的无量寿经变，莫高窟第一七二窟南壁观无量寿经变，都是至今保存完好的例子，前者时代为初唐，后者为盛唐[2]（图11、图12）。晚于雷峰塔

图 13　檀木识文描金经函　浙江瑞安仙岩寺慧光塔出土

檀木识文描金经函局部

的一例，为浙江瑞安仙岩寺慧光塔出土北宋庆历二年檀木识文描金经
函 [3]，经函侧面的装饰图案也是净土变 [4]（图13）。下方是描金绘出的
七宝池，水波中用调了灰的稠漆堆出莲叶和莲花，中间的莲花座上是
阿弥陀佛，两边各一对莲花化生，上方描金绘一对仙鹤，一对伽陵频

1　《佛说阿弥陀佛三耶三佛萨楼佛檀过度人经》，《大正藏》，册一二，页316。

2　郑汝中《敦煌石窟全集·16·音乐画卷》，图一五、图二〇，商务印书馆（香港）
　　二〇〇二年。

3　或称此器为"堆漆"，依王世襄《髹饰录解说：中国传统漆工艺研究》（文物出版社一九
　　九八年），它的工艺名称应为"识文"。

4　浙江省博物馆《浙江瑞安北宋慧光塔出土文物》，页55，图七，《文物》一九七三年第
　　一期。本文彩色照片承黎毓馨先生提供。敦煌所出释法照劝归西方的定格联章曲辞《归
　　去来》六首，句云"宝林看。百花香。水鸟树林念五会"（其二），"共命鸟。对鸳鸯。
　　鹦鹉频伽说妙法"（其三）；又《归去来》十首亦归西方赞，其一云"归去来，谁能恶
　　道受轮回。且共念彼弥陀佛。往生极乐坐花台"（任半塘《敦煌歌辞总编》，页1063、
　　1066，上海古籍出版社一九八七年），均可为此图作题解。法照系唐大历年间人，后被
　　推为莲宗四祖。

伽鸟，又漫天飞舞的花朵。盝顶的斜面以漆灰堆出飞翔的绶带鸟与中间的折枝花，描金绘出腰鼓、拍板、箜篌等空中不鼓自鸣的各种乐器。经函的时代晚于雷峰塔不过数十年，二者图式的来源都可以追溯到唐代。

如此，可知雷峰塔所出光流素月镜镜面线刻画的主题是"发愿往生净土"[1]，发愿人为忠懿王钱俶和王妃孙氏，——由画面对人物以及侍从和景物的种种安排，可以这样推定。雷峰塔竣工于北宋太平兴国二年，建塔的初因是为了奉安"佛螺髻发"，而将新塔命名为"皇妃塔"，则是钱俶为了纪念去世不久的王妃孙氏及感恩宋廷的封妃、谥妃之举[2]。地宫的建设固在起塔之初，其时孙妃尚在，此发愿，自是夫妇二人的发愿。慎知礼撰钱俶墓志，曰其"元妃孙氏，贤为女师，化被王国。先朝肆觐，后车锡命，册妃之典，自王而始。禄鞠方茂，瑶华先秋"，是对孙妃生平最为简要的概括[3]。清吴任臣《十国春秋》卷八十三《忠懿王妃孙氏列传》："忠懿王妃孙氏，名太真，钱塘人，泰宁节度使承祐之姊也。端重敏慧，延接姻亲及宗属皆曲尽恩礼。好学读书，通毛诗、鲁论大义。少事忠懿王甚谨，一以俭约为训，非宴会未尝为盛饰。忠懿王征常州，妃居国城内，时时遣内侍抚问诸将及从征将帅之家，国人禀畏如奉王旨。"她的主内而与钱王配合默契，亦夫妇琴瑟好合之一证。

从整个佛教史来看，五代是呈衰微之势的，唯南方吴越国的历世奉佛至为虔敬。末主钱俶建造八万四千阿育王塔颁施各地，复兴寺院，遣使日本和高丽求佛教典籍，又优礼天台德韶和永明延寿等高僧，尤见奉佛之诚和事迹之著。而在他尊礼的诸高僧中，永明延寿则是最可注意的一位。

延寿，字仲玄，俗姓王，生于唐昭宗天祐元年，卒于宋太祖开宝八年。先曾做过地方官吏，后舍俗出家，到天台山参谒文益的弟子德韶，从修禅学，后传其法。因此他是禅宗法眼宗创始人文益的再传弟子，而却又被尊为净土宗六祖。惠洪将延寿入于《禅林僧宝传》属禅宗，宗晓把他列入《乐邦文类》属净土宗，与他差不多同时的赞宁在所著《高僧传》中又把他列在"兴福篇"，则其事迹似乎又在"多励信人营造塔像"（《高僧传》卷二十八）。不过这倒正可以说明，延寿是禅教兼重亦即禅净双修的一代宗师。宋建隆元年的时候，钱俶延请他居灵隐山新寺，次年复请他主持永明寺，延寿在此历时十五年，"徒众常二千，日课一百八事"，而又"日暮往别峰行道念佛，旁人闻山中螺贝天乐之声，忠懿王叹曰：自古求西方者，未有如此之切也"。[4]"西方"，即西方净土。而延寿佛学思想的一个重要特点原是充满融会调和色彩。他曾把各奉其宗的唯识、华严、天台的知法比丘约集在一起，使各就其基本理论问题互相诘难，之后延寿以"心宗旨要"而折中，以是提出性、相融合的主张，而熔各宗思想和实践于一炉。他并且认为，"儒道先宗，皆是菩萨示劣扬化，同赞佛乘"。"是以佛法如海，无所不包；至理犹空，何门不入；众哲冥会，千圣交归；真俗齐行，愚智一照。开俗谛也，则劝臣以忠，劝子以孝，劝国以绍，劝家以和。弘善，示天堂之乐，惩非，显地狱之苦。不惟一字以为褒，岂止五刑

1　顺便补充与此有相类之处而时代稍晚的一例，即湖南宋墓出土的一件"刘氏七娘镜"（高至喜《湖南古代墓葬概况》，页25，图一七，《文物》一九六〇年第三期。此篇文字部分云镜出宋墓，而图版说明作"五代"；就其服饰来看，应为宋）。其照容的一面，线刻一幅菩萨引路图：朵朵祥云中，观音在前面持幡，七娘祇敬随后，画面中间两行文字："日课观音，刘氏七娘。"日课，日日念诵也，同样也反映了净土信仰。
2　《雷峰塔遗址》，页183。
3　吴建华《吴越国王钱俶墓志考释》，页85，《中原文物》一九八三年第三期。文章所录墓志断句及字的辨认或有不确，此据陈尚君《旧五代史新辑会证》卷一三二所引（页4070，复旦大学出版社二〇〇六年）。墓志作者慎知礼先曾仕于钱俶，后入北宋为官；其子从吉，为钱俶之婿，事迹均见《宋史》卷二七七。
4　《乐邦文类》卷三《大宋永明智觉禅师传》，《大正藏》，册四七，页195。

65

而作戒？敷真谛也，则是非双泯，能所俱空，收万像为一真，会三乘归圆极"。（《万善同归集》卷下）钱俶的崇尚佛教，其修为，当有延寿的影响在。前引慎知礼撰钱俶墓志，称他"思辅仁寿之化，颇尊天竺之教，浮休内达，恻隐兼济"，这里似乎即有着"万善同归"的一点折射。雷峰塔底层的回廊和门道内有石刻《大方广佛华严经》和《金刚般若波罗蜜经》，此即钱俶在《华严经跋》中说到的"塔之成日，又镌《华严》诸经围绕八面"。而《华严经》为华严宗所奉，《金刚经》为禅宗所奉。地宫所出光流素月镜的"发愿往生净土图"，则又表明钱俶持奉的是净土信仰。图中所呈现的释、道杂糅，也有延寿的持论可为依据，便是前面举出的"儒道先宗，皆是菩萨示劣扬化，同赞佛乘"。当然净土信仰本来常依华严、禅、密而行，佛道杂糅也是常见的做法，不过对于钱俶来说，延寿的影响毕竟最为直接。

此外，光流素月镜线刻画中的月宫图景又不禁令人联想到《长恨歌》中的七夕之誓，所谓"在天愿作比翼鸟，在地愿为连理枝"，甚至猜想此"发愿"，竟是一个双重的誓愿，即一愿往生净土，二愿世世为夫妇。而选择这一面铜镜作画，似乎和镜背的铭文也有一种暗中的呼应。五代王仁裕《开元天宝遗事》"乞巧楼"条云："宫中以锦结成楼殿，高百尺，上可以胜数十人，陈以瓜果酒炙，设坐具，以祀牛女二星。"线刻画中间部分的场面，即与这里的形容很是相似。《长恨歌》甫一问世即广为传诵，陈鸿为它写下《长恨歌传》，其演述的故事在同时及稍后，均有不同版本的歌咏丛谈广泛流传[1]。这一切，都可以成为做出这一推测的依据。另外，还一个很有意味的巧合，便是孙妃本名"太真"。当然这也许仅仅是巧合。

雷峰塔最初的名称为皇妃塔，通过遗址的考古发掘此已得到确认，新塔的命名，正如前引发掘报告中的推定，即它是钱俶为了纪念去世不久的王妃孙氏及感恩宋廷的封妃、谥妃之举。而地宫出土光流素月镜镜面的"发愿往生净土图"似可进一步证明，皇妃塔的命名，更是钱俶为永久纪念他和孙妃曾经有过的一个共同誓愿，——信仰的，还有情感的[2]。

1　汪辟疆校录《唐人小说》，页 121～124，上海古籍出版社一九七八年。
2　小文的写作，自始至终得到黎毓馨同道的大力协助：切磋论点、提示材料线索、提供图像资料，等等，在此谨深致谢忱。

笔筒、诗筒与香筒

作为文房器具之一的笔筒，它出现的时代其实很晚，宋人说文房诸器，不及笔筒。宋以及宋代以前说到"笔筒"，均指收笔所用的笔套。陆玑《毛诗草木鸟兽虫鱼疏》"螟蛉有子"条云蜾蠃"取桑虫负之于木空中，或书简笔筒中，七日而化为其子"。陆玑是三国吴人。此所谓"笔筒"，笔套也，即秦汉时期常见的两根竹管连在一起而在其中置放一对毛笔的双筒套。晋干宝《搜神记》卷四"持一百钱、一双笔、一丸墨置石室中"，可知两晋时代的笔仍多以"双"为计量。讲究的双连笔筒或用玉制，如徐州狮子山楚王墓出土的一件[1]（图1）。辽代则有相同式样的银制品，如内蒙古敖汉旗新地乡英风沟七号墓发现的一件[2]（图2）。当然双连式只是笔筒中的一种，单管之制也很常见。由前举两例可知这一类形制的笔筒流行的时间很久，宋《传信适用方》有"治喉闭如圣散"一味，末云服药"用笔筒灌在喉中"，这里的笔筒，自然也是笔套。那么宋无名氏《致虚杂俎》所谓"（王）献之有班竹笔筒名裘钟"，则为笔罩或曰笔帽之属。"裘"，此指毛笔，"钟"是形容笔筒的造型[3]。由日本正仓院藏唐代斑竹杆毛笔和竹笔罩[4]（图3），可见雅称"裘钟"的笔筒式样之仿佛。

图1 玉双连笔筒 江苏徐州狮子山楚王墓出土

1 其长26.2厘米，两管中空，一端封闭，《大汉楚王——徐州西汉楚王陵墓文物辑萃》，页287，中国社会科学出版社二〇〇五年。图版说明云："这件玉管作何用途，仍待研究。"
2 邵国田《敖汉文物精华》，页118，内蒙古文化出版社二〇〇四年。本书照片为观展所摄。
3 后世或名斗篷曰"一口钟"，也是形容其上锐下阔之状。
4 土井弘《原色日本の美术》第四卷《正仓院》，图八四，小学馆一九六八年。

图 2　银双连笔筒　内蒙古敖汉旗新地乡英风沟七号辽墓出土

作为插笔之用的笔筒，蔚成风气在明清，它似与竹刻的发达密切相关，虽然兴盛之后便有了各种质料的作品，竹刻独领风骚之外，又有木雕、牙雕、漆器、瓷器，等等。如果探寻其源，那么竹笔筒的前身可以说是诗筒。

诗筒故事初见于白居易《醉封诗筒寄微之》及《秋寄微之十二韵》。前者云："一生休戚与穷通，处处相随事事同。未死又邻沧海郡，无儿俱作白头翁。展眉只仰三杯后，代面唯凭五字中。为向两州邮吏道，莫辞来去递诗筒。"《唐语林》卷二引《刘宾客嘉话录》："白居易长庆二年以中书舍人为杭州刺史，替严员外休复，休复有时名，居易喜为之代。时吴兴守钱徽、吴郡守李穰皆文学士，悉生平旧友，日以诗酒寄兴，官妓高玲珑、谢好好巧于应对，善歌舞，后元稹镇会稽，参其酬唱，每以筒竹盛诗来往。"筒竹盛诗并不是诗人的发明创造，它其实得自于通行的邮驿制度，不过因为有此一段文士风流而为之添助一点浪漫。以后它便成为诗文中常用的故典，且不乏专咏其事者，如林和靖《赠张绘秘校九题》中的"诗筒"一题。又北宋石介也有《竹书筒二首》，但这里却不是讲故事，而是记述自家经历。其一句云："截竹功何取，

图 3　斑竹杆毛笔
日本正仓院藏

斑竹杆毛笔竹
笔罩

为筒妙可谈。长犹不盈尺，青若出于蓝。浮薄瓢皆去，嵌鋬节独堪。谁言但空洞，自是贵包含……居常置几桉，出或系骓骖。唱和友朋倦，提携童仆谙。"其二句云："俭朴他难比，提携力易任。绝姿古皇道，虚受圣人襟。或贮谏官草，多收女史箴。筒兮用可贵，吾不换南金。"[1]南金原指铜，这里或是借用字面义。石介的竹书筒不是用作传递诗简，而是用来置放自己的诗文草稿，略如李长吉外出所携锦诗囊，只是此公的草稿里面更有许多严肃的内容，如有关于国是民心的奏章箴谏之类。但这种做法两宋似乎不是很流行，直到明代中叶竹刻竟成一项专门艺术，方始遥承唐宋遗韵。高濂《遵生八笺》卷八《起居安乐笺·下》列举出游携带的各式雅具，其中有"诗筒葵笺"。《红楼梦》第二十二回说到元春娘娘从宫里送出灯谜来命大家去猜，猜中了的，颁赐每人一个宫制诗筒，一柄茶筅。庚辰本脂批云："诗筒，身边所佩之物，以待偶成之句草录暂收之，共归至窗前，不致有亡也。或茜牙成，或琢香屑，或以绫素为之，不一。"其实与一柄茶筅相谐的诗筒，仍应依常规也是依传统用竹制，所谓"宫制"，不过做工更见细巧而已。

关于竹诗筒的制作，王世襄《竹刻小言》引褚松窗《竹刻脞语》云："截竹为筒，圆径一寸或七八分，高三寸余，置之案头或花下，分题斋中咏物零星诗稿，置之是中，谓之诗筒，明末清初最多。圆径相同，长七八寸者，用檀木作底盖，以铜作胆，刻山水人物，地镂空，置名香于内焚之，香气喷溢，置书案间或衾枕旁，补香篝之不足，名曰香筒。"诗筒之外，这里又说到了竹香筒，而竹香筒也是明清时代方始流行的文房清玩。

《竹刻脞语》所云诗筒和香筒的大小之别或许是约略尺寸，不会是唯一的标准。查慎行《敬业堂诗集》卷二十一《诗筒为损持赋》："谁

1　《全宋诗》，册五，页 3424。

图 4　清象牙镂雕香筒
故宫藏

图 5　清象牙雕梅雀香
筒 台北故宫博物院藏

将围寸竹，截作径尺筒。粉筲削尽肌理出，玉质外莹其中空。为君满贮诗千首，投以琅玕抱琼玖。寄去宁烦六六鳞，捧来须得纤纤手。"六六鳞指鲤鱼，末句仍用元白故事。若依这里的形容，则此枚诗筒圆径一寸，高及一尺。唯诗语不可认得太真而已。一个大致的分别应是笔筒趋于矮壮，诗筒与香筒偏于细瘦，又香筒外表必镂空，内则置胆。明冯梦龙编《挂枝儿》中的"咏物"之部有题作"香筒"的两首，其一云："香筒儿，我爱你玲珑剔透，一时间动了火其实难丢。煖温温，香喷喷，拢定双衣袖。只道心肠热，谁知有空头。少了些的温存也，就不着人的手。"其二云："香筒儿，有一段湘妃的丰致。那一个妙人儿开动了你玉肌，眼儿漏泄了多少香和气。把两头儿拴住了，中间插一枝。到那火褪香残也，这一点热烘烘直到底。"此原是艳曲儿，意在以双关语讽咏情事，而于香筒的形容却最为周至。附胆的竹香筒虽然很少见，不过别有他例可作参考。故宫藏一件雍正乾隆年间造办处制作的象牙镂雕香筒，通盖高 24.9 厘米，盖如一个小亭子，上面镂雕细鳞纹，顶端有孔，一组染骨珠丝线通到里面，香筒内中有铜管 [1]（图4），此应即松窗所说的"以铜作胆"。又台北故宫博物院藏清代象牙雕梅雀香筒，里边有熏烧的使用痕迹 [2]（图5）。两例都可以作为认识同类器具用途的依据。

香筒中的名品，自然首推上海宝山明朱守城

图 6　刘阮入天台香筒　　　　刘阮入天台香筒　　　　　　刘阮入天台香筒（图案拓片）
上海宝山明朱守城夫妇墓出土

夫妇墓所出朱小松款刘阮入天台香筒。竹筒高 16 厘米, 圆径 3.6 厘米, 上下装饰螭虎纹的紫檀木盖和底座。香筒上面刻古松, 刻山石, 刻攀缘之藤, 刻松畔低生的灵芝、执扇的仙女、仙鹤与鹿, 而精神所聚, 则在仙境中的弈棋者二, 观棋者一, 因此特别用了犀角点嵌枰上棋子和人物双眸[3]（图 6）。王世襄《竹刻·此君经眼录》称它为"竹刻无上精品, 第一重器", "传世小松之作, 构图之美, 刀法之工, 无一可与比拟"。如前引《挂枝儿》所云, 香筒本可纳于怀袖, 而也可以置

1　《故宫文物大典·四》, 图一五一九, 浙江教育出版社等一九九四年。
2　陈擎光《故宫历代香具图录》, 图一〇八之说明, 台北故宫博物院一九九四年。
3　今藏上海博物馆, 此系观展所见并摄影, 香筒拓片采自何继英《上海明墓》, 彩版七七：4, 文物出版社二〇〇九年。

磁州窑白地黑花香筒
日本大和文化馆藏

景德镇红绿彩香筒
故宫藏

龙泉窑浮雕香筒《火·土
の呟——龍泉窯青磁》
著录

景德镇窑青花香筒 旧
金山亚洲艺术博物馆藏

于卧中。明朱孟震《河上楮谈》记玉笥山梦验故事，云梦入县城，见"肆中列一香筒甚大，问之，云'此被中用者'"。至于书房所用，自然以典雅清华为尚。文震亨《长物志》卷七"香筒"条："香筒旧者有李文甫所制，中雕花鸟、竹石，略以古筒为贵，若太涉脂粉或雕镂故事人物，便称俗品，亦不必置怀袖间。"李文甫名耀，乃金陵派竹刻家，雕制扇骨最为有名。此云"雕镂故事人物，便称俗品"，却是依照作者一以贯之的标准，即"宁古无时，宁朴无巧，宁俭无俗"，而以故事人物为题材本是当日风尚，又不仅是香筒，他如香盒、笔筒、砚屏、盘盏匣柜，也无不如此。《长物志》的雅俗之别，不如说是一种趋于极端的标准。

又有一种常见于著录的明代瓷"香筒"或曰"笔筒"，直筒形而向下略作收分，底有座，与器身连为一体，尺寸则多在二十厘米以下。如日本大和文华馆藏磁州窑白地黑花人物花鸟图"香筒"、故宫藏景德镇红绿彩人物图"香筒"，如收藏于海外的一件龙泉窑浮雕楼阁图"笔筒"，又旧金山亚洲艺术博物馆藏景德镇窑青花月下把杯图"香筒"[1]（图7）。目前所知，此类"香筒"最初出现的时代大致在明中期，唯传世与出土的实物国内都很少，而以海外藏品为多。其用途却与此前列举的香筒不同，虽然它本与香事紧密相连。此类器具原是用作放置焚香用具的匙箸瓶，亦即所谓"炉瓶三事"中的三之一。这里举出一例可为确证：北京定陵

图 8　锡匙箸瓶　　　锡香匙箸瓶　　　　　　　　图 9　日本香具一组
北京定陵出土　　　北京定陵出土

出土的锡明器中有形制相同的匙箸瓶六件，直筒形，覆盆座，座中空，瓶口焊有象征性的一匙二箸，瓶腹部均贴有标签，其上墨书"锡匙箸瓶"，或"锡香匙箸瓶"，或"锡匙箸连瓶"[2]（图 8）。此为明器，自然形质粗劣，但式样当与实用之具没有太大区别。以此与前举诸例相比照，二者正是一致。

这一类样式的香匙箸瓶在日本的流行，可以江户时代的香具为一佐证。它通常是放在一具雅致的漆架格中，内插香匙、香箸等焚香用的各式小器具，然后与香炉、香盒合为一组，放在一个香盘里，占得架格中的一层（图 9）。只是所见多为金属制品，器身每以镂空图案为装饰，制作极见秀巧。

1　前三例均承郭学雷先生提供，后一例为参观所见并摄影。
2　中国社会科学院考古研究所等《定陵》，上册，页 180；下册，图一八八，文物出版社一九九〇年。

提匣与行具

　　提匣是明清时代常见的一类漆器，它常常设计得很别致，细分且不止一种，不过均是源自宋代的所谓"游山器"，或曰"春盛食罍"[1]，即郊游时用来总装诸般雅具的橱柜式提匣。茶酒具、食具、文具、娱乐之具，等等，分层放置，然后叠起来合成一器，配上兼有承托与提携功能的捉手，便可成为一副挑担中的一端。明代称一层为一撞，即所谓"匣有长方、四方，二撞、三撞四式"[2]，它因此又称作撞匣。时属明代的二撞、三撞式提匣，故宫均有传世之物，如剔红羲之换鹅图三撞提匣（图1），如明代剔红山水人物二撞提匣（图2）。后者通高24.2厘米，宽16.6厘米，阔与高约略相当。此外又有一副与提梁相连的朱地剔黑盒座，上面雕着灵芝。提匣全部为剔红，每层小屉的立墙分别装饰各成画幅的花鸟山石，叠起来便又是上下呼应错落有致的一幅完整画图。盖面是湖山掩映中的庭院屋宇，主人闲闲，访者翩翩，水面一童子操舟，水畔一童子荷担，担子的一端是酒，另一端则一具提匣，装饰图案与器具用途正是暗中契合。

　　提匣虽以明清时代的使用最为普遍，制作也最称精好，但它的渊源实可以追溯到更远。开篇

图1　明剔红羲之换鹅图三撞提匣 故宫藏

1　如《清平山堂话本·风月瑞仙亭》："小姐吩咐春儿：'打点春盛食罍、灯笼，我今夜与你赏月散闷。'春儿打点完备，挑着，随小姐行来。"元代又称作春盛担子、春盛担儿。如元武汉臣《玉壶春》杂剧第一折写清明时节李素兰与丫鬟到郊外散心，素兰道："梅香，你看那万紫千红，游人甚广，俺来到这花深去处，将那春盛担儿放在一壁，俺慢慢的赏玩咱。"
2　高濂《遵生八笺》卷十四《燕闲清赏笺·上》。

新
编
終
朝
采
蓝
下

图2　明代剔红山水二撞提匣 故宫藏　　　　　　　明代剔红山水二撞提匣盖面

说到的"游山器"，即其源之一。名见北宋文彦博诗，诗题作"某伏蒙昭文相公（富）以某方忝瀍洛之寄，因有嵩少之行，惠赐游山器一副，质轻而制雅，外华而中坚，匪惟便于赍持，实为林下之珍玩也，辄成拙诗"。诗云："上公遗我游嵩具，匜盥杯盂色色全。拂拭便须延隐逸，洁清那敢污腥膻。行赏每度云岩侧，器使当居蜡屐前。林叟溪翁皆窃玩，山厨因此识嘉笾。"诗末又自注云："器悉以竹编而糅其中，轻坚精巧绝伦。"[1]"蜡屐"句，用晋阮孚故事，即阮孚喜欢收藏木屐，"或有诣阮，见自吹火蜡屐，因叹曰：'未知一生当著几量屐！'神色闲畅"。事见《世说新语·雅量》。此诗借咏物以报谢，意思本来平常，唯写实而又不很吝惜笔墨，因使我们得以略识究竟。

郊游所用的这种便携之具当然不自宋代始，不过此前所用多为囊袋之属。王定保《唐摭言》卷三述唐时曲江大会情景，道是"人置被袋，例以图障、酒器、钱绢实其中，逢花即饮"。又李昉《谈录》："王太保每天气暖和，必乘小驷，从三四苍头，携照袋，贮笔砚、《韵略》、刀子、笺纸并小药器之类。照袋以乌皮为之，四方，有盖并襻。五代士人用之。"[2]王太保即五代王仁裕。元邹铉《寿亲养老新书》卷四也录此一节，末云："偶阅此事，寓笔于兹，视沈存中游山之具尤为简便。"

所谓"沈存中游山之具",乃箱匣之类,亦即行具,且容后引。这里的一番比较却很有意思,囊袋与箱匣的不同其实不在于简便与否,而不如说是生活用具的变化使然。与照袋类似的又有方便囊,见《清异录》卷下"器具"一项所举:"唐季王侯竞作方便囊,重锦为之,形如今之照袋,每出行,杂置衣巾、篦鉴、香药、词册,颇为简快。"所谓"今之照袋",是五代宋初情景。

囊袋之外,也还有竹编的器具。陆羽《茶经》卷中"四之器"所列诸物中有"都篮",曰都篮"以悉设诸器而名之。以竹篾,内作三角方眼,外以双篾阔者经之,以单篾纤者缚之,递压双经作方眼,使玲珑"。其尺寸则高一尺五寸,长二尺四寸,阔二尺。文彦博诗所咏"游山器",实即都篮之类。它在山西陵川县附城镇玉泉村金墓壁画[3](图3),又台北故宫博物院藏宋徽宗《文会图》中都可以见到,器虽半开半掩,却也可以隐约窥得其中所容"匜盥杯盂色色全"(图4)。《文会图》中,与它合为一组的尚有用作烹茶和点茶的燎炉与汤瓶,两事在宋代乃至其后又常常是合为一担,马远《西

图3　山西陵川县附城镇玉泉村金墓壁画

1　《全宋诗》,册六,页3502。
2　《说郛》涵芬楼本卷一。"小药器",他或作"小乐器"。
3　徐光冀《中国出土壁画全集》第二卷,图一四三,科学出版社二〇一二年。

新编
终朝采蓝
下

图 4 《文会图》局部 台北　图 5 《西园雅集图》局部 美国纳尔逊博物馆藏
故宫博物院藏

园雅集图》（图5）和宋人《春游晚归图》（见上编页202图1）所绘正好
可以和它同看。不过此两事合成的一担，只是所谓"行具"中的一肩，
若求详备，尚远不止此。沈存中《忘怀录》"行具二肩"条：甲肩，
左衣箧一：衣，被，枕，盥漱具，手巾，足布，药，汤，梳。右食匣
一：竹为之，二鬲并底盖为四，食盘子三，每盘果子楪十。矮酒榼一，
可以容数升，以备沽酒。匏一，杯三。漆筒合子贮脯脩、干果、嘉蔬
各数品，饼饵少许，以备饮食不时应猝。唯三食盘相重为一鬲，其余
分任之。暑月，果脩合皆不须携。乙肩，竹鬲二，下为柜，上为虚鬲。
左鬲上层，书箱一：纸，笔，砚，剪刀，《韵略》，杂书册。柜中食碗
楪各六七，箸各四，生果数物，削果刀子。右鬲上层：琴一，竹匣贮
之。折叠棋局一，柜中棋子、茶二三品。蜡茶即碾熟者，盏托各三（盂
瓢七等）[1]。与此前的被袋、照袋、方便囊稍稍不同，这里有了箱、箧、
柜，因此有了各类物品分别放置的细微。

　　甲肩食匣中的"唯三食盘相重为一鬲"，此"鬲"，即隔，即在竹
制的小食柜里安两块隔板，那么连同底和盖共得四个置物的空间。三
件食盘，每个盘子放十个果碟，此占去一格，其余的格子则分别放置
他物。其中之一是酒具，酒具之一是酒榼。所谓"酒榼"，此处所用

乃古称，其式样与秦汉时代的酒榼已经有些不同，它当日的俗称之一为"酒鳖"。林洪《山家清事》"酒具"条："山径兀以蹇驴载酒，讵容无具。旧有扁提，犹今酒鳖，长可尺五而匾，容斗余，上窍出入，犹小钱大，长可五分，用塞，设两环，带以革，唯漆为之。和靖翁送李山人故有'身上只披粗直掇，马前长带古扁提'之句。今世又有大漆葫芦，鬲以三，酒下，果中，肉上，以青丝络负之，或副以书箧，可作一担，加以雨具及琴，皆可。较之沈存中游山具差省矣。惟酒榼皆依沈制，不用银器。"前云"酒鳖"，后云"酒榼"，并且又道"酒榼皆依沈制"，则所指实为同一物事，而沈制酒榼，也便是《清事》中细加形容的酒鳖。至于《清事》中说到的"今世又有大漆葫芦"，却很可能还有它更早的渊源。辽宁法库县叶茂台七号辽墓出土的一幅《深山会棋图》，绘士人携仆访友，一童子肩琴，一童子负葫芦（见页 22 图 18）。以童子之小，葫芦之巨，很难认为里面全部是酒，而以《清事》所说，葫芦里做成三格，"酒下，果中，肉上"，大概可以算得一个合理的推想。

宋代漆器发达，用竹之外，兼用漆器。行具中说到的食柜为竹制，不过讲究者正不妨用漆制品。食柜里的大者如食盘、小者如果碟，也是如此。出行携带总要轻便且不易毁损，漆器自然是上选。行具中用作存放干果等各类食品的所谓"漆筒合子"，也是两宋时代的家常用具，不过有精粗之别。检视出土之器，南北宋均有，筒径不大，高矮都在十厘米以下，并且多是一对 [2]（图 6）。与漆筒合子同出的或有茶具 [3]，那么它可以是用作贮茶，苏轼《寄周安孺茶》"縠筒净无染，箬笼匀

1　《说郛》涵芬楼本卷十九。

2　如江苏常州市北环新村北宋墓出土银里黑漆盖罐；又无锡市南门与竹村出土北宋黑漆盖罐，《中国漆器全集·4·三国至元》，图八三、图八五，福建美术出版社一九九八年。

3　高振卫等《江苏江阴夏港宋墓清理简报》，页 65，图一一，《文物》二〇〇一年第六期。

图6　北宋黑漆盖罐　无锡市南门与竹村出土

且复"，所云"鬏筒"，也是此物。当然漆筒合子的用途并非单一的一项，存置酒脯、干果即如《忘怀录》所举，也很合宜。

乙肩的竹架子上又有书箱，只是没有申明制作书箱的质料。不过若求细巧轻盈，自然仍推漆器。《百宝总珍集》卷八"打马匣"条："黑漆或象皮匣，桂浆匣，螺钿匣，五明金漆匣，内盛放笔墨，端、歙砚"，又"象牙牌一副，象牙记色六十四个，象牙骰盆一个，象牙捻子一个，骰子八"云云。所谓"打马匣"之"匣"，其实是各色漆盒子，而打马匣里也容文房用具，虽然以博具为主。也许可以说，宋金时代制作精好的漆盒或曰漆匣，多半是用作置放各类玩好及诸般雅器，也包括笔砚和书册、理妆用具，家居陈设，出行可携，便是"行具"中尤见精致与风雅的部分。山西大同市金代墓葬出土一件剔犀盒，通高12.2厘米，宽16厘米，阔24厘米，贴着口沿坐一具剔犀浅盘，出土时里面放着木梳、漆碗、骨质胭脂盒、漆勺各一件，漆粉盒两个，又有一枚天生小葫芦（图7）。又江苏江阴夏港宋墓出土戗金醉卧扁舟图黑漆盒，阔15厘米，宽8.5厘米，通高12.5厘米，盒与盖为子母口，盖子隆起很高，贴着盒口也坐一具浅盘，漆盒出土时，浅盘下面即放着一对漆盖罐亦即"漆筒合子"（图8）。与它形制相同并且装饰风格也完全一致的一件是戗金阮宣子沽酒图朱漆盒，出自常州武进村前乡南宋二号墓[1]（图9）。阮修字宣子，沽酒故事见《世说新语·任诞篇》："阮宣子常步行，以百钱挂杖头，至酒店，便独酣畅，虽当世贵盛，不肯诣也。"他的杖头挂百钱早是诗赋中常用的典故，并且多见于笔记和类书，因此为人们所熟悉，作为漆器上面的装饰也很自然。引人注意的是两件漆器的装饰特别是盖面纹样，主题图案的选择似乎都有着与用途相关的取义，即如村前乡

图7 金代剔犀盒 山西大同市金代墓葬出土

图8 南宋戗金醉卧扁舟图黑漆盒 江苏江阴
夏港宋墓出土

图9 南宋戗金阮宣子沽酒图朱漆盒 江苏常州武进村前乡南宋墓出土

南宋五号墓出土的一具盛放女子梳妆用具的戗金朱漆奁，盖面图案便是一幅游园仕女图（见上编页48《宋代花瓶》，图15）。

　　两宋是培养"士"气的时代，前此形象与概念尚有些模糊的"文人""士大夫"，由此开始变得清晰起来。政治生活之外，属于士人的一个相对独立的生活空间也因此愈益变得丰富和具体。抚琴、调香、赏花、观画、弈棋、烹茶、听风、饮酒、观瀑、采菊，诗歌和绘画携手传播着宋人躬身实践和付诸想象的种种生活情趣。如果说先秦是用礼乐来维护"都人士"和"君子女"的生活秩序，那么两宋便可以说是以玄思和风雅的结合来营造士子文人的日常生活。而宋人设计的"行具"，其中所容，即是合唐人的风流遗韵与宋人创意为一而用来酝酿和铺张风雅的一个缩微世界。此后它更成为一种古典趣味，为追求古意的雅人所效法。

　　明代之"雅"，更趋于精细，且似乎有了专司其事的文人来为众人指点路径。高濂《遵生八笺》中的《起居安乐笺》和《燕闲清赏笺》，

1　《中国漆器全集·4·三国至元》，图一二八、图一一六、图一一五。

便是传布最广的"风雅指南"。当然用来"载道"的不仅有"文",还有"物"。这里仍只说与行具相关的漆器。两宋漆盒、漆箱、漆匣,此际有了不少新的名目,如提盒,如都丞盒,拜匣或拜帖匣,文具或都丞文具。

开篇举出的明剔红山水人物二撞、三撞式提匣,可以算作提盒中简略的一式,不过两层里边原可再各置诸般小器,分别存置物品。而提盒中的另一式,是总成一器如橱柜。《遵生八笺》卷八云:提盒,"余所制也。高总一尺八寸,长一尺二寸,入深一尺,式如小厨,为外体也。下留空,方四寸二分,以板闸住,作一小仓,内装酒杯六,酒壶一,箸子六,劝杯二。上空作六格如方合底,每格高一寸九分。以四格每格装碟六枚,置果肴供酒觞,又二格,每格装四大碟置鲑菜供馔箸。外总一门,装卸即可关锁,远宜提,甚轻便,足以供六宾之需"。其下又配有提盒图式,且在图式中指画分明,它的渊源于唐之都篮、宋之行具,也正见得清楚(图10)。只是此中设计属于明人自己的发明似乎不多,但也许可以说因为图文并茂指点得详细而很有推广之效,成书于明万历三十七年前后的大型类书《三才图会》,其《器用》卷中即录有同样的图式。

都丞盒又称都丞文具,它与拜帖匣均载录于记述抄没严嵩家产的《天水冰山录》,《天水冰山录》并一一缕陈器内之物,据此可知都丞盒和拜帖匣所纳均为文房雅物与各式珍玩,二者仿佛没有很大分别。拜帖匣也许先是由置放拜帖而得名,使用中却置物并不限于拜帖。《醒世姻缘传》第四十四回记狄、薛两

图10 《遵生八笺》中的提盒图

家完婚之事，云那狄婆子将“拜匣内预备的一方月白丝绸汗巾，一个洒线合包，内中盛着五钱银子，送与薛如兼做拜见”，可作一例。

明人的所谓“文具”，与今天的文具一词含义并不完全相同。文，指文房清玩，具，指箱匣一类的器具，即存置文玩之器。关于“文具”，《长物志》卷七《器具》一节有专条论及，起首即云：“文具虽时尚，然出古名匠手，亦有绝佳者。”由“时尚”二字，可见一时风气，虽然这里的“时尚”差不多等于“俗”的同义语。

《遵生八笺》卷八中的“备具匣”是雅人自行设计的用作出游携带的“文具”。高氏曰：“备具匣，余制。以轻木为之，外加皮包厚漆如拜匣，高七寸，阔八寸，长一尺四寸。中作一替，上浅下深，置小梳匣一，茶盏四，骰盆一，香炉一，香盒一，茶盒一，匙箸瓶一。上替内小砚一，墨一，笔二，小水注一，水洗一，图书小匣一，骨牌匣一，骰子枚马盒一，香炭饼盒一，途利文具匣一，内藏裁刀、锥子、乞耳、挑牙、消息，又修指甲刀、挫、发抿等件。酒牌一，诗韵牌一，诗筒一：内藏红叶各笺以录诗。下藏梳具匣者，以便山宿。外用关锁以启闭。携之山游，似亦甚备。”小梳匣、小砚、小水注，放图书亦即印章的小匣，备具匣里置放的多是细巧之物，即便并未特别举出一个“小”字，如香盒、茶盒以及各式文房用具和卫生用具。《警世通言》卷三十二《杜十娘怒沉百宝箱》中的“百宝箱”，其实也是一件“描金文具”，其上有锁，因此初始说它“封锁甚固”，末后“取钥开锁”，才见出内里“皆抽替小箱”，计凡四层，最后一层小箱里面，复容一个小匣。故宫藏明清漆器中的两件精品，很可以与明人所称的“文具”相对应。其一为明嘉靖雕填双龙捧寿纹漆箱。漆箱高与阔相同，均为26.3厘米。上有盖用合页与箱相连，前有插门可以向上提起，盖和门合装一副鎏金锁扣，因之可以关锁。两侧箱板有鎏金提环，下有四出的底座。箱子里设了宽窄高矮式样不同的八个小抽匣，抽匣上面安着鎏金拉手。漆箱通体

图 11　明嘉靖雕填双龙捧寿纹漆箱　故宫藏　　　　图 12　清代嵌螺钿加金银片婴戏图黑漆箱　故宫藏

縠褐色漆地，前后和盖面雕双龙捧寿，两侧装饰桃树和灵芝，抽匣的向面或饰松竹梅，或饰瓜果，又或缠枝花卉。雕刻好的图案上面复以金、朱、黄、黑、紫诸色填饰得五彩斑斓。漆箱底板外侧刀刻戗金楷书"大明嘉靖年制"横行款（图11）。另一个清代的例子，是嵌螺钿加金银片婴戏图黑漆箱。漆箱的阔与深均为27.3厘米，形制与前例大抵近似，唯箱盖与门一样也做成抽插式，锁扣则装在抽插门的上端，锁闭时内有机括与箱盖内里的相应部分扣合。漆箱通体装饰婴戏图，薄螺钿和金银片嵌出的图案在黑漆地子的映衬下尤见得溢彩流光（图12）。据云此是清宫旧藏，原用作"收贮首饰珠玉珍品"[1]，那么依话本之例称它为"百宝箱"，也正是贴切。

　　明清时代制作精巧的各式箱、匣、盒，论其统称，有提盒、拜匣、文具，此外便不妨随宜命名，即以置物而名之。如备具匣，如备具匣中的小梳匣、骨牌匣、途利匣等。途利匣，屠隆《考槃余事·文房器具笺》"途利"条即云："小文具匣一，以紫檀为之，内藏小裁刀、锥子、乞耳、挑牙、消息、修指甲刀、挫指、剔指刀、发钗、镊子等件。

旅途利用，似不可少。"则此本来是一个小文具匣，不过以装了旅行用的卫生用具而有此别名。总之，从行具到提匣，虽几度换了乾坤，但追慕前人的一担风雅却在不断的润泽中总保持着新鲜，由李斗《扬州画舫录》卷十二所记江曜生制"游山具"，也可见它在清代的踵事增华。而明清提匣或提盒中的匣中有盒、盒中有匣，匣与盒中的别有天地，若案验其详，便又是一个很有意思的话题，且留待别论。

附：酒榼与酒鳖

作为酒器的榼，汉代就已经出现，原指一种小口之器。这一类器皿中，以扁壶居多，它在汉代又有专名称作椑[2]，著名的一件如湖北江陵凤凰山一六八号西汉墓出土的彩绘七豹纹漆扁壶[3]（图1）。椑的基本式样是造型近乎椭圆，细颈，小口，两肩一对系，穿了绳，小者可提挈，大者可肩抬。

汉代以后，椑的名称渐渐隐退，榼之称却一直沿用下来，而专指用作盛酒的小口扁壶，有金银器，也有瓷器，在传统造型的基础上复有新的创造。唐代酒具中最常见的是双鱼榼，此外又有"龟榼"，白居易《晚归》诗"一条筇杖悬龟榼，双角吴童控马衔"，便是此物[4]。分别出土于内蒙古宁城县段家洼、山东济宁市中区东门小区的辽代龟形三彩壶，均可作为龟榼实物的印证。壶肖龟形，一对前足做成可以穿

1　《故宫文物大典·四》，图一二〇八之说明，浙江教育出版社等一九九四年。

2　孙机《汉代物质文化资料图说》，页 319～321，文物出版社一九九一年。

3　《中国漆器全集·3·汉》，图版一二八、二〇一，福建美术出版社一九九八年。

4　孙机《龟榼与酒葫芦》，页 50，《文物天地》二〇〇二年第七期。

图 1　彩绘七豹纹扁壶　湖北江陵凤凰山
一六八号西汉墓出土

图 2　辽代龟形三彩壶　内蒙古宁城县段家洼出土

图 3　龟榼　山东济宁市中区东门小区出土

龟榼底部

图 4　龟榼　出自印度尼西亚井里汶沉船

绳提挈的两系，龟首上昂张口以成壶嘴[1]（图
2、图 3）。虽然由立式变作卧式，但酒榼的
基本式样依然保持，不过借了椭圆式的造
型以像龟而见新异。龟榼实物在国内发现
得很少，但在印度尼西亚海底打捞起来的
一艘满载外销瓷的"井里汶"沉船中却发
现了一批，其时代约当五代宋初[2]（图 4）。
可见龟榼在当时是流行的。

　　《忘怀录》"行具二肩"中的甲肩为食
匣一具，中有"矮酒榼一，可以容数升，
以备沽酒"。既用作沽酒，那么矮酒榼在
这里仍是传统的用途，即盛酒。《山家清事》
"酒具"条中的"酒鳖"则是它的俗称。
山西沁水县发现的宋代墓室雕砖中有一方
"器皿图"，实为一组酒具，即酒注一、酒
台子一，又一器体量远较酒注为大，细颈
平肩，宽腹，两肩各有一耳，"内系红带
代替提梁"[3]（图 5）。而河南灵宝市宋墓出土的一件黄釉瓷扁壶又正与砖雕图案中的酒器式样相同。扁壶细颈侈口，扁圆腹，喇叭形圈足，肩部一对桥形耳，高 16 厘米[4]（图 6）。与《山家清事》中的一番形容相对照，可知两例都是酒鳖之类。它与辽金时代流行的四系或六系穿带扁壶式样相近，后者

图 5　山西沁水县宋墓砖雕图案

时人或称之为"背崒"。二者虽然不乏相互之间的影响，但就起源与发展的脉络而言，并不完全一致。

　　酒鳖与酒注略有不同，后者用作注酒，前者却仍是酒槴的传统用途，即用作盛酒，但如果稍稍改变形制，又未尝不可二合一，而更有使用的方便。扁壶中又有一种新的样式出现，或者正是基于这样的考虑。比如辽宁省博物馆藏一件辽三彩水波流云纹注壶，口径 3.7 厘米，腹径 18.6 厘米，高 21 厘米。它的一侧环柄，一侧短流，是酒注的形制；然而与环柄相对的一侧又有一个环耳，如此便成可以穿绳提挈的一对系，又是酒鳖的形制[5]（图 7）。复有元青花之例，即分别出自北京旧鼓楼大街元代窖藏和新疆霍城县芦草沟广仁城的景德镇窑青花凤首扁壶，前例壶的口径为 4 厘米，高 18.7 厘米。折枝西番莲托起来的一只飞凤作为主题纹饰，凤首为流，凤尾作柄，凤冠披垂的毛羽和凤尾之

1　前例见《龟槴与酒葫芦》；后例长 28.2 厘米，腹径 15.3 厘米，见济宁市文物局《济宁文物珍品》，页 15，文物出版社二〇一〇年。

2　此为实地考察所见，照片承私人提供。

3　李奉山《山西沁水县宋墓砖雕砖》，页 380，图一：5，《考古》一九八九年第四期。

4　三门峡市文物考古研究所《三门峡文物精华》，图五四，北京燕山出版社二〇〇四年。

5　东北三省博物馆联盟《松辽风华——走近契丹 女真人》，页 96，文物出版社二〇一二年。

图 6　黄釉瓷扁壶 河南灵宝市宋墓出土　　　　图 7　辽三彩水波流云纹注壶 辽宁省博物馆藏

端分别随势做成扁壶肩部的一对系，——如果忽略它在造型上的传承，渊源久长的一对系便几乎难以识别了[1]（图 8、图 9）。这一类样式的扁壶在元代仍然保留着"鳖"的俗称。《朴通事谚解·下》有一段关于打制银器的对话，正是讨论此物。——"张大，你打馈我一个立鳖儿，一个虾蟆鳖儿和蝎虎盏儿。""如今银子如何？""只是如常。元宝我有半锭了，再添上三、五两银子时勾（够）也。鳖儿打的匾着些个，嘴儿、把儿且打下，我看着焊。你自这里打炉子，铁锤、钳子、铁枕、锅儿、碎家事，和将沥青来，这里做生活。"蝎虎盏儿自是酒盏，蝎虎大约是蝘虎的俗称，其式样或即教子升天杯之类。立鳖儿与虾蟆鳖儿对举，那么后者的式样当如卧式的龟榼。立鳖儿有嘴儿、有把儿而形扁，虽然这里说的是银器，但就形制而言，与景德镇窑青花凤首扁壶应该是一致的。

　　明清时代，酒鳖似乎已经不常见，或有制作，却是直接仿自汉代器。清李光庭《乡言解颐》卷五"汉铜扁壶"条："铜扁壶者，盛酒之器也，约容五升。偶用载酒，逾时成绿色，真所谓绿蚁矣。乡人或以锡、以陶、以革，大抵利于远行车中携带之物。有谓之背壶者，便

图 8　景德镇窑青花凤首扁壶　北京旧鼓楼大街
元代窖藏

图 9　景德镇窑青花凤首扁壶　新疆霍城县
芦草沟广仁城出土

图 10　清代紫砂扁壶　无锡市博物馆藏

于负也；有谓之鳖壶者，象其形也。"
不过有意思的是，这时候酒鳖的式
样又或移植于其他。无锡市博物馆
藏一件清代紫砂扁壶，高 14.5 厘米，
口径 3.2 厘米，圈足，小口，短流，
扁圆腹，腹两侧各一对系，两面正
中分别模压魁星踢斗图案，图旁一
溜四字"独占鳌头"[2]（图 10）。紫
砂壶应是茶具，扁壶却巧借鳖的造
型以切"鳌"，而成就吉祥寓意。
若论实用，它也有着与酒鳖同样的
携带之便，或即为科场之用而设计。

1　两例均为观展所见并摄影。
2　赵新时等《锡山藏珍》，图七四，南京出版社二〇〇一年。

名刺、拜帖与拜匣

一 谒与刺

谒和刺，是简牍时代用于进谒通名的"名片"[1]。谒之称多见于西汉载籍，东汉文献则谒、刺并见。关于谒，《释名·释书契》："谒，诣也，诣告也。书其姓名于上以告所至诣者也。"王先谦《释名疏证补》云："王启原曰：《后汉书·孔融传》：河南尹何进当迁为大将军，杨赐遣融奉谒贺进，不时通，融即夺谒还府。又《文苑传》言羊陟大从车骑奉谒造壹。谒即今造往之名刺。羊陟列卿，于计吏亦奉谒，则上下通用。如孔融为杨赐奉谒，则似今之差帖者也。"羊陟事中的"奉谒造壹"，李贤注云："奉谒，通名也。"壹即赵壹，其时他被郡里举为计吏到京师上计。羊陟起初看他不起，后才折节回访，所持名谒当是临时写就。至于杨赐差遣孔融往何进府恭贺升迁，融所持谒，则是杨赐的名谒。

关于刺，《释书契》云："画姓名于奏上曰画刺，作'再拜起居'字，皆达其体，使书尽边，徐引笔书之如画者也。下官刺曰长刺，长书中央一行而下也。又曰爵里刺，书其官爵及郡县乡里也。"由此可知刺、谒虽然同属，但二者又稍有区别。即刺是"长书中央一行而下也"，并且通常要写明籍贯，亦即"爵里刺"之"里"，谒则一般不必。刺是本人持用，平日备下，按照常套写好问候语，便是《释书契》所谓"再拜起居"之类，又本人的名姓爵里，而可以一式多件。谒则常常是为某次进谒临时写就，正规的格式，应是分行书写各项内容，即

1　谒与刺的问题，以前已经有过一些讨论，如刘桂秋《古代的"名帖"》,《文史知识》一九八三年第十二期;李均明《简牍文书"刺"考述》,《文物》一九九二年第九期;杨泓《我国古代的名片——爵里刺》,《寻常的精致》, 辽宁教育出版社一九九六年;刘洪石《谒·刺考述》,《文物》一九九六年第八期。

图1　尹湾汉墓名谒一　　　尹湾名谒一背面　　　　　图2　尹湾汉墓名谒二　　　尹湾名谒二背面
正面　　　　　　　　　　　　　　　　　　　　　　　　　正面

受谒者的官职和称呼，又进谒的目的和谒者的官职姓名。持用者可以是本人，也不妨是被差遣的下属。

名刺亦即《释书契》中说到的爵里刺，它的流行似乎比谒要晚，从传世文献来看，当迟至东汉。《后汉书·文苑传》说祢衡游于颍川，"乃阴怀一刺，既而无所之适，至于刺字漫灭"。这是刺始见于典籍。检阅目前所知的出土实物，汉代物均是谒之属，而以江苏连云港市尹湾汉墓六号墓所出最为集中。墓的时代为西汉成帝元延三年，墓主人是东海郡功曹史师饶，字君兄。出土的十件名谒长短相同，宽均为7厘米，长均为22.5厘米，约合汉制一尺。就内容来看，可以大致分为两种。即一是他人遣吏来谒所持，一是师饶遣吏往谒所持。属于前者的一例，正面右上方书"奏主吏师卿",然后提行书一个"亲"字;背面右上方书"五官掾副谨遣书吏奉谒再拜",提行书"谒",左下角署"赵君孙"(图1)。属于后者的一例,正面右上方书"进长安令",提行书"兒君";背面右上方书"东海大守功曹史饶谨请吏奉谒再拜",提行书"请";左上方书"威卿足下",下角书"师君兄"[1](图2)。墓中随葬的简牍多为文书档案,又有墓主人写在元延二年历谱上的日志一编,出土的十件名谒,也都是他生前的实用之物,因可看作当日交往中通行的标准格式。与此不同的一例,有长沙市东牌楼出土的东汉名谒,是长24.7厘米、厚3.5厘米的一方木牍,中央一行书谒者姓名,右上角书"正月",左上角书一个"贺"字[2](图3)。

图3 东汉刺 湖南长沙市东牌楼出土

三国时代仍从汉制。出土的实物中,有《释书契》中说到的爵里刺,也有谒。南昌东吴高荣墓出土形制大小和书写内容均相同的木简二十一枚,上书"弟子高荣再拜 问起居 沛国相字万绶",正是"长书中央一行而下也",致候语"再拜问起居",然后说明籍贯,即沛国相人,均与《释书契》所说一致,此应即爵里刺[3](图4)。最有名的一例出自安徽马鞍山东吴朱然墓,此墓所出简牍刺和谒并见。刺为"丹杨朱然再拜 问起居 故鄣字义封"(图5),谒则居中书一"谒"字,而右侧直书"□节右军师左大司马当阳侯丹

1　连云港市博物馆等《尹湾汉墓简牍》,页29、34,中华书局一九九七年。

2　长沙市文物考古研究所《长沙东牌楼东汉简牍》,页41,彩版九,文物出版社二〇〇六年。

3　刺宽3.5厘米、长24.5厘米。江西省历史博物馆《江西南昌市东吴高荣墓的发掘》,图版十一:5,《考古》一九八〇年第三期。

图 4　名刺
南昌东吴高
荣墓出土

图 5　名刺 安徽
马鞍山市朱然墓
出土

图 6　名刺 南昌
西晋吴应墓出土

图 7　贺大蜡
楼兰发现的西
晋名谒

图 8　贺蜡
楼兰发现的
西晋名谒

杨朱然再拜"[1]。

　　两晋依然如此。名刺的例子，一见于南昌东湖晋吴应墓，墓中出土形制大小相同的五枚木简，其中三枚书写内容完全相同，即"弟子吴应再拜　问起居　南昌字子远"[2]（图6），又一枚易"弟子"为"豫章"，又一枚上书"中郎、豫章南昌都乡吉阳里吴应，年七十三，字子远"。大致相同的一例，为南昌火车站东晋雷陔墓出土的两枚名刺，上书"弟子雷陔再拜　问起居　鄱阳字仲之"[3]。至于名谒，则有《楼兰汉文简纸文书集成》中著录的两枚西晋木简，其一上端分行书写"贺大蜡"，下署"弟子宋政再拜"；其一上端略有残损，唯存一个"蜡"字，下面两行，左书"弟子报珍再拜"，提行书"贺"[4]（图7、图8）。蜡是上古时代在年终举行的庆贺丰收的报谢典礼[5]，规模很盛大，所谓"一国之人皆若狂"（《礼记·杂记下》子贡语）是也。这两枚便都是用于贺节的名谒。"从位吏宋政"又见于同地出土的泰始五年十一月五日简[6]，那么此谒也大抵同时。两例比汉代和三国时候的名谒要窄，但分行书写的形式依然不变。此外还有滑石制作的名谒，出广州黄埔区姬堂西晋墓，当是随葬用的明器[7]（图9）。

二 名纸与拜帖

纸的使用广为普及之后，名刺自然也易简为纸。唐代便多称名纸，新进士以红笺名纸作长安狭邪游，也成一时的风流故

图9 滑石名谒 广州黄埔区姬堂西晋墓出土

---

1 安徽省文物考古研究所等《安徽马鞍山东吴朱然墓发掘简报》，页7，图一○，《文物》一九八六年第三期。

2 刺宽3厘米、长25.3厘米。江西省博物馆《江西南昌晋墓》，图版九：2，《考古》一九七四年第六期。

3 江西省文物考古研究所等《南昌火车站东晋墓葬群发掘报告》，页25，图四一，《文物》二○○一年第二期。

4 侯灿等《楼兰汉文简纸文书集成》，册二，页298，天地出版社一九九九年。

5 蜡原是祭名，即于岁末索祭万物之有功于民者，《礼记·郊特牲》："蜡也者，索也。岁十二月，合聚万物而索飨之也。"

6 《楼兰汉文简纸文书集成》，册一，页134。

7 《羊城文物珍藏选》，图七二，广州市文化局一九九七年。

事[1]。晚唐以后又有门状之称[2]，而书写内容稍繁于名纸。宋代承袭下来，但在名称和形制上有不少变化，司马光《书仪》卷一列有手刺和名纸的通用格式。《老学庵笔记》卷三记宋代名刺故事云："士大夫交谒，祖宗时用门状，后结牒'右件如前谨牒'，若今公文，后以为烦而去之。元丰后，又盛行手刺，前不具衔，止云'某谨上。谒某官。某月日'。结衔姓名。刺或云状，亦或不结衔，止书郡名，然皆手书，苏、黄、晁、张诸公皆然，今犹有藏之者。后又止行门状，或不能一一作门状，则但留语阍人云：'某官来见。'而苦于阍人匿而不告，绍兴初乃用榜子，直书衔及姓名。至今不废。"这里说到苏、黄、晁、张诸公手书之状"今犹有藏之者"，却未知藏于谁家。据南宋张世南《游宦纪闻》卷一所记，其家中藏有黄庭坚等元祐十六君子的石本墨迹，秦、黄、晁、张，苏门四学士竟是齐全。秦观的一件，书"观，敬贺子允学士尊兄，正旦，高邮秦观手状"。用后世的说法，这便是贺年片了。

贺岁门状或更有一番装点。《禅林象器笺》述正月禅林以门状贺岁事，引《翰墨大全》曰："用好纸，阔三四寸，左卷如箸大，用红线束刺腰，须真楷细书，或仓卒无丝线，则剪胚红纸一小条，就名上束定，亦得。"[3]

贺年之刺的递送常常不须本人亲往，命仆人代投即可。周密《癸辛杂识·前集》"送刺"条："节序交贺之礼，不能亲至者，每以束刺金名于上，使一仆遍投之，俗以为常。余表舅吴四丈性滑稽，适节日无仆可出，徘徊门首，恰友人沈子公仆送刺至，漫取视之，类皆亲故，于是酌之以酒，阴以己刺尽易之。沈仆不悟，因往遍投之，悉吴刺也。异日合并，因出沈刺大束，相与一笑，乡曲相传以为笑谈。"这一则纪事预先说到吴四丈的性滑稽，如此讨巧便也只教人觉得风趣。年节由仆人代投贺帖的办法一直到清末民初还通行于都市[4]，不过投帖者已经职业化，这时候的"吴四丈"只须临时雇人便好[5]。

问世不久即被人珍藏的北宋名家书刺，似连石本墨迹也未能流传下来。存世难得的一件宋代实物是故宫藏蔡襄楷书《门屏帖》[6]，依照《老学庵笔记》中的形容，它应是"手刺"之属（图10）。

又有一种称刺字，最为俭质，多用于平交。《事林广记》卷十一《仪礼类》"刺字之式"条："见长者用名纸，见敌者以下用刺字，其文止曰某郡姓名而已，有爵者并爵书之。见一家一人以上则人用一刺。"《广记》约

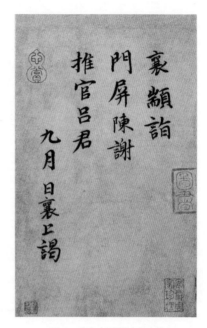

图 10　蔡襄《门屏帖》故宫藏

1　《开元天宝遗事》"风流薮泽"条："长安有平安坊，妓女所居之地，京都侠少萃集于此，兼每年新进士以红笺名纸游谒其中，时人谓此坊为'风流薮泽'。"

2　《资暇集》卷下"门状"条云："文宗朝以前无之，自朱崖李相贵盛于武宗朝，且近代稀有生一品，百官无以希取其意，以为旧制轻（自注：刺则今之名纸），相扇留具衔，候起居状，而今又益竞以善价纸，如出印之字，巧诡曲媚。"《北梦琐言》所云与此不同。该书卷九："古之制字卷纸题名姓，号曰名纸。大中年，薛保逊为举场头角，人皆仿效，方作门状，泊后仍以所怀列于启事，随启诣公相门，号为门状、门启，虽繁于名纸，各便于时也。"

3　日无著道忠《禅林象器笺》第廿二类《文疏门》，中文出版社影印日本京都妙心寺龙华院及春光院藏本。

4　明陈士元《俚言解》卷一"拜年"条曰："自元日以后，亲友往来交错于道路，谓之'拜年'，然乡村各拜其亲友，或携盒酒，多出实心，而城市士人多望门投刺，或不过其门，令人送名帖，不知此风起于何年。余少时尚无此风也。俗云'青草盖牛蹄，正是拜年时'，言必躬必亲，不嫌于迟。"（《明清俗语辞书集成》（长则规矩也编，第一册，页6，上海古籍出版社一九八九年）按作者乃湖北德安府应城县人，生于正德十一年，卒于万历二十五年。

5　唐鲁孙《大杂烩·闲话故都年景》，页124~126，大地出版社一九八一年。

6　《故宫博物院藏文物珍品大系·宋代书法》，页31，上海科学技术出版社等二〇〇一年。

图 11　竹纸名谒 内蒙古额济纳旗黑城出土

成书于宋末元初。内蒙古额济纳旗黑城出土文书中有一件保存完整的竹纸名谒即"贾本谒"，阔 7.4 厘米，长 12 厘米[1]，黑城是西夏黑水城和元代亦集乃路遗址，这一件是元代物。它的形制与书写内容均俭省至极，或即最为普通的刺字之类（图 11）。

拜帖之称，大约出现在元代。《朴通事谚解·上》："小人昨日贵宅里留下一个拜帖来,见来么?"[2]这也许可以算作最早的一例。作为朝鲜人编撰的汉语教科书，采录多为当时的口语，而拜帖也始终是俗称，书面语常用的仍是名刺、名纸、名帖之类。明清时代拜帖的形式愈见繁复，或全柬或单帖，或加封套或不加封套，又质地和尺寸的大小也有分别。总之要以式样和规格的种种不同见出主客之间的尊卑亲疏。这些讲究在交往中实在忽略不得，因此竟也弄出不少争奇斗艳的故事，赵翼《陔余丛考》卷三十"名帖"条便很拣出一些有趣的笑料来，可见人情世态[3]。若求其常式，则有《朱氏舜水谈绮》中的名帖式样。此系舜水先生东渡日本之后，课徒讲学，门人所录《书柬式》一卷中的一种。不仅绘出图来，且标明尺寸，又有制作说明和使用说明："此拜帖也，所以通名者，即古之刺也，非仪状。不自往，则有封套，不粘口，不折口。佳节访人之柬，或用全柬，或用单帖。单帖中无'顿首'二字。"所绘为全柬式图样，其旁标明尺寸，下面注云："四板二扣，每板长九寸三分，阔三寸五分，前后两边阔六分，

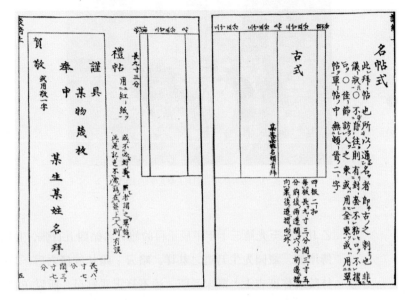

图 12 《朱氏舜水谈绮》中的名帖式样 日本宝永五年刻本

前边摺向里，后边摺向外。"⁴（图12）图文合看，拜帖式样一目了然。

拜帖的常式自此直到晚清，没有太大的变化。谙熟清季掌故的唐鲁孙在《名片古今谈》一文中，说到他曾在琉璃厂购得自乾隆十年起

1　李逸友《黑城出土文书》，图版二三：4，科学出版社一九九一年。

2　汪维辉《朝鲜时代汉语教科书丛刊》，册一，页244，中华书局二〇〇五年。

3　如引《啸虹笔记》云："茅浔阳每谒严嵩，用赤金缕姓名，缝红绫作束，嵩以为尊之也，而阍人利其金，每传报后辄取金去，以是嵩败，茅竟免交通律。"明代拜帖求奢，本来也是风气。郎瑛《七修类稿》卷一七"刺纸"条："予少年见公卿刺纸不过今之白录纸二寸，间有一二苏笺，可谓异矣。而书束摺拍亦不过一二寸耳。今之用纸，非表白录罗纹笺则大红销金纸，长有五尺，阔过五寸，更用一绵纸封袋递送，上下通行，否则谓之不敬。呜呼，一拜帖五字而用纸当三厘之价，可谓暴殄天物，奢亦极矣。"此所记亦嘉靖年间事。又张萱《疑耀》卷四"拜帖不古"条："今用七八摺为全柬者，是后人积奢之所致也。余尝见杨公士奇一帖，其纸即今长安中之连七纸最粗恶者，亦仅三摺，面上一红签仅如箸，姓名之字仅大如指顶，其所语事即书于左，不用今之副启，而其字草书，盖真迹也。今用副启，闻亦起于世庙末年，书名字大则近见。"

4　《朱氏舜水谈绮》，页18，华东大学出版社一九八八年影印日本宝永五年刻本。

新编
終朝采藍
下

图13 "投刺拜年"《日月合璧五星联珠图》

乙丑正科至光绪三十年甲辰正科的翰林名帖四五百张，并以此询之于傅增湘，藏园先生乃道之甚详。略云：翰林放榜之后，"就是进入翰林院改称庶吉士，既未受职，还不算正式官员，所以在这短短期间，轩昂自肆，所用名帖，都是亲自楷书，镌好木戳，印在梅红纸上，最长的有二尺，最小的也有一尺多，字则大的四寸见方，小的也有二寸"[1]。其时平常使用的拜帖，虽也用着梅红纸，但却并不很大，阔二寸、长三寸，似为常式。清杨米人《都门竹枝词》："银号银炉坐小官，跟班小使小雕鞍。时新拜帖都兴小，三寸来长二寸宽。"又清佚名《燕台竹枝词一百首》之一："镇日皇皇西复东，少年捷足串胡同。红笺二寸书名姓，曾许怀间半刺通。"赵钧彤《都门竹枝词》："过客停车谒者辞，陌尘莽莽亦何之。可怜贵绝梅红纸，大字题名小帖儿。"[2]都可以见出尺寸。清徐扬《日月合璧五星联珠图》中有"投刺拜年"之幅[3]（图13），三寸来长的"梅红纸"拜帖，由此可略得仿佛。

清末拜帖才有了大的变化。徐珂《清稗类钞·风俗类》"谒客"条："光、宣间，名刺之式不一，或红纸，或西式白纸，均可。名片之背，则书名号与住址，西式名片左角则书职业，女子亦然，惟已嫁者辄增夫家姓氏。"

三 关于拜匣

拜匣又称拜盒或拜帖匣，本是因为拜帖而得名，前举名谒、名刺都是拜帖的前身。纸的使用普及之后，名谒便又称为名纸、牓子、名帖、拜帖、片子、名片。《清稗类钞·风俗类》"谒客"条："凡至官厅及人家，投谒、答谒，由从仆以名刺交阍人，既通报，客即先至客堂，立候主人。"这里说的是清末民初时候的情景，其俗却是源远流长，也可以说是与谒、刺的使用同步，虽然细节因时代之异而有不同。

持刺谒见，在谒者与受谒者之间总须一个传递过程。至于传递者，自然依主人的情况而身分各别，但也不妨通谓之阍人。谒者投刺，阍人接过来，呈与受谒者。开篇所举《后汉书·孔融传》曰融曾受聘于司徒杨赐，"河南尹何进当迁为大将军，杨赐遣融奉谒贺进，不时通，融即夺谒还府"。此所谓"不时通"，便是被阍人所难，即持了来客的名谒而不去及时通报主人。王定保《唐摭言》卷十谓唐刘鲁风往江西投谒所知，颇为典谒所阻，因赋一绝曰："万卷书生刘鲁风，烟波千里谒文翁。无钱乞与韩知客，名纸毛生不为通。""名纸毛生"，原是用着祢衡故事，鲁风诗中的一腔抱怨，其中关节即在于"颇为典谒所阻"。自汉而唐，竟是风习不变的。宋元依然。《事林广记》卷十一《仪礼类》"进退之节"条："见长者门外下马，以刺授将命者；无将命，则自命仆人展刺。"可见其情。

主客之间名谒的递送不仅要有中介，而且不可手递手，在两汉三

1　唐鲁孙《什锦拼盘》，页 219 ~ 220，大地出版社一九八二年。

2　雷梦水等《中华竹枝词》，册一，页 103、123、128，北京古籍出版社一九九七年。据编者云，杨米人《都门竹枝词》成于一七九五年，《燕台竹枝词一百首》写作年代当在嘉庆初年。

3　林莉娜《京华岁朝》，页 20，台北故宫博物院二〇〇八年。

图 14 "侍阁"河北望都汉墓壁画（摹本）　　图 15 "黄门侍"安徽马鞍山三国吴朱然墓出土漆案

国，多是凭借一具小小的书案。《太平御览》卷七一〇引李尤《书案铭》："居则致乐，承颜接宾。承卷奏记，通达谒刺。尊上答下，道合仁义。""通达谒刺"一句，即把它的功用之一表述得很明确。书案如此使用的情景，在河北望都东汉墓壁画[1]、成都曾家包东汉画像石[2]，又安徽马鞍山三国吴朱然墓所出彩绘漆案中都可以看到[3]。望都壁画榜题曰"侍阁"，朱然墓漆案榜题曰"黄门侍"，均点明奉案者的身分（图 14、图 15）。

　　拜帖出现之后，若求礼数周到，拜帖的递送便不可少却拜匣。它与两汉三国的书案意义其实是一样的，不过在使用过程中功能又扩大了许多。拜帖之称出现在元代，名片有匣则更早。南宋刻本《碎金·家生篇》"士具"条列有"牓子匣"，前引《老学庵笔记》所云"绍兴初乃用牓子，直书衔及姓名"，则此"牓子匣"便是拜匣的前身了。

　　拜帖与拜匣的使用，明清直到民国最是普遍，使用方法也没有太大的变化。会客持拜帖而往，拜帖放在拜匣里，由仆从手捧，到得门首，开了拜匣，取出拜帖递与阍人，阍人再呈与主人。又不仅仅是名帖，凡各种往来的礼帖、请帖、庚帖，等等，也莫不如此。这一生活中习用的常套，在明清小说中便成为铺叙故事的有声有色的细节。如清李百川《绿野仙踪》第三回，曰冷于冰落榜后在都中苦等落卷，"到第八日，一个人拿着拜匣，到于冰寓处问道：'此处可有个广平府成安县的冷不华么？我们是翰林院吴老爷名时来来拜。'王范接帖回禀，于冰看了帖儿，道：'我与他素不相识，为何来拜？想是拜错了。'王范道：'小人问得千真万真，是拜相公的。'于冰道：'你可回说我不在家，明日竭诚奉望罢。'"又清李绿园《歧路灯》第九回：一日，谭孝移正在读画轩中，"忽听德喜儿禀说：'柏老爷到。'孝移急出相迎，只见虾蟆夹个拜匣，扶着相公，径上轩来。为礼坐下，柏公叫道：'虾蟆拿拜匣来。'虾蟆将拜匣递于柏公，柏公揭开，取一个红单帖，捧与孝移，说道：'明日奉邀过午一叙。'孝移接帖在手，看是'十五日'三个字，下写'柏永龄拜订'"。可知主客相见，虽已是面对面，也必要有中介用拜匣传递拜帖方才合礼。

又有主人并不出面的。《歧路灯》第十五回："只见伻头拿着一个拜匣，到铺门前，展开匣儿，取出一个封套帖，上面写着：'翌吉，一品候教。眷弟盛希侨拜。'"所谓"封套帖"，《朱氏舜水谈绮》所作名帖式样旁注"不自往，则有封套，不粘口，不折口"，便是了（见页101图12）。

拜帖有时是临时写就，则拜匣里除了备有空白帖子，必须的笔墨

1　北京历史博物馆等《望都汉墓壁画》，图版七、二七，中国古典艺术出版社一九五五年。

2　成都市文物管理处《四川成都曾家包东汉画像砖石墓》，图版四，《文物》一九八一年第十期。

3　《中国漆器全集·4·三国—元》，图一一，福建美术出版社一九九八年。

也该是齐全的。清《平山冷燕》第六回，曰宋信同了陶、柳二人步过石桥，"将到门口，却在拜匣中取出笔墨，写一纸帖道：'山东宋山人，同陶进士、柳孝廉，访小才女谈诗。'叫一个家人先送进去"。《儒林外史》第六回，严贡生为着赖掉船钱，咬定船家吃下的云片糕是他的药，因闹着说："叫四斗子开拜匣，写帖子，送这奴才到汤老爷衙里去！"这一番虚张声势中，拜匣被调遣来做成一件合适不过的道具。

拜帖之外，交往中的馈送礼品也用着拜匣。明清溪道人《禅真逸史》第八回：沈金行近城门，"远远见一个小厮手内捧着拜匣，走近前来"，道是"大相公令我这些礼物与一个相知"。《儒林外史》第五十四回："九公子随叫家人取一个拜匣，盛着二百两银子，送与陈木南收下。"又同书第四十四回："这日是五月初三，却好庄濯江家送了一担礼来与少卿过节，小厮跟了礼，拿着拜匣，一同走了进来。……拜匣里四两银子。"

拜匣又差不多是出门时候的随身物品，虽然多是由仆从捧持。也正因为如此，它不仅仅用作置放拜帖和笔墨，举凡银钱、票据、契约、图章、首饰，珍好之雅玩，常用之药物，都不妨纳入其中。此在明清笔记和小说中也一一描写得周详[1]。用作装银两，明代的例子，如《梼杌闲评》第五回："丑驴身边盘费俱尽，只得瞒着一娘拿衣服去当，被一娘看见，说道：'不要当。'……旁边取过拜匣来，拿出一两散碎银子与他。"《禅真逸史》第十三回："杜子虚令阿巧开拜匣，拿一封银子，交与保儿整办东道。"《醒世恒言》卷三十《张廷秀逃生救父》："王员外因赵昂奚落廷秀，心中不忿，务要与他争气，到把行聘的事搁起，收拾五百两银子，将拜匣盛了，教个心腹的家人拿着，自己悄悄送与张权，教他置买一所房子。"又黄宗羲《思旧录》"沈寿国"条记治先（寿国字）赠程仪事云："将行，出宿治先家，余卧后，治先发吾拜匣，空无所有，以五十金置其中，锁如故。"此五十金，即五十两银子[2]。清代之例，如文康《儿女英雄传》第三十九回："老爷看了看那箱子里装着是五百银子，便吩咐梁材向店家借个天平，要平出二百四十两来，分作三包；又叫叶通写三个馈赆的签子按包贴上；再现买个黑皮子手版来，要恭楷写'旧属安学海'一行字；又叫腾个拜匣预备装银子。"能够装得几百两银子，这拜匣的体量该是不小，或者竟如箱一般。

两宋直到清末民初，日常生活中一类常用的容物之器是各式漆木匣。而匣与箱，旧日二者的区分并不严格。《朱氏舜水谈绮》卷下"器用"条："箱，匣也。"与今世箱和匣的概念不很相同。各式漆木匣中，多层抽屉式者，称为撞盒或撞匣，以三撞、两撞为常见。撞匣带提手者称提匣，箱柜式，则或称文具，或称都丞匣。此外有一类便是大大小小高高矮矮的长方匣，内里或光洁无他设，或贴着口沿坐一个用为隔层的浅盘。用作拜匣的多半是这一类。出游的时候，担子的一端，一具提匣几乎是必备的。若访友，则多是抱琴、捧拜匣。这是明清绘画和雕刻等艺术中常常见到的形象。比如钱毂作于嘉靖四十五年的《蕉

1　如《拍案惊奇》卷十《韩秀才乘乱聘娇妻，吴太守怜才主姻簿》，曰韩秀才打算请媒婆说亲，因"开了拜匣，秤出束脩银伍钱，做个封筒封了，放在匣内，教书僮拿了随着，信步走到王媒婆家里来"。后来金朝奉悔婚，要请官断，韩秀才"就开拜匣，取了婚书吉帖与那头发，一同的望着典铺中来"。又《禅真逸史》第六回："行童开了拜匣，将金扇、牙梳放于针线筐里。"《二刻拍案惊奇》卷三《权学士权认远乡姑，白孺人白嫁亲生女》，曰老孺人一时急心疼，晕倒了，权学士因思"此病惟有前门棋盘街神丹一服立效，恰好拜匣中带得在此"，云云。《梼杌闲评》第四回："公子取过拜匣来开了，拿出个纸匣来说：'这是新作的玉凉簪，带来与你二人的。'"又《九尾龟》第三十八回，"陆兰芬接了银票，便立刻唤了阿金上来，又从妆台抽屉内取出一叠发票"，"又开了拜匣，取出几张钞票，一齐交与阿金。又同书第四十七回，兰芬"叫姨娘去衣橱内搬出一只小拜匣来，兰芬开了匣盖，检出六张十元的银行钱票递与刘贵。又李伯元《官场现形记》第四十六回，童钦差把一路得的贿银"一概换了票子，床头上有个拜匣，一齐锁在里面"。

2　赵翼《陔余丛考》卷三十"一金"条："今人行文，以白金一两为一金，盖随世俗用银以两计。"

图 16 《春夜宴桃李园图》扇面局部（日）桥本末吉藏

亭会棋图》[1]，盛茂烨作于崇祯三年的一幅扇面《春夜宴桃李园图》[2]（图16），又故宫藏永乐时期的剔红携琴访友图盒[3]（图17），清象牙雕松荫雅集图臂搁（图18），"嘉庆"款剔红携琴访友图笔筒，等等。其中最有意思的一幅是《蕉亭会棋图》。图的左上角有作者题画，曰"小诗拙画问讯凤洲先生"。凤洲先生即王世贞，是作者极好的朋友，虽然小他近二十岁[4]。诗曰："经时不见王青州，养疴高卧林堂幽。竹寒松翠波渺渺，四檐天籁声飐飐。围棋招客赌胜负，劝酬交错挥金瓯。有时弄笔染细素，句新调古人争收。城居六月如坐甑，思欲对面销烦忧。美人迢递不可即，东江目断沧波流。"画面情景与画中寄意已由诗笔形容尽致。而草亭中的"围棋招客"者，王世贞也。此刻他心不在棋，却

1　辽宁博物馆藏。末署"丙寅中秋四日"，此丙寅乃嘉靖四十五年。

2　日本私人藏。画有款识，曰"庚午秋九月写"，此庚午为崇祯三年。《海外藏中国历代绘画·6》，图一二九，湖南美术出版社一九八九年。

3　《故宫博物院藏文物珍品大系·元明漆器》，图四四，上海科学技术出版社二〇〇六年。

4　关于钱穀与王世贞的友情，见傅东光《钱穀的思想性格及其艺术创作初论》，页37～38，《故宫博物院院刊》二〇〇一年第六期。

图 17　明代剔红携琴访友图盒　故宫藏

剔红携琴访友图盒　局部

图 18　清代象牙雕松荫雅集图臂搁局部　故宫藏

图 19 《蕉亭会棋图》辽宁省博物馆藏

在侧耳听取远处动静。与此神情呼应的是桥头走来的小僮，手里捧着一个拜匣，"思欲对面"的访客未到，问讯之意先至矣（图19）。这是此类题材中逸出程式的很有点意外的一笔，与诗合观，不禁令人莞尔。

拜匣在明清社会的人际交往中既然如此重要，则数量不会很少。小说中关于拜匣的形容，有湘妃竹攒花拜匣[1]，有篾丝拜匣[2]，紫檀拜匣[3]，又洋漆嵌螺钿的拜匣[4]，洋式拜匣[5]，等等。日人中川忠英《清俗纪闻》卷八"婚礼"项下绘出拜盒的样式，译者依彩图本注云："拜盒黄色，红绿蔓藤花纹。"[6]（图20）图文合看，这里据以摹绘的大约是一件缠枝卷草剔彩漆盒。检阅传世与出土的器物，也不难从中认出它来。拜匣可以很大，大到可以纳入几十两乃至几百两银子；

《蕉亭会棋图》局部

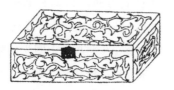

图 20　拜盒《清俗纪闻》插图　　　　　　　图 21　紫檀长方匣　上海宝山顾村镇明朱守城夫妇墓出土

拜匣又可以很小，小到可以揣到袖筒里[7]。若求机密，还可以安设锁钥。明高濂《遵生八笺》卷八中举出一种自行设计的用作出游携带的"备具匣"，他说，"以轻木为之，外加皮包厚漆如拜匣，高七寸，阔八寸，长一尺四寸；中作一替，上浅下深"。拜匣式样之一般，由此也可得见仿佛。上海宝山顾村镇明朱守城夫妇墓出土一件紫檀长方匣，为男主人的随葬物。盒高 9 厘米，长 26.2 厘米、阔 16.3 厘米，内里分作上下两格，出土时里面放着木梳三枚[8]（图 21）。依照前面的讨论，可以推知此器正是一件拜匣。

1　《醒世恒言》卷三《卖油郎独占花魁》，写秦重窥得花魁娘子出门时的情景，"只见两个丫鬟，一个捧着猩红的毡包，一个拿着湘妃竹攒花的拜匣，都交付与轿夫，放在轿座之下。那两个小厮手中，一个抱着琴囊，一个捧着几个手卷，腕上挂碧玉箫一枝，跟着起初的女娘出来"。

2　《醒世姻缘传》第八十四回。

3　清小和山樵《红楼复梦》第十四回，曰黛玉坟旁的大洞里有个二尺长、一尺宽的石匣，将石盖敲开，"见里面装着个紫檀拜匣，梦玉亲自取出来，见有一把小铜锁儿锁着"。

4　清漱六山房《九尾龟》第四十一回，方子衡"又开了箱子，取出一只洋漆嵌螺钿的拜匣，在拜匣内不知拿了什么交与兰芬"。

5　《二十年目睹之怪现状》第五十七回：咸水妹开了铁柜，"又开了一个洋式拜匣，检了一检，取了一个钻石戒指带上"。

6　《清俗纪闻》，方克等译，页 355，中华书局二〇〇六年。

7　清韩邦庆《海上花列传》第十回："云甫问他何事，相帮说是送礼，袖出拜匣呈上帐台。匣内代褚一封，夹着覃丽娟的名片。"

8　何继英《上海明墓》，页 125，彩版七五：3，文物出版社二〇〇九年。报告称之为"紫檀梳妆盒"。

图 22　紫檀十八学士图长方匣　中国国家
博物馆藏

紫檀十八学士图长方匣盒身与屉

尚可以举出更多的例子，如中国国家博物馆藏紫檀十八学士图长方匣，长 24.5 厘米、高 9.6 厘米、阔 15.7 厘米，贴口沿坐着一个浅盘式小屉，屉高 3.1 厘米 [1]（图 22）。《十八学士图》的始创者为初唐阎立本，宋元以来渐成传统题材，只是离开史事已经很远。它在明清时代又与各种雅集图交会，而主旨都在于描绘文士风流，即书斋庭园中的烹茶饮酒、会棋赏画。拜匣的装饰取材于此，自然是求雅趣。又一例为故宫藏剔红开光人物长方匣，天盖地式，长 41.4 厘米、高 10 厘米、阔 28.2 厘米。盖面菱花式开光里雕一幅捉柳花图 [2]（图 23）。其意取自杨万里《闲居初夏午睡起》，即"梅子留酸软齿牙，芭蕉分绿与窗纱。日长睡起无情思，闲看儿童捉柳花"。明周臣、仇英都有同样题材的绘画。此外如故宫藏剔红折桂图长方匣、描漆双凤纹长方匣 [3]（图 24、图 25），都可以说是拜匣之属。

清代的例子，如故宫藏黑漆嵌骨山水人物长方匣，沈绍安制描金彩漆花鸟纹长方匣，罩金漆山水图长方匣 [4]（图 26、图 27、图 28）。又南京博物院藏一件犀皮或曰波罗漆长方匣，尺寸很小，贴

1　石志廉《明江千里款嵌螺钿黑漆执壶和明紫檀十八学士长方盒》，页 72~73，《文物》一九八二年第四期。

2　《中国漆器全集·5·明》，图六三。

3　《中国漆器全集·5·明》，图七一、图一八一。前者长 14.5 厘米、高 7.7 厘米、阔 11.3 厘米；后者长 22.6 厘米、高 7.9 厘米、阔 13 厘米。

4　《中国漆器全集·6·清》，图二五〇、图七〇、图三六。例一长 33.2 厘米、阔 19 厘米；例二长 32 厘米、高 11 厘米、阔 15.6 厘米；例三长 27 厘米、高 11 厘米、阔 15 厘米。

图 23　剔红开光捉柳花图长方匣 故宫藏　　　　剔红开光捉柳花图长方匣盖面

图 24　剔红折桂图长方匣 故宫藏　　　　图 25　描漆双凤纹长方匣 故宫藏

图 26　黑漆嵌骨山水人物长方匣 故宫藏　　　图 27　沈绍安制描金彩漆花鸟纹长方匣
　　　　　　　　　　　　　　　　　　　　　　　故宫藏

图 28　罩金漆山水图长方匣 故宫藏　　　　罩金漆山水图长方匣款

113

图 29　犀皮长方匣 江苏南京博物院藏

图 30　清代护书 首都师范大学历史博物馆藏

图 31　清代护书封面 私人藏　　　　　　清代护书展开

口沿一个浅盘，下边的匣子里放图章[1]（图29）。吴趼人《二十年目睹之怪现状》第八十五回："稚农在身边掏出一个钥匙来交给慧卿，慧卿拿去把那保险柜开了，取出一个小小拜匣来，稚农打开，取出一方小小的水晶图书，盖在支票上面。"小说中说到的拜匣，便是这一类小巧之物了。

　　用来装拜帖和书柬的，清代又有护书。《歧路灯》第二回，曰谭孝移吩咐王中，"叫车夫宋禄套上车儿，再到帐房问阎相公讨十数个眷弟帖儿，街上回拜客。王中料理已妥，夹着护书儿，到楼下请上车。

孝移又叫拿出一个全帖儿，放在护书内，出街升车。叫王中将帖儿预先投递，凡前日来赐光的，俱投帖答拜"。第七十一回，谭绍闻"皮箱中取出新衣换了，护书内取出门生手本。推的车到仪门停住。德喜将手本投在宅门，门上接入内传"。又第七十三回，"绍闻此时急解开护书，拿出书四封，叫双庆道"云云。所谓"眷弟帖儿"，乃用于平交。"全帖儿"，即多摺的"全柬式"，特见尊重，这里是谭孝移欲为其子请先生。"手本"，方以智《通雅》卷三十一《器用·书札》云拜帖"上行谓之手本"。可知护书的使用与拜匣大抵相同。首都师范大学历史博物馆藏一件折叠式皮夹，展开长 53.9 厘米、宽 32.6 厘米，皮夹内里的左边一侧有"忌辰"二字，其下录顺治至光绪清代诸帝及皇太极孝庄文皇后至同治孝哲毅皇后的忌辰，末曰"照例素服"。右边一侧为"万寿"二字，下记隆裕皇太后和宣统生日，末云"不理刑名"[2]（图30）。护书也如拜匣一样常常随身，因录此为朝臣备忘，以免"狐裘以朝"的时候错穿了衣服[3]。同样形制的皮夹又有私人收藏的一件，封面有"护书"两个大字[4]（图31）。皮夹之名护书，因此可以确定无疑。

1　《中国漆器全集·6·清》，图一一三。长 12.5 厘米、高 10.2 厘米、宽 10 厘米。

2　首都师范大学历史博物馆《首都师范大学历史博物馆藏品图录》，图一二八，科学出版社二〇〇四年。

3　忌辰素服，若万寿节，则"是日百官穿补褂朝珠行礼，前后三日常服挂珠"。《翁同龢日记》，同治元年三月廿四日，中华书局一九八九年。

4　张彤《光绪宫廷御制皮夹护书》，页 63，《文博》二〇〇四年第二期。

熏笼与手炉

一 熏笼

熏衣的习俗历史很悠久，熏笼便是熏衣之器最常见也是最持久的一个名称，而不同时代、不同地域，它又有若干别名。比如先秦两汉，熏笼别名曰篝，曰笭，曰篮，曰墙居。《方言》卷五："篝，陈楚之间谓之墙居。"郭璞注："今熏笼也。"钱绎疏："《说文》：'篮，大篝也。'《广雅·释器》：'篝，笼也。'又云：'熏篝谓之墙居。'熏与薰同。今吴人谓之烘篮。"又同卷"笼"条，郭璞注："亦呼篮。"郭注的"今"，是东晋；钱注的"今"，乃是清。注疏者的喜欢援"今"例古，而这种做法又可以成立，即因熏笼始终是日常生活中习见的用具，它的式样和使用方法很久都没有大的变化，只是不断出现一些别称而已。篝、笭、笼，在这里都是络的意思。用竹篾编作透空的网罩，其下置炉，便可熏衣。炉中必要微火，那么是用炭，炭中添加香草，便成香炭。一缕氤氲于是使熏衣成为日常生活中柔美而安静的一个细节。《楚辞·招魂》呼唤徘徊无所依倚的游魂重返世间享受生活的温暖，先就举出"秦篝齐缕，郑绵络些"，洪兴祖《楚辞补注》"篝，络也，笼也"[1]，则熏衣正是生人为游魂所设想的期待。湖北荆州包山楚墓二号墓出土一件竹笼，高 17.3 厘米，直径 15.2 厘米，形若鼓墩，细竹篾编作六角形的空花，出土时笼外尚残存纱的痕迹[2]。此应即熏笼。长沙马王堆西汉一号墓中发现的熏笼式样与它稍有不同，——大小两件均出在置放生活用品和起居用具的北边箱里，大者高 21 厘米，小者高 15 厘米，竹笼上面敷以细绢（图 1、图 2）。作为陪葬品，两件熏笼被一丝不

1　此句历来有不同的解释，姜亮夫《楚辞通故》于此有辨析，页 349，云南人民出版社一九九九年。此未从其说。

2　湖北省荆沙铁路考古队《包山楚墓》，页 164，图一〇二：2，文物出版社一九九一年。

图 1　竹熏笼（大）长沙马王堆西汉一号墓出土　　图 2　竹熏笼（小）长沙马王堆西汉一号墓出土

苟载入遣册，且规格、形制，一一记述分明[1]，以见得另一个世界里的生活依然安排得周备，充满体贴。与熏笼配合使用的炉多为一侧有柄可以手持的行炉，炉盖常常做成仿竹编的菱形纹，又或镂空作流云，炉盖的盖顶每每开出一个大圆孔，也有的下连承盘[2]（图3、图4、图5）。河北满城汉墓出土行炉与罩合一的熏笼为铜制，炉高 18.4 厘米，其一侧有长柄，上有镂空的盖子，与炉配合使用的罩笼高 26.6 厘米，上边安着提梁，则既可为笼又可为篮，提携而兼收贮[3]（图6）。这一类样式的行炉，大约当日都是与罩笼结为一组用于熏衣和被，只是今天看到的多已与罩笼脱离。炉罩合一的熏笼有大有小，依大小的不同，可以有不同的功用。《艺文类聚》卷七十《服饰部下》引《东宫旧事》，曰太子纳妃有漆画手巾熏笼、大被熏笼、衣熏笼各若干，其中的手巾熏笼大约最小。

南北朝时，又有竹火笼，它屡见诗人吟咏，而以小谢的一首最为有名。谢朓《咏竹火笼诗》："庭雪乱如花，井冰粲成玉。因炎入貂袖，怀温奉芳褥。体密用宜通，文邪性非曲。本自江南墟，婥娟修且绿。暂承君玉指，请谢阳春旭。"[4] 可知竹火笼是寒冬里的尤物，以它的微温可入衣袖暖手，又以它的含香可入卧具兼温被。冬日里它的处处布下香暖，竟把春阳也比得不如。其时沈约也有同题之作，句云"覆持鸳鸯被，百和吐氛氲。忽为纤手用，岁暮待罗裙"[5]，赞颂的意思大

图 3　铜行炉　扬州博物馆藏

图 5　铜行炉（下连承盘）山西平朔
露天煤矿生活区西汉墓出土

图 4　铜行炉　山西平朔露天煤矿
生活区西汉墓出土

1　湖南省博物馆等《长沙马王堆一号汉墓》，图版二三〇，文物出版社一九七三年。又遣
　　册见页 151，简二八一、二八二。

2　如扬州博物馆藏西汉铜行炉（本书照片为参观所摄），又山西平朔露天煤矿生活区西汉
　　墓出土的两件，朔州崇福寺文物保管所《朔州崇福寺藏品精选》，页 44、43，文物出版
　　社二〇〇九年。

3　中国社会科学院考古研究所等《满城汉墓发掘报告》，图版三三：1、2，文物出版社一
　　九八〇年。器藏河北博物院，本书实物照片与收贮示意图均为参观所摄。

4　逯钦立《先秦汉魏晋南北朝诗》，册中，页 1454，中华书局一九八三年。

5　《先秦汉魏晋南北朝诗》，册中，页 1642。

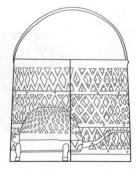

图 6　铜行炉与罩笼 河北满城汉墓出土　　　　　　　铜行炉与罩笼 合置示意图

致相同[1]。南北朝时期的竹火笼至今未见实物，据诗中的形容，它是用竹编制得玲珑细巧，而所谓"因炎入貂袖，怀温奉芳褥"，则尺寸该是很小，或如《东宫旧事》中的手巾薰笼，且内里有胎，或别有容炭的装置。总之，炭火和竹笼为一体，其中必要有耐火的承炭之器。武汉钵盂山三○三号三国吴墓出土青瓷薰器二事[2]，其一为薰篮，其一为"薰筒"，薰篮与常见的三国两晋时器无多差别，唯中央耸出的"薰筒"，编痕历历，宛若竹制，中间部分是青琐窗式的菱形孔，顶端一窍（图7）。说它是作为明器的竹火笼，似可成立。

　　隋唐时代一种使用普遍的瓷薰笼，与竹火笼应是同类用具，它在南北朝时已经出现。如河南安阳县安丰乡固岸村东魏墓出土一件釉陶薰笼，通高15.3厘米，形若马王堆西汉一号墓出土的竹薰笼，顶端圆孔上面还扣一个带提钮的盖子[3]（图8）。陕西长安县隋丰宁公主与韦圆照合葬墓出土的一件，高21.5厘米，绿釉，小口，平底，上有镂作花叶的一对圆孔和相对的两组直棂窗式条形孔，"出土时器腹内积存的香木灰逾十厘米厚，团结成块，灰白色，手捏之立成粉屑，微有香气"[4]（图9）。唐代的例子更有不少（图10），尺寸也有大有小，小者只有几厘米高，大者高十几厘米或二十余厘米[5]。南北方皆有烧造，越

图 7 青瓷熏篮与熏筒 湖北武汉
钵盂山三〇三号三国吴墓出土

图 8 釉陶熏笼 河南安阳县安
丰乡固岸村东魏墓出土

图 9 瓷熏笼 陕西长安县隋丰
宁公主与韦圆照合葬墓出土

1 又沈约女孙满愿《咏五彩竹火笼》句云"含芳出珠被，耀彩接细裙"；临贺王萧正德《咏竹火笼诗》："桢干屈曲尽，兰麝氛氲消。欲知怀炭日，正是履霜朝。"《先秦汉魏晋南北朝诗》，册下，页 2135、2061。

2 今藏湖北省博物馆，此为参观所见并摄影。

3 河南省文物局《河南省南水北调工程考古发掘出土文物集萃》（一），页 24，文物出版社二〇〇九年。图版说明称作"釉陶熏炉"。

4 戴应新《隋丰宁公主与韦圆照合葬墓》，页 89，图二六，（台北）《故宫文物月刊·186》（一九九八年）。器藏陕西历史博物馆，本篇照片为参观所摄。隋代之例，又有李椿夫妇墓出土的一件，高 7.4 厘米，桑绍华《西安东郊隋李椿夫妇清理简报》，页 25，《考古与文物》一九八六年第三期。

5 中国社会科学院考古研究所洛阳唐城队《河南洛阳隋唐东郊皇城遗址出土的红陶器》，图版八：4，《考古》二〇〇五年第十期。又湖北省博物馆等《湖北郧县唐李徽墓、阎婉墓发掘简报》，页 34，《文物》一九八七年第八期；此为绿釉陶器。又中国社会科学院考古研究所《偃师兴园唐墓》，页 79、227，科学出版社二〇〇一年；此两例为石制品。又郑州市文物考古研究所等《巩义铝厂唐墓发掘报告》，页 17，《中原文物》二〇〇四年第四期；陕西省考古研究所《陕西新出土文物选粹》，图一二五（长安县南里王村唐墓出土），重庆出版社一九九八年；旧金山亚洲艺术博物馆藏器，为参观所见并摄影。

图 10　白瓷熏笼
亚洲艺术博物馆藏

图 11　瓷熏笼　陕西长安县
唐墓出土

图 12　青瓷熏笼　黑石号沉船遗物

图 13　捧物陶俑　河南安阳
隋张盛墓出土

图 14　捧熏笼白釉女俑
亚洲艺术博物馆藏

窑青瓷熏笼且曾发现于印度尼西亚海域的黑石号沉船遗物中[1]（图11、图12）。这一类器物今一般被称为香熏、熏又或熏炉。不过也许更为合式的名称是熏笼。如同竹火笼，它也是熏衣而可兼暖手，或反过来说，暖手而兼熏衣。王建《宫词》"内人恐要秋衣着，不住熏笼换好香"[2]，薛昭蕴《醉公子》"慢绾青丝发，光砑吴绫袜。床上小熏笼，韶州新退红"[3]，所云熏笼，大约皆是此类。作为讲究的生活用器，它也时常会捧持在侍儿之手随行[4]（图13、图14）。宋代这种瓷熏笼似即不再流行，湖南桂阳刘家岭宋代壁画墓出土一件陶熏笼，是不多见的一个完整实例[5]（图15）。这以后常用的熏衣之器仍以竹器为主，——陈维崧《雨中花·咏熏笼》"一架红篝凉似水，相偎靠、玲珑莫比。斑竹无尘，疏篁偏瘦，小鸭中间睡"，小鸭，鸭形熏炉也，而笼的基本式样总是保存下来的。清代风俗画如董棨摹方薰《太平欢乐图》中的"竹编焙笼"，其式样便很可以见出隋唐遗风，显示出这一种生活用具的持久的生命力（图16）。

又有另一种同类用具名烘篮，它使用的历史也格外长久，由宋而元，而明清，而相沿至今。烘篮的名称列在《武林旧事》卷六"小经纪"条，南宋刻本《碎金·家生篇》"竹器"项中也举出此物。明《世事通考》"竹器类"并列着"焙熏"和"爆笼"。前引《方言》卷五钱绎疏，曰熏笼"今吴人谓之烘篮"，便又是清代的情形。这里虽然都

1　据遗物中有纪年者，可推知黑石号沉船器物的年代为宝历二年亦即八二六年前后。本书所举熏笼，系于新加坡圣淘沙机构观摩所见，照片为私人提供。

2　尹占华《王建诗集校注》，页525，巴蜀书社二〇〇六年。校注者释"熏笼"曰"罩在薰炉上的笼子"，不确。

3　曾昭岷《全唐五代词》，页501，中华书局一九九九年。

4　如河南安阳隋张盛墓出土捧物陶俑（今藏河南博物院），如旧金山亚洲艺术博物馆藏白釉女俑。此均为参观所见并摄影。

5　湖南省文物考古研究所《桂阳刘家岭宋代壁画墓》，图版一二四至一二五，文物出版社二〇一三年。

新编
終朝采蓝
下

图 15 陶熏笼 湖南桂阳刘家岭宋代壁画墓出土

没有讲到它的形制，但我们由周去非的《岭外代答》中却可以间接得知。其卷七《乐器门》"铜鼓"条云："广西土中铜鼓，耕者屡得之。其制，正圆而扁平其面，曲其腰，状如烘篮。"[1] 台北历史博物馆出版一册《香薰香炉暖炉》图录，其序言部分刊布一图名"竹火笼"（图17），整体造型，适如广西的古代铜鼓（图18）。但未注明它的时代和地域。丙戌初冬往闽北——浙南一线参观古窑址，在由浦城向龙泉的路上经过一个小镇，时逢赶墟，墟市上卖一种有提梁的竹编小篮，小篮下连一个喇叭形的高足座，竹篮里边坐一个小陶盆。其式即同于前举图录中的插图（图19）。同行的栗建安先生说，这是闽北山区常见的取暖用具，名竹火笼。冬天里人们上身穿棉袄，下边却是一条单裤，而且多半赤脚，于是随身提着竹火笼，里面用灰埋炭，炭是烧饭时灶火里燃过的杉木，因此不冒烟。坐下来的时候，就把竹火笼放在腿间，让热气由下贯上。有实物在此，清人笔下的有关描写顿时可得确解。其一为厉鹗的一首诗，题为《绂江在越州以竹火笼二枚见寄》，句云：

1 广西古铜鼓的式样，可以罗泊湾汉墓出土的一件为例，见广西壮族自治区博物馆《广西贵县罗泊湾汉墓》，彩版一，文物出版社一九八八年。

图 16 《太平欢乐图·竹编焙笼》

图 17 竹火笼（《香薰香炉暖炉》插图）

图 18 铜鼓 广西贵县罗泊湾汉墓出土

图 19 浦城竹火笼 栗建安摄

"织筠莹节光于玉，围就家江水盈幅。此君面目含春风，解与人间作旸谷。中函红泥炉子小，如瓶可挈藤蔓束。乌篷一宿固陵关，伴书遣送长须仆。上言稽山大好雪，溜挂玉龙风折木。裁诗坐念穷东野，致此令成手翻覆。一笑感君故意长，如玉有双衣有复。枚火微温生袖底，瀹绕知无功可录。"[1]原来两枚竹火笼是好友从会稽遣仆人送至，附书说稽山下了好大一场雪，因念及穷寒中吟咏不辍的诗人，这一对竹火笼便差可暖手，或助得诗兴，亦未可知。火笼用绿竹编得光洁精细，上有提梁可便提挈，内有红泥小炉可容炭火，衣袖笼火，周身可暖。"如玉有双衣有复"，固然为扣题目中的"二枚"，但也有着照应下句曰手暖而身暖的双关之意。犹如终年漂絮而有着不龟手的药，此便很是知足，更何必用它再求封侯。这是援《庄子》之典，又反其意而用之。作者又有一首《咏竹火笼效齐梁体》，句云："屈揉合陶轮，玲珑资火力。袖倚黍谷温，香染湘江色。"[2]两者合看，竹火笼之式可以见得更为清楚。此外一例，为戴文俊的《瓯江竹枝词》："温岭南来气候温，缊袍一领长儿孙。潇潇寒食三朝雨，手捧鸡囡不出门。"自注云："《温州府志》：地气和暖，温岭以南与北不同，故名。细篾编小熏笼，包瓦器以蓄火，有提无盖，名曰鸡囡。"[3]诗人笔下的"竹火笼"和"鸡囡"，其实都是熏笼，而式样均如宋代的烘篮，也便是闽北山区至今还在用着的竹火笼。"本自江南墟，婧娟修且绿。暂承君玉指，请谢阳春旭"，茏葱诗意聚拢的一缕氤氲，香暖绵延竟至千年。

又有一种出现在《红楼梦》中的可坐可卧的熏笼。第五十一回，先是"晴雯只在熏笼上围坐"；又麝月说"咱们那熏笼上暖和，比不得那屋里炕冷"；至睡下时，则"晴雯自在熏笼上"；夜来麝月晴雯侍候宝玉吃茶，然后麝月说"我出去走走回来"，晴雯"便蹑手蹑脚的下了熏笼，随后出来"，只便因此而着了风寒，方引出后面"勇晴雯病补雀金裘"的故事来。那么这种样子的熏笼必是体量不小，故第五

图 20　明代掐丝珐琅八宝纹熏笼 故宫藏

十二回有"命将熏笼抬出暖阁前"的一番话；又罩盖必是平整如箱，因此又说"抬过这火箱去"。此外，其火必只是熏燃而微微送暖。如此形制的熏笼似乎不很常见。故宫藏一件明代掐丝珐琅八宝纹长方炉，原是清宫旧藏，高 8.1 厘米、长 26.8 厘米、宽 14.4 厘米，两端各有一个冲天耳，下边四个云头足，宽展的罩盖差不多与器身同高，盖面镂空做成卍字不到头的边栏，中间为绣球锦纹，底有"大明万历年造"楷书款 [4]（图 20）。与《红楼梦》中的描写相对看，它应是贵胄之家冬日里用到的熏笼，而小说中的熏笼是它的同类，唯尺寸该更大。

二 手炉

本来即用于暖手的手炉，也很早就出现。陕西茂陵一号墓的一号

1　《樊榭山房集》卷四。其下又云："奉之高堂遗细君，堪助中厨调茗粥。寒宵不怯金十奴，更为游子宜春服。"茗粥指茶，金十奴指脚，则烹茶、暖足、熏衣，竹火笼几乎样样来得。当然此是报谢之辞，极力夸说，自是题中应有之义。

2　《樊榭山房集·续集集外诗》。

3　雷梦水等《中华竹枝词》，册三，页 2208，北京古籍出版社一九九七年。

4　《故宫博物院藏文物珍品大系·金属珐琅器》，图四九，上海科学技术出版社等二〇〇一年。

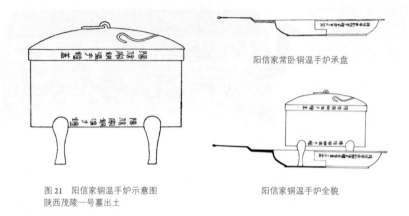

图 21　阳信家铜温手炉示意图　　　　阳信家铜温手炉全貌
陕西茂陵一号墓出土

从葬坑出土一件带承盘的温手炉，炉高 12 厘米，承盘和炉的下边均
有三足，一侧也都附有长柄，炉有一个镂孔的盖子，盖有提系。炉铭
称"阳信家铜温手炉"；盘铭云"阳信家常卧铜温手炉承槃"[1]（图
21）。不过南北朝时手炉的名称已被移用于行香用的长柄香炉，以后
便一直沿用下来，待作为日常用具的手炉再次出现在明清，却已是另
外的样式。明屠隆《香笺》"袖炉"条："书斋中熏衣炙手，对客常谈
之具，如倭人所制漏空罩盖漆鼓，可称清赏，今新制有罩盖方圆炉亦
佳。"文震亨《长物志》卷七《器物》也举出袖炉："熏衣炙手，袖炉
最不可少，以倭制漏空罩盖漆鼓为上，新制轻重方圆二式，俱俗制也。"[2]
《金瓶梅词话》第六十八回，曰爱月儿"一手拿着铜丝火笼儿，内烧
着陈速香饼儿，将袖口笼着熏蒸身上"。此所谓"铜丝火笼儿"，袖
炉亦即手炉也。江苏无锡县明华师伊夫妇墓出土两件铜炉，其一高
逾两寸，其一稍小，都是鼓腹，平底，上有镂作各式花样的透空罩
（图 22），即是此物。墓葬时代为万历末年[3]。所谓"方圆二式"，此即
圆式。这时候制作仿古铜炉的名家如嘉兴张鸣岐、云间胡文明，所制
手炉也称精好。文氏所不屑的俗制清代乃大为流行，依中川忠英《清

图 22　鎏金铜手炉　江苏无锡县明华师伊夫妇墓出土　　　　　　图 23　黑漆描金山水楼阁图手炉　故宫藏

俗记闻》卷二《居家》中的图示，此际"方圆二式"有了用途的区别，即方者为手炉，圆者为脚炉。故宫藏一件清雍乾时期的黑漆描金山水楼阁图手炉，通梁高 14 厘米，炉身薄木胎，平底中心有圆孔，内里的一个铜镀金小盆与上边的铜丝罩盖正好吻合。炉表的四面开光里是黑漆地子上的描金山水，炉盖的四缘和提梁装饰描金锦纹[4]（图 23）。大体同时的绘画和取材于绘画的工艺品也常有手炉的形象，如台北故宫博物院藏康熙宫廷画家焦秉贞仕女图册（图 24），如故宫藏雍正时期的十二美人绢画（图 25），又乾隆年间据陈枚《月曼清游》图册制作的象牙雕"寒夜寻梅"（图 26）。后者有乾隆题诗，句云"春信侵寻槛外梅，倚吟秉烛共徘徊。轻寒不入深庭院，女伴携炉得得来"[5]。当然要闻香、

1　咸阳地区文管会等《陕西茂陵一号无名冢一号从葬坑的发掘》，图版四：3，《文物》一九八二年第九期。

2　同卷又有"手炉"条，曰："手炉以古铜青绿大盆及簠簋之属为之，宣铜兽头三脚鼓炉亦可用，惟不可用黄白铜及紫檀、花梨等架。"可知这里说的是通常置于地平上的取暖之炉。

3　无锡市博物馆等《江苏无锡县明华师伊夫妇墓》，图二〇、图二一，《文物》一九八九年第七期。

4　《中国漆器全集·6·清》，图一四，福建美术出版社一九九三年。

5　《故宫雕刻珍萃》，图一五三，紫禁城出版社二〇〇四年。

新编
终朝采蓝
下

图 24　仕女图册 台北故宫博物院藏　图 25　十二美人绢画 故宫藏　图 26　牙雕"寒夜寻梅"
　　　　　　　　　　　　　　　　　　　　　　　　　　　　　　　　　故宫藏

知温度，还要看它在《红楼梦》中的风采。如第六回的凤姐儿见刘姥姥，曰粉光脂艳的凤姐儿"端端正正坐在那里，手内拿着小铜火箸儿拨手炉内的灰"。第五十回芦雪庵里联句，宝玉被罚作诗，却一时顿住，湘云"便拿了一支铜火箸击着手炉，笑道：'我击鼓了，若鼓绝不成，又要罚的'"。第十九回宝玉访袭人，惹得袭人家中一阵忙乱，"袭人笑道：'你们不用白忙，我自然知道。果子也不用摆，也不敢乱给东西吃。'一面说，一面将自己的坐褥拿了铺在一个炕上，宝玉坐了；用自己的脚炉垫了脚；向荷包内取出两个梅花香饼儿来，又将自己的手炉掀开焚上，仍盖好，放与宝玉怀内"。可以奉给宝玉使用的手炉自非凡品，这里虽然未作形容，却先已铺垫周详，袭人来家之前，凤姐儿原是特有一番叮咛："包袱也要好好的，手炉也要拿好的。"可知便是这一件了。清孙温绘《红楼梦》，第六回便选了刘姥姥见凤姐的场景。虽然人物姿容态度远不敌文字之传神，但"手内拿着小铜火箸儿拨手炉内的灰"，却是画得一丝不苟 [1]（图 27）。如此看来，"因炎入

1　旅顺博物馆《清·孙温绘全本红楼梦》，页 20，作家出版社二〇一一年。

图 27　孙温绘《红楼梦》第六回局部　旅顺博物馆藏

图 28　铜香球 北京市文物工作队征集

图 29　沃悬地银平脱鸟笼纹香炉 日本救世热海美术馆藏

图 30　初音莳绘阿古陀香炉 日本东庆寺藏

貂袖，怀温奉芳褥"，小谢咏竹火笼的诗句用来颂手炉实在也很合宜，明人所称道的熏衣炙手，也见出功用始终未变，只不过手炉因材质不一而可以用不同的技法装点得更为秀美，比如故宫收藏的那一件黑漆描金山水楼阁图手炉。

手炉还可以做得更小，小若今之所谓"迷你"型，然后再放到香球里，便是唐代颇为风行的一种香囊，——内中置一常平环，因使上面的香盂任颠仆而不倾。不过唐代常平环上的小盂清代或易作迷你型手炉，如北京市文物工作队二十世纪六十年代初征集到的一件铜香球（图 28），报道见《文物》一九六四年第八期。

那么被明代文人视作清玩的"倭制漏空罩盖漆鼓"，却是何物呢，原来它是日本莳绘工艺中的阿古陀香炉。阿古陀是一种瓜，状如南瓜[1]，阿古陀香炉的造型便如此瓜。它在茶道和香道中每用于暂贮香炭。香炉分作上下两部分。下为漆木做的瓜棱形炉身，称作火取母，内置铜钵或炉，其表以莳绘为饰。上为铜丝做的网罩，称作火屋，网罩的纹样每与炉身图案互为呼应[2]。救世热海美术馆藏镰仓时代的沃悬地银平脱鸟笼纹香炉，便是早期的一件精品。炉高 6.7 厘米，遍涂金粉的地子亦即所谓"沃悬地"上用银平脱做出鸟和鸟笼，铜制的网罩也编作鸟笼之式而与炉身图案相谐（图 29）。又东庆寺藏室町时代的初音莳绘阿古陀香炉，高 4.9 厘米，口缘用铜扣，器表为黑漆淡梨地，上绘斜逸在土坡的松、竹、梅，立在梅枝上的一只黄莺以金贝为饰[3]（图30）。所谓"金贝"，是指把金箔做成纹样，然后用漆固着的一种技法。初音图案乃取材于《源氏物语》中明石小姐写给明石夫人的一首诗[4]。

泥金画漆，日本称作莳绘，最初是由中土传往东瀛，而日本人则把此项技艺发展到绝美。宋初日本僧人来朝，进奉的礼物即有各式金银莳绘筥亦即匣[5]。明代它仍作为贡物时入中土。宣德时乃有中国工匠东渡学得其技而归[6]，后来常称此法为洋漆[7]，总把它作为室内陈设中优雅的点缀，不过较之"倭制"或稍有不及。日本制作的莳绘质地轻薄如纸，造型秀巧俊逸。它的装饰，是把植物、动物和自然风景图案化，然后用本来属于大富大贵的颜色亦即金色铺写幽奇的诗境。明代工艺之风尚奇、尚巧，莳绘自然深得爱赏。莳绘砚匣、梳匣、手箱、文台，都被视作文房清物。阿古陀香炉的一变而为袖炉，更令人觉得有意思，"漏空罩盖漆鼓"，大约是度其形而名之，欣赏者也许并不十分清楚它本来的名称和用途[8]，会心处唯在于工艺的精和巧，而这竟已足。

1　寺島良安《和漢三才圖會》卷一百"南瓜"条云："形色似阿古陀瓜，阿古陀，不煮食，蓏果之类也。"東京美術一九七〇年。

2　神保博行《香道の歴史事典》，页 285，页 411，柏書房二〇〇三年。

3　岡田譲《日本の漆芸・蒔絵》，册一，图 105；册二，图 91，中央公論社一九七八年。

4　见该书第二十三帖《初音》，诗云："经几年兮度几日，黄莺出谷离旧巢，难忘松根分情专一。"林文月译本，洪范书店二〇〇〇年。

5　《宋史》卷四九一《外国传》。

6　王世襄《髹饰录解说》，页 86，文物出版社一九八三年。

7　朱家溍《养心殿造办处史料辑览·第一辑》，雍正元年"漆作"项，有"洋漆双圆梅花香几五个""洋漆小圆盘八个"；又雍正十三年"漆作"项记"司库常保传做黑洋漆银口长方盒二对，内安玻璃镜。黑洋漆银口包袱式盒二件"，紫禁城出版社二〇〇三年。又《红楼梦》第五十三回，曰贾母的榻上"一头又设一个极轻巧洋漆描金小几"，也是此类。

8　"漏空罩盖漆鼓"，日本人似乎也不解究属何物。荒井健等所作《长物志——明代文人の生活と意见》亦即《长物志》译注，于此句只是依照原文的意思译成日文，注释亦不确，见页 181~182，平凡社二〇〇〇年。

折叠扇底一捻风

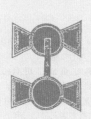

　　折叠扇的故事，始终为人们所喜，因为它事关三国：日本、高丽、宋代的我们。当然应该说我们的宋代，不过把话倒过来，便如我们回到了历史情境一般。那时候正有一首小词调寄《生查子》，题为"咏折叠扇"，词曰："宫纱蜂趁梅，宝扇鸾开翅。数摺聚清风，一捻生秋意。／摇摇云母轻，袅袅琼枝细。莫解玉连环，怕作飞花坠。"小词清妍婉丽，当时即为人所称赏，后来的张孝祥曾以此词为人题扇，乃至它被误收到《于湖集》中，事见南宋陈鹄《西塘集耆旧续闻》卷一和洪迈《容斋随笔·四笔》卷十三。词作者实为朱翌，字新仲，其父朱载上，东坡闻其隽句而激赏，二人遂成知己。新仲的咏折叠扇意趣玲珑而又有着咏物贴切的好。词道宫纱制作的扇面轻薄如云母，其上点缀蜂和梅，轻盈的扇骨舒展如翼合拢如束，扇轴处更挽着一个玉连环的扇坠。"数折聚清风，一捻生秋意"，是它的可爱处，"莫解玉连环，怕作飞花坠"，折叠扇的绰约纤巧尤胜于传统之团扇。夏日里的一缕清风，凭了无所不在的工致竟生出无限娇媚。难怪它常常握在玉人手中，是闺秀所爱。李龏《折叠扇》："尺素裁成半叶荷，竹批六夹影相罗。玉人笑把遮羞面，还向绦边见笑涡。"[1]常州武进村前乡南宋墓所出仕女游园图戗金朱漆奁，便正好可以说它是画中有诗[2]（图1）。江西婺源博物馆藏一柄宋代铜镜，镜背图案是柳枝下一个展开的折叠扇[3]（图2）。此时临安小市里正开着"周家折揲扇铺"，因此故宫藏南宋《蕉荫击毬图》中，高桌后面支颐观毬的女子面前也放着一把尚未完全合拢的折叠扇，扇子下边还系着很长的红流苏（图3）。此作原系在苏汉臣名下，虽不可靠，但善绘风俗则有同妙，折叠扇的细节，便

1　《全宋诗》，册五九，页 37416。
2　器藏常州博物馆，本书照片为参观所摄。
3　《婺源博物馆藏品集粹》（詹祥生主编），图五一，文物出版社二〇〇七年。

图1　戗金朱漆奁奁盖 江苏常州武进村前乡南宋墓出土　　　图2　宋代铜镜 江西婺源博物馆藏

是画家眼中的时尚而被撷入画图。

关于折叠扇的传入中土，也是讨论了很久的热门话题，或曰自朝鲜，或曰自日本，结论是后者。王守稼《漫话折扇与中日文化交流》[1]、王勇《日本折扇的起源及在中国的流布》[2]，均于此辨析甚详。王勇文援引日本考古发现中平城京遗址所出奈良时期的桧扇，自然是更为有力的证据。

折叠扇创制于日本，复传至高丽，而丽人又有不少新的创造。北宋徐兢使高丽，归来记述见闻作《宣和奉使高丽图经》，卷二十九说到高丽扇有三种，其一曰"画折扇"："画折扇，金银涂饰，复绘其国山林人马女子之形，丽人不能之，云是日本作，观其所馈衣物，信然。"这里的"观其所馈"之馈，疑当为缋，即绘也。此与郭若虚《图画见闻志》卷六"高丽图"中的说法一致，即这一类画折扇，"上画本国豪贵，杂以妇人、鞍马，或临水为金砂滩暨莲荷、花木、水禽之类，点缀精巧，又以银泥为云气月色之状，极可爱，谓之倭扇，本出于倭

图 3 《蕉荫击球图》局部 故宫藏　　　　　　　图 4　扇面法华经册子 日本大阪市藤田美术馆藏

国也"。今天见到的画迹尚可印证宋人的形容。日本大阪市藤田美术馆藏一件扇面法华经册子，为平安时代后期物，正面写经，背面是云母地子上洒金银箔，然后作"大和绘"风的花鸟画[3]（图4）。又日本严岛神社收藏一把十二世纪的彩绘桧扇，据云为平氏家族捐赠。银镀金的扇轴串起三十四片细薄的桧木扇骨，其上用丝线相连，正反扇面均胡粉作底，上涂云母，金银制成的箔片、箔条、砂粒点缀其间，正面绘男一，女一，童子一，背面是梅花绽放的沙洲，沙洲上一辆独轮车，一对萤火虫[4]。黄庭坚《谢郑闳中惠高丽画扇二首》句云"蘋汀游女能骑马"，可知所咏便是这一类，不过是顶了"高丽画扇"的名字。

徐兢所记另一种为"白折扇"："白折扇，编竹为骨，而裁藤纸

1　《文物》一九八二年第七期。
2　王勇《中日关系史考》，页130~148，中央编译出版社一九九五年。
3　《重要文化财·9·绘画·Ⅲ》，图2，每日新闻社一九七四年。
4　町田甲一《日本美术史》，页180，上海人民美术出版社一九八八年。

鞔之，间用银铜钉饰，以竹数多者为贵，供给趋事之人，藏于怀袖之间，其用甚便。"与画折扇相比，白折扇自是减等，或系丽人自制，而它又传到辽。北宋王珪作康靖赵公即赵槩墓志铭，曰皇祐三年槩使辽，"席上请赋'信誓如山河'诗，公诗成，契丹主亲酌玉杯劝公饮，以素折叠扇授其近臣刘六符写公诗，自置怀袖中"。此事也见载于《续资治通鉴长编》卷一六八。

此外一种曰"松扇"，也是折叠扇之属，却是编织而成，而最见高丽特色，宋人题咏也最多，著名如张耒《谢钱穆父惠高丽扇》，苏轼《和张耒高丽松扇》，又黄庭坚《戏和文潜谢穆父松扇》《次韵钱穆父赠松扇》。穆父名勰，元丰七年使高丽，松扇即此行所得，归来分赠友朋，因有一时唱和之盛。《图经》云："松扇，取松之柔条，细削成缕，槌压成线，而后织成，上有花文，不减穿藤之巧，唯王府所遗使者最工。"松扇图案或作鸾鸟团花，在诗人笔下，便是"双鸾织花大如月"[1]；或雪山松鹤，而意致高远，北宋"清江三孔"之一的孔武仲曾在寺中一见，——《钱穆仲有高丽松扇馆中多得者以诗求之》"我虽相见无所得，坐忆松鹤生微凉"，句下自注云："往年在庐山，见僧房有高丽松扇，敛之不盈寸，舒之则雪山松鹤，意趣甚远。"[2]不过松扇在宋人眼中多半只是属于精美的工艺品，所谓"持赠小君聊一笑"（黄庭坚《戏和文潜谢穆父松扇》），"乞予谁家小桃叶"（周紫芝《远献家高丽松扇》），一个援东方朔之典，一个用了王献之故事，而都在说着高丽松扇持以送闺中人，才是最为合宜。

十一世纪至十二世纪中叶，宋、辽、金与高丽的往来都很密切，尽管政权之间有时是敌对态势。其时对高丽的熟悉便远远胜过日本，摺叠扇底的一缕清风因此总是来自高丽，日本扇则稀见，虽然它很早就作为贡物进入宋廷[3]。江少虞说，熙宁末年，他在汴京的相国寺见到卖日本扇，"琴漆柄，以鸦青纸厚如饼，揲为旋风扇，淡粉画平远山水，薄傅以五彩，近岸为寒芦衰蓼，鸥鹭伫立，景物如八九月间，舣小舟，渔人披蓑钓其上，天末隐隐有微云飞鸟之状，意思深远，笔势精妙，中国之善画者，或不能也。索价绝高，余时苦贫，无以置之，每以为恨。其后再访都市，不复有矣"[4]。讲述亲身所历，自教人觉得亲切可信，由此也见出日本扇在当日的珍稀。而折叠画扇原为"倭扇"，亦未必人人尽知。大约日本扇的精微高妙尤在于画，即泥金地子上的"大和绘"，而高丽扇的扇骨制作则别有工巧。竹之外，又或用银，吴则礼《有怀介然偶作因寄之》"君对幽人洗银毂"，句下自注："予尝以三韩银毂扇赠之。"[5]此银毂，或即银股，那么这是竹扇骨之外的又一种。宋、辽、金于折叠扇的仿制，其范本便是高丽。赵彦卫《云麓漫钞》卷四："今人用折叠扇，以蒸竹为骨，夹以绫罗，贵家或以象牙为骨，饰以金银，盖出于高丽。"刘祁《归潜志》卷一录金章宗《蝶恋花·聚骨扇》："几股湘江龙骨瘦，巧样翻腾，叠作湘波皱。金缕小钿花草斗，翠绦更结同心扣。/ 金殿日长承宴久，招来暂喜清风透。忽听传宣须急奏，轻轻褪入香罗袖。"这一柄折叠扇的可爱几乎尽在扇骨，所谓"金缕小钿花草斗"，亦扇骨之饰也，"翠绦更结同心扣"，则是与扇轴相连的流苏，这里的"同心扣"与朱新仲小词中的"玉连环"正是同样的旖旎风致。

元代，人们见到的日本扇仍是以画工见胜。元洪希文《书倭人折叠扇》"绘画深知采色工"（《续渠轩集》卷六），又贡性之《倭扇》"外番巧艺夺天工，笔底丹青智莫穷"（《南湖集》卷下），均是也。折叠

---

1   周紫芝《远猷家高丽松扇》，《全宋诗》，册二六，页 17217。

2   《全宋诗》，册一五，页 10267。

3   见《宋史》卷四九一《外国传》，事在宋太宗端拱元年。

4   《宋朝事实类苑》卷六十《风俗杂志》"日本扇"条。

5   《全宋诗》，册二一，页 14316。

图 5　元代陶塑
内蒙古博物馆藏

图 6　明宣宗绘大折扇 故宫藏

扇在生活中的使用，元代也并没有中断。内蒙古博物馆藏元代陶塑中有女子手持折叠扇的形象[1]（图5）。前引《南湖集》同卷又有咏折叠扇的两首诗，不过仍是"出怀入袖总相宜，用舍行藏各有时"之类的旧话。要之，折叠扇至此仍未与士大夫寄情言志的诸般雅趣合流，折叠扇上挥洒翰墨尚未蔚成风气，因此它也没有成为文人热衷的话题。直到明代，才扇起新风。

　　传世作品中最早一件折叠扇上的绘画是故宫藏明宣德二年春日宣宗所绘大折扇，即一面为"柳荫赏花"，一面为"松下读书"。扇面纵 59.5 厘米，横逾 1.5 米，可称巨制，而它实在也是很特殊的一个例子[2]（图6）。后此数十年，折叠扇上的文人作画作书方才大为盛行[3]。明黄佐《翰林记》卷十六"赐观击毬射柳"条云，"自天顺辛巳迄成化戊子，凡遇端午，辄赐牙骨聚扇，上有御制《清暑歌》，《解愠歌》及诸家绘画，织金扇袋"[4]。端午日御赐百官团扇是唐代已有的风俗，此际则改为聚骨扇亦即折叠扇，而又在扇面上作书。明汪砢玉《珊瑚

图 7　张复《松岩高士图》泥金扇面　　　　　图 8　文征明《古木寒江图》泥金扇面
中国国家博物馆藏　　　　　　　　　　　　中国国家博物馆藏

网》卷二十三下录祝枝山语："书聚骨扇，如令舞女在瓦砾堆上作伎，飞燕玉环亦减态矣。呵呵。"这里用到的比喻很有意思，末了的"呵呵"也仿佛是带了几分新鲜感的得意。而不论传世还是出土，明代折叠扇的扇面制作均以泥金或洒金为多，传世扇面如中国国家博物馆藏张复绘《松岩高士图》、文征明绘《古木寒江图》[5]（图7、图8），出土成扇如湖北蕲春明永新王朱厚燆夫妇墓中的一柄[6]（图9），扬州城北乡明盛仪夫妇墓出在夫人棺中的两柄[7]，上海宝山明朱守城墓和松江区明诸纯

1　中华世纪坛等《成吉思汗——中国古代北方草原游牧文化》，页315，北京出版社二〇〇四年。
2　南访《明代大折扇》，页82，《文物》一九八九年第八期。
3　明李日华《紫桃轩杂缀》卷四云，折叠扇上"挥洒翰墨，则始于成化间，近有作伪者，乃取国初名公手迹入扇，可哂也"。
4　清刘廷玑《在园杂志》卷四"扇"条日：时人所用多金白纸扇，"其扇本名折叠，亦谓之撒扇，取收则折叠，展则撒舒之义。明永乐中，朝鲜国入贡，成祖喜其卷舒之便，命工如式为之。自内传出，遂遍天下。其始不过竹骨茧纸薄面而已，迨后定制每年多造重金者进御。一面命待诏书写端楷，一面命画苑绘画工致，预于五月一日进呈，以备午日颁赐嫔妃宫女"。按黄佐嘉靖时历任翰林编修、侍读，后又掌南京学士院，刘廷玑为康熙时人，关于折叠扇的记述，后者于清代之种种所言至为亲切，而明代宫廷之况，当以黄佐所记更为近实。天顺辛巳，乃天顺五年，即一四六一年。
5　两例均为观展所见并摄影。前例款署"丁未"，为成化二十三年。
6　朱厚燆卒于嘉靖三十七年。折扇今藏蕲春博物馆，此为参观所见并摄影。
7　马庭顺《挥洒聚散见乾坤——扬州博物馆藏折扇赏析》，页48，《收藏家》二〇〇〇年第九期。

新编
终朝采蓝
下

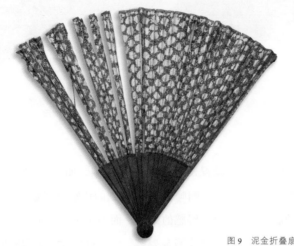

图 9　泥金折叠扇　湖北蕲春
明永新王朱厚熿夫妇墓出土

臣墓出土的一批[1]（图10、图11），又出自江苏吴县东山许裕甫墓的文徵
明书画扇[2]（图12）。诸纯臣墓中的一柄山水扇和文徵明作书与画的折叠
扇依然用着泥金地子，似乎犹存日本扇的一点影响。自永乐初年始日
本入中国的贡物中即有"贴金扇"，而它直到明末仍被雅人称道，如文
震亨《长物志》卷七之说扇。谈迁《枣林杂俎·和集》"金箔"条曰："宋
人谓黄金之耗在于佛像，夫佛像固足耗，而今日之耗莫大于屏幛、榜署、
笺筒、器饰之类，岁耗不可胜计。如金陵、苏、杭制扇遍天下，其糜
金箔何限。"所谓"今日"者，明末也，可见当时风气。

　　总之，折叠扇创制于日本，其后传至高丽，由是再传中土，遂为
宋、辽、金人所熟悉，并且有了自己的制品，不过要到明代，它才与

1　何继英《上海明墓出土折扇》，页36，《上海文博论丛》二〇〇三年第一期。
2　国家文物局《中国文物精华大辞典·金银玉石卷》，页451，上海辞书出版社等一九九六年。

图 10　泥金折叠扇　上海宝山明朱守城墓出土

图 11　泥金折叠扇　上海松江区明诸纯臣墓出土

图 12　泥金折叠扇　江苏吴县东山明许裕甫墓出土

士大夫的雅趣合流，且使扇面艺术成为文人的艺术天地。可以说，折叠扇底的一捻清风始终未断，只是它完全进入士大夫的艺术世界以及审美视野，是在入传中土数百年之后。而粗心的明人在考察其历史的时候，却忽略了其中的若干细节，叙述中不免使线索变得若断若续，以至于今人抑或被它误导，一些辞书似亦未能免也。

十八子

十八子，又叫作手串、念珠，而念珠原是本名。它和朝珠都是清代服饰中的佩件，不过朝珠原是纳入礼制的，自有等级分明的各种规定，轻易越不得规矩。十八子则不然，虽然从来源上说，二者本是同出一源；从式样上说，它是朝珠的俭省和缩略，一般也有佛头、佛头塔、背云、坠角，但它的佩带却可以不受约束，很是随意。

手串在清宫旧藏中颇有精品。如翠十八子手串，翠珠十八颗，碧玺一枚作结珠，又有碧玺佛头和佛头塔，下边系着金杵和金累丝嵌珠的背云，又是两颗滴珠式的碧玺作坠角。珊瑚十八子手串，珊瑚珠上雕出双喜字，翠节、翠结珠、翠佛头和佛头塔，下系的珊瑚杵上连着双喜字的翠背云，末端一边一个翠喜坠角[1]（图1、图2）。又有伽楠木嵌金珠团寿十八子手串，粉碧玺手串，前者用细金珠和米珠在木珠上各嵌小小的团寿图案，后者在翠佛头塔上又接出翠盘长，两个坠角

图1　翠十八子手串　故宫藏

图2　珊瑚十八子手串　故宫藏

1　《清代后妃首饰》，图二三八、图二四四，紫禁城出版社等一九九二年。

145

图3 伽楠木嵌金珠团寿十八
子手串 台北故宫博物院藏

图4 粉碧玺手串 台北故宫
博物院藏

是翠雕的古老钱和蝙蝠，以寓"福在眼前"[1]。金翠珠宝，总是配搭得鲜明，制作得精巧，金翠辉映的华贵中一团喜盈盈的热闹（图3、图4）。

十八子既名手串，自然是作腕饰，《红楼梦》第十五回，"北静王又将腕上一串念珠卸下来，递与宝玉"，其例也。但它也可以在上端做出一个提系挂在胸前为佩件。张子秋《续都门竹枝词》"沉香手串当胸挂，翡翠珊瑚作佛头"[2]，所云即此。张子秋是苏州人，竹枝词作于嘉庆年间。稍后于此的文康《儿女英雄传》第十五回形容邓九公新娶的姨奶奶好一番打扮，道是"胸坎儿上带着一挂茄楠香的十八罗汉香珠儿，又是一挂早桂香的香牌子，又是一挂紫金锭的葫芦儿，又是一挂肉桂香的手串儿，又是一个苏绣的香荷包，又是一挂川椒香荔枝，余外还用线络子络着一瓶儿东洋玫瑰油。这都是邓九公走遍各省给他带来的，这里头还加杂着一副镂金三色儿一面檀香怀镜儿，都交代在那一个二纽上"。这里特别用了揶揄的口吻自不必说，一应琐碎却描写得真切，"都交代在那一个二纽上"，又正是交代得明白。大襟的二纽上挂手串，在晚清图像上有不少例子，如清宫后妃的多幅写真（图5），如用了西洋画法的一幅琦善之女肖像[3]（图6）。

手串和朝珠的来源都是数珠或曰念珠，而数珠和念珠本是梵语"钵塞莫"的意译，即

图 5　《璇闱日永图》局部 故宫藏　　　　　图 6　琦善之女肖像

为记数诵经或念诵佛名的遍数而用。此外尚有"摄心"之效，即使修善业者祛除杂念，用心专一。《木槵子经》和《数珠功德经》都讲到数珠的用途，即欲去除烦恼和业障，须以木槵子一百零八颗贯穿为串，常身自随，不论行处坐卧，总要专意诵念佛陀、达摩、僧迦之名，以为恒定的功课。而每诵一过，便在手中过一子，如此而十而百而千，周而复始，乃至百千万。若能诵念至一百万遍，则得除百八结业，可获常乐果，亦即离苦得乐。

　　数珠的一串究竟数目多少，却未有一定，因有宗派之异，故各经的说法并不一致。一般用九种说，即一千八十、一百零八、五十四、

1　《清代服饰展览图录》，图六五、图七一，台北故宫博物院一九八六年。
2　王利器等《历代竹枝词》，册三，页 2017，陕西人民出版社二〇〇三年。
3　多米尼克·士风·李《晚清华洋录》，上海人民出版社二〇〇四年。

四十二、二十七、二十一、十四，又有古来念佛宗袭用的三十六珠与禅宗所用十八珠两种，总为九种。而最常用到的数目，是一百零八颗和十八颗。一串数珠中又有母珠和记子的分别。母珠为一颗大金珠，用作表示西方极乐世界的教主阿弥陀佛，亦即无量寿佛，后者是阿弥陀佛的意译。有别于金珠的十颗银珠名作记子，十颗，乃表示十波罗蜜之无尽藏。记子在净土宗是为捻一百零八珠而记其遍数之用，即念佛"一百八"，亦即过了一串，便拨一颗记子。若密宗，则数珠的每七颗或二十一颗插入不同的四颗珠，此名四天珠，原是因为密宗以念诵真言以七遍或二十一遍为常规，故以此为记子。

制作数珠的材料，有金、银、赤铜，真珠、珊瑚、水晶、金刚子、木槵子、莲子、菩提子等。持不同质料的数珠诵经，所获功德便有不同，折算的结果，各经的说法也不很一致。比如《瑜伽念诵经》说，砗磲珠一倍，木槵子二倍，水晶、真珠、诸宝，均为百倍，若菩提子，则无数倍。此一倍，即为念一遍之二功德，依次类推，逐数倍增。独《陀罗尼集经》以水精为第一最胜，其余诸经均以菩提子为第一最胜。

木槵子制作的数珠大约比较常见，而木槵子在中土本来就有驱邪的意义。晋崔豹《古今注》曰昔有神巫，"能符劾百鬼，得鬼则以此为棒投之。世人相传以此木为众鬼所畏，竞取为器，用以却厌邪鬼，故号曰无患也"。木槵子是无患子科的无患树（Sapindus mukorossi, Gaertn.），本草类的书中，唐陈藏器《本草拾遗》最早提到它，称之为"深山大树"，又曰其"子黑如漆珠子"。无患子的果实略似龙眼而小，肉质的外果皮含油，旧日称作肥珠子或油珠子，不可食，但用它去垢。中心一个坚核，正圆如珠，便是所谓"子黑如漆珠子"。而寇宗奭《本草衍义》云："无患子，今释子取以为念珠，出佛经，惟紫红色小者佳。"（《证类本草》卷十四引）则用作念珠，尚另有一个选择的标准。江苏无锡明华师伊夫妇墓出念珠一串，简报说它是"用棕

图 7 木念珠 福建福州南宋黄昇墓出土

黄色丝线将一百零八颗木槵子贯穿而成,其间有两颗玉珠将一百零八颗念珠一分为二,下端附有十块小玉片缀成的坠饰"[1]。但不知此木槵子的色泽是漆黑还是紫红。其实数珠也可以用香木如沉香、檀香或其他质地细密坚致之木来制作。福州南宋黄昇墓所出两串木念珠,一串一百一十颗,一串九十三颗,棕黑色的珠子用一根褐色丝线串连起来,大珠间小珠,两珠之间夹着小铜片,结束处做成两条用垂珠和宝瓶系结的丝穗[2](图7)。

常见的数珠还有水晶、玛瑙之类。白居易《水精念珠》:"磨琢春冰一样成,更将红缕贯珠缨。似摇秋露连连滴,不湿禅衣点点清。敧枕乍看檐外雨,隔罗如挂雾中星。欲知奉福明王处,长念观音水月名。"此作不见于《全唐诗》,也不见于今传各类版本的白居易本集,却是收录在高丽朝初出现的一部唐人七律诗选集,即高丽释子山所作

1　无锡市博物馆等《江苏无锡县明华师伊夫妇墓》,页 56,图四三,《文物》一九八九年第七期。

2　福建省博物馆《福州南宋黄昇墓》,图版一〇四,文物出版社一九八二年。

《夹注名贤十抄诗》[1]。水精亦即水晶，其名初见于释典，后汉支曜译《成具光明定意经》云"其所行道色如水精"，或即最早的一例。末联"欲知奉福明王处，长念观音水月名"，便正说到念珠的用途。又宋汪藻《水晶数珠诗》："犹带他山润，来依宴坐深。谁云秋露滴，能节海潮音。积数尘难尽，微穿蚁可寻。但随君语默，用舍我何心。"[2]中土文献多称水晶来自外国，汪诗所以曰"犹带他山润"。"秋露滴"形容水晶的明净莹澈，又是用着白诗之典，"海潮音"在这里则指诵经。"节"者，记数也。

不过数珠作为商品，却又有另外的标准。南宋的一本商业指南《百宝总珍集》中有"水晶数珠"和"菩提珠"两则记其事。"水晶数珠"条曰："倭国水晶数珠，往日高庙在日每串不下百千至五十贯。目今价例三分减二，惟玛瑙数珠红得美者、子儿大，颇有人要。若小数珠，难卖。广人带到象牙数珠，少有人要。大者价直贯百文。此物多发淮上，北客使用。"高庙即宋高宗，那么"往日"便当南宋初年。又"菩提珠"条说道："此数珠若有金银钱及七宝零碎事件，逐件估价例。"此前并有口诀四句："持过紫色菩提子，金钱银钱两下安。上有骨董多人爱，若无七宝去头难。""去头"在这里是出手的意思。可知持以诵经而功德最著的菩提子却要靠了骨董和珠宝才卖得好价。而此数珠上系结的所谓"七宝零碎事件"，又特别传达出一个重要的消息，即明清时代数珠上面的记念，应是由此发展演变而来。明早期的一例，见于湖北钟祥明梁庄王墓，此墓出土各种质料的念珠有数件，其中一串水晶数珠为一百零八颗，数珠的上端中心系一枚水晶，式如葫芦，下端垂珠系穗子，周回又有珠子穿成的四串记念[3]（图8）。墓主人梁庄王是明仁宗第九子，卒于正统四年，即一四四一年。高濂《遵生八笺》卷八《起居安乐笺下》"念珠"条曰："珠上记念有宋做玉降魔杵，五供养，天生小葫芦一寸长者为奇。鹅眼钱，海巴，五台灵光石，白

图 8　水晶数珠　湖北钟祥明梁庄王墓出土

定窑烧豆大葫芦，玉制界刀、斧子、鳌鱼、转轮子，皆挂吊珠上作记念，千万数也。"这里说的海巴，是一种可用于装饰的螺，明初琉球国曾以此入贡。文震亨《长物志》卷七《器具》一节"数珠"条的说法与高氏所述大抵相同，唯称记念为记总。文氏又有《秣陵竹枝歌》云："碧为记总珀分心，百八珠间衬镂金。截得骄龙冲一尺，日中光映雨中沉。"其下自注云："市上有鬻龙冲数珠者，索价至二百中金，故记之。"[4] 龙冲，又作龙充，据高濂说是"龙鼻骨磨成，色黑，嗅之微有腥香"，未知此"龙"是海中的哪一族。总之，清代朝珠的几个基本组成也包括部分名称，在明代念珠中其实多已存在。只是朝珠在纳入舆服制度的过程中又融入了属于密宗的若干成分，且于名称和形制均有增益与改变，又特别在珠的质料和绦带的颜色上规定得严格。而不在礼制范围之内的各种质料的念珠则依然用着它的本名，二者正不妨各行其是。

附带提及高濂在列举念珠的各种式样时说到的一件"梵王物"："又见番僧携至佩经，

1　《夹注名贤十抄诗》，页 14，上海古籍出版社二〇〇五年。

2　《全宋诗》，册二五，页 16528。

3　今藏湖北省博物馆，本书照片为参观所摄。

4　《历代竹枝词》，页 303。

图 9 金镶宝佛龛 故宫藏

图 10 铜鎏金佛龛 北京白塔寺出土

图 11 "南无寻声救苦观世音菩萨"大理国张胜温梵像卷

或皮袋或漆匣，上有番篆花样文字四，方三寸，厚寸许，匣外两傍为耳，系绳佩服。余曾开匣视之，经文朱书，其细密精巧，中华不及，此真梵王物也。"此所谓"番僧"，应是来自雪域，所云佩匣藏语名作嘎乌，即匣的意思，原指供奉佛像的盒子，后来则有用珠宝镶嵌成匣状佩饰之意。这一类当日用作放置佛经或佛像而系绳佩服的小匣，清代则称作"佛窝"或"佛锅"，而也成为佩饰。故宫藏一件金镶宝佛窝，式如一个微型佛龛，盖面一大朵莲花，花瓣嵌珠嵌宝，中心一个金"佛"字。两侧有穿，即所谓"匣外两傍为耳"，一根绦子自两侧绕穿而过，上端结束为佩系，下端结束为流苏[1]（图9）。北京阜成门内白塔寺出土一件铜鎏金佛窝，高5.4厘米，匣外两傍也有环耳，内里一面满刻《尊胜咒》，一面内置一尊金嵌宝无量寿佛[2]（图10）。当然若溯其源该是追溯到唐代的檀龛佛，不过这是题外之题外了。

念珠持在菩萨手中，有许多含义不同的手势。而在艺术家的笔下，更有释典之外的妩媚，如大理国张胜温梵像卷中手提数珠的"南无寻声救苦观世音菩萨"，如传明丁云鹏作《观世音三十二变相》中的"大悲心忏"之幅（图11、图12）。隋唐之际，随着净土宗和密宗的兴盛，称名念佛渐成一种最为通行的修行方法，数珠也因此流行开来，乃至成为僧徒信众的一件标志物。《敦煌变文集》卷四《难陀出家缘起》因称难陀发愿"勤心念佛舍娑婆，努力修行出爱河。一串念珠常在手，常常相续念弥陀"。敦煌遗书中的无名氏《念珠歌》曰"念珠出自王公宅，旷劫年来人不识"；"玛瑙珊瑚（堆）合成，惠线穿连无间隔。悟人收，智人识，常思念念无休息。念过恒沙处处明，始知无量神通

1　此系观展所见并摄影。
2　《北京文物精粹大系·金银器卷》，图二三〇，北京出版社二〇〇四年。

图 12 《观世音三十二变相·大悲心忏》安徽博物馆藏明天启刊本

力"[1]。《旧唐书》卷一八四《李辅国传》因此说他"不茹荤血，常为僧行，视事之隙，手持念珠，人皆信以为善"。称名念佛原为求得死后往生净土，墓葬也因此多有信众手持念珠的形象，如山西平阳金墓砖雕中的墓主人图[2]（图 13、图 14）。

当然它还有诗的境界。皮日休与陆龟蒙《寂上人院联句》袭美句云，"瘿床空默坐，清景不知斜。暗数菩提子，闲看薜荔花"；"趁幽翻《小品》，逐胜讲《南华》。莎彩融黄露，莲衣染素霞"[3]。绕过人间所有的繁华，在这样一个清凉世界里，发菩提心，做着向善的功课，所谓"暗数"，却差不多可以与"闲看"对等，此际该是心无点尘拈花微笑的。高濂《起居安乐笺下》"念珠"条曰："当佩服持珠，作人间有发僧，坐卧西风黄叶中，捧念西方大圣，较之奔逐利名哀哀寒暑

图 13　山西侯马金墓砖雕　　　　图 14　山西曲沃苏村金墓砖雕

者，自觉我辈闲静。"求红尘中的我心清净，念珠也正如一叶慈航。崇祯年间吴兴女子曹寿奴有小诗题作《夫君北行以菩提数珠留赠》："百八菩提子，红丝贯小缨。无眠他夜月，留记远钟声。"[4] 此却又是以无情物寓有情心，菩提子所具"无数倍"的功德，在此双重的记数中可以发挥净尽了。

1　徐俊《敦煌诗集残卷辑考》，页 883，中华书局二〇〇〇年。
2　图 13 为笔者参观所摄；图 14 采自山西省考古研究所《平阳金墓砖雕》，图九七，山西人民出版社一九九九年。
3　《全唐诗》卷七九三。
4　《明诗综》卷八十五。

剔牙杖

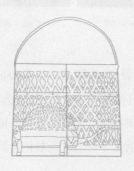

剔牙，或曰剔牙杖，又或曰挑牙，均指牙签，都是明代流行的名称。古已有之的杨枝齿木不必多说，明代剔牙杖本来也可以用很平常的槐木、柳木来制作，明陆深《俨山续集》卷一《霜后拾槐梢制为剔牙杖有作》句云："金篦与象签，净齿或伤廉。青青槐树枝，一一霜下尖。偶闻长者谈，物眇用可兼。搜剔向老龁，其功颇胜盐。"这里说到的金篦乃指簪脚为尖锥形的小簪子，可兼作剔牙。诗固夸说槐木牙签的好，但可知奢华者常常是用金银或象牙。

剔牙杖在明代是随身携带的各种卫生小用具之一。屠隆《考槃余事·文房器具笺》"途利"条云："小文具匣一，以紫檀为之，内藏小裁刀、锥子、乞耳、挑牙、消息、修指甲刀、挫指、剔指刀、发刡、镊子等件。旅途利用，似不可少。"所谓"途利"，是文人专为这种出行所用的小文具匣起的名字。其中列举的"消息"，原与挖耳配套，《朴通事谚解·上》说剃头事云："将那铰刀斡耳捎篦来掏一掏耳朵。"注云："以禽鸟毳翎安于竹针头，用以取耳垢者，俗呼为消息。旧本作'蒲楼翎儿'。"明冯梦龙编《挂枝儿》和《山歌》，其中也都咏到"消息子"，如"消息子，都道你会挡人的趣，疼不疼，痒不痒，这是甚的"云云；又"我里情哥郎好像消息子能，身才一捻骨头轻"云云。几首民歌都是借了生活中的习见之物而以双关语说艳情，自然不必全部引下来，而这里的几句已是形容微至了。《朴通事》中的斡耳即挖耳，又或称耳挖。耳挖、消息，这些卫生用具的历史都很悠久，且虽是微物而常有特别用心的经营，比如内蒙古巴彦淖尔盟临河市高油房出土的一件时属西夏的剔指刀，刀系纯金制作，其柄为莲座托起的莲叶和莲花，莲花上面复又擎出两鳃相对、口衔莲叶与花的双鱼，顶端一枚慈姑叶，叶心有穿，一个用作佩系的小金环与穿相连 [1]（图 1）。剔指刀

1　今藏内蒙古博物院，本书照片为观展所摄。

图1　剔指刀 内蒙古巴彦淖尔盟临河市高油房
出土

图2　剔指图 辽宁朝阳市建平县辽墓壁画

的使用不分男女，辽宁朝阳市建平县一座
辽墓里的甬道壁画即画着一幅契丹侍卫剔
指图，——右手持一柄剔指刀，左手翘起
小拇指，神情专注的一刻，被画工细心存
真[1]（图2）。而这并不是孤例，同样的情景
也见于内蒙古库伦旗六号辽墓的出行图（图
3），那么它在生活中也该是常见的。有意思
的是，这一画面后来收在《中国美术全集·绘
画编·墓室壁画》卷，图版说明云，"这是
'出行'画面左起第二人，墓主人的形象。
他身躯高大，髡发，长眉入鬓，耳饰金环"，
"正面向墓室微倾身俯首，双手相对至胸前，
眼睑下垂，神情颇显虔诚，大约在做出猎
前的祈祷"。

明代也常把挖耳、挑牙、镊子、剔指
刀等合成一套作为佩系，材质或金或银，
事件儿或二或三或更多，而均可称作"三
事儿"。陆深家族墓出土的一副，荷叶云题
是用接焊的方法扣合而成，上面细錾叶脉，
云题之下的两条金链分别系着金龙衔牙签
与金龙衔耳挖。龙身錾出规整的鳞片，龙
尾分叉处成为小孔，与链环相衔（图4）。湖
北钟祥明梁庄王墓出土金耳挖、金挑牙、
金镊子，三事儿顶端都穿着小环，同出又
有一对金玉小葫芦，亚腰上系着金环，那
么也当是用金链系缀起来的一副[2]（图5、

图 3　剔指图　内蒙古库伦旗六号辽墓壁画

图 6）。湖北蕲春刘娘井墓出土的金三事儿，金链上拴着挖耳、挑牙、镊子、剔指刀[3]（图7）。讲究的又或者把事件儿装入一个精致的小筒，如南京江宁殷巷沐叡墓出土的一副。錾刻着山水人物的小金筒不过两寸多长，一端有盖，另一端有一根金链贯穿其中，金链上系着耳挖、剔牙、镊子和剔指刀，用的时候随着金链抽出来，用毕送入，然后扣上原同金链相连的盖子[4]（图8）。放在文具匣或拜帖匣里的剔牙杖也有的是装在小筒里边，嘉靖时严嵩倒台，抄没家产的单子里列出花梨木拜帖匣中的诸般清玩，其中便有"剔牙杖一副连牙筒"。而"银器"一项，尚赫然登录着"乌银各色剔牙杖一百一十七副，共重三十两零四钱"。

　　清代依然是木做的牙签使用最普遍，而以柳木为常见，此在宫廷似乎也不例外。如养心殿造办处档案雍正十年里的"木作"一项中即列有"柳木牙杖二千支"[5]。讲究

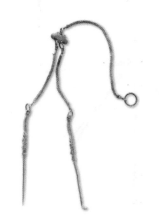

图 4　金三事儿　上海浦东新区陆深家族墓出土

1　孙国龙《朝阳出土两座辽墓壁画管窥》，页36，图一：6，《北方文物》二〇〇五年第四期。
2　《梁庄王墓》，彩版二〇四：2、3。此为梁庄王墓。
3　今藏湖北省博物馆，本书照片为观展所摄。
4　今藏南京市博物馆，此为观展所摄。
5　朱家溍《养心殿造办处史料辑览·第一辑》，页231，紫禁城出版社二〇〇三年。

图5　金三事儿　湖北钟祥明梁庄王墓出土

图6　金玉葫芦　湖北钟祥明梁庄王墓出土

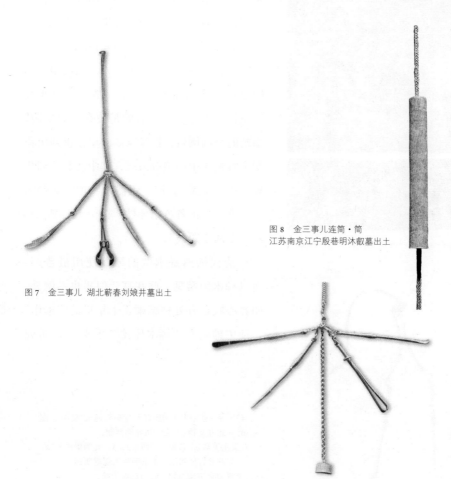

图8　金三事儿连筒·筒
江苏南京江宁殷巷明沐叡墓出土

图7　金三事儿　湖北蕲春刘娘井墓出土

金三事儿连筒·筒盖、筒里的事件儿

图 9　粉彩绿地缠枝花卉牙签筒 台北故宫博物院藏

者则有象牙，此便多作为佩件随身携带，同为雍正十年，前引档案载枪炮处制作小刀，刀底均束"铜规矩一，铜镊子一，方圆针二，象牙耳挖一，象牙牙杖一"。

牙签筒的式样在清代没有更多的创造，不过质地更为多样，比如用鳅角亦即海象牙制作。传世品中金银制作的似乎不很多见，竹制和瓷制品中却不乏秀巧可爱者，前者如中国国家博物馆藏竹刻十八罗汉和竹刻八骏图牙签筒，后者如台北故宫博物院藏一件粉彩绿地缠枝花卉牙签筒 [1]（图 9）。又清宫旧藏瓷胎洋彩画轴式牙签筒一对，筒分内外两重，外筒做成画轴的式样，"画心"是山水人物，"锦包首"墨书"乐善堂"，下为"乾""隆"印；内筒扁平中空以装牙签，其表墨书御制诗 [2]（图 10）。剔牙与剔牙筒本来都是寻常用具，货郎担中自然也有它一席，清董棨摹方薰《太平欢乐图》之四十六所绘，即是一例，图中牙签筒与各式荷包挂在一起，虽是省极了的几笔，但上端有系，下垂流苏，

2　（台北）《故宫文物月刊》第一卷第十二期（一九八四年），页 33。
3　廖宝秀《华丽彩瓷：乾隆洋彩》，图六〇，台北故宫博物院二〇〇八年。

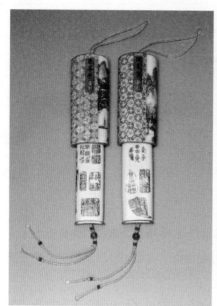

图 10　瓷胎洋彩画轴式牙签筒 台北故宫博物院藏

都交代得很清楚[1]（图 11）。旁有说明云："今村镇间有提筐售卖荷包、眼镜并牦梳、牙刷、剔齿签之类，琐细具备，号杂货篮。"牦梳是牛角梳，剔齿签自是装在悬挑于长竿上面的牙签筒里。日人中川忠英《清俗纪闻》卷二有图题作"消息筒"，又"爬耳朵""消息子"，正可视作《欢乐图》中此物的一幅特写[2]（图 12）。牙签此际依然是随身携带的小事件儿，清李光庭《乡言解颐》卷四咏牙签因有"贮囊尽使挽觿佩"之句。而它又同明代一样可以作为装饰品，清袁翔甫《续沪上竹枝词》"牙签时样挂胸前"[3]，所咏即此，传世的几种晚清银事件儿，或即当日颇见新巧的"时样"之一[4]（图 13）。

　　不过随身携带大约只是缘自行之已久的风俗，也可以说是一种讲

图 11 《太平欢乐图·杂货篮》

图 12 消息筒《清俗纪闻》插图

1　《太平欢乐图》（许志浩编），页 92，学林出版社二〇〇三年。

2　[日]中川忠英编著《清俗纪闻》，日本东都书林堂一七九九年刊印本。

3　雷梦水等《中华竹枝词》，册二，页 821，北京古籍出版社一九九七年。

4　所举图例系展陈于赤峰博物馆。

图13　晚清银事件儿 赤峰博物馆藏

究，其时牙签早是家中和肆筵上的常备之物。清何耳《燕台竹枝词》中有《柳木牙签》一首："取材堤畔削纤纤，一束将来市肆筵。好待酒阑宾未散，和盘托出众人拈。"[1] 约略同时的文康《儿女英雄传》中，正好有一段同它相应的描写。第二十九回说到亲家翁媪赴安老爷家的筵席，"一时，大家吃完了饭，两个丫鬟用长茶盘儿送上漱口水来，张老摆了摆手说：'不要。'因叫这女孩儿：'你倒是揭起炕毡子来，把那席篾儿给我撅一根来罢。'柳条儿一时摸不着头。公子说：'拿牙签儿来。'柳条儿才连忙拿过两张双折手纸，上面托着根柳木牙签儿"。这位张老便是安老爷的亲家翁，在乡间被人称作张老实，原是世业农桑，饭后的漱口水和双折手纸上托着的柳木牙签儿，在他自然都是未曾经惯的雅事，小说作者因此特别拈出这一个细节来刻画人物。

　　这里说到的与剔牙杖不无关联的漱口水，也是古已有之。漱口所用，可以是前引陆深诗中提到的盐水，又或者是茶水。《红楼梦》第三回云黛玉初入荣府，在贾母处晚饭，"寂然饭毕，各有丫鬟用小茶盘捧上茶来"，黛玉"接了茶，早见人又捧过漱盂来，黛玉也照样漱了口"。就牙齿的保健来说，其实饭后漱口远比剔牙为好，古人本来也是很早就施行着的。苏轼便有"漱茶论"，见他的《仇池笔记》卷上："吾有一法，每食毕，以浓茶漱口，烦腻既出，而脾胃不知，肉在齿间消缩脱去，不烦挑刺，而齿性便若缘此坚密。"此说原有科学道理，因"茶叶中所含的酚性物能使蛋白质及重金属化合物胶体凝缩，具有较强的收敛作用，这样，肉在齿间才能消缩不须挑剔而脱去，才能使牙齿表层不因挑剔而磨损，保持牙齿的坚密"（王泽农《苏轼〈漱茶说〉评述》）。这在今天当然早已是常识，那么荣府的饭后茶水漱口，倒可以说是传统护齿方法中最卫生的一种。至于《红楼梦》第二十八回中说到"只见凤姐蹬着门槛子拿耳挖子剔牙"，则又是为了表现人物性格而别有所取的生活细节，而用在凤姐，才真是贴切。

1 《中华竹枝词》，册一，页195。

领边秀

消息筒

　　领边秀，是借用了一首古诗的诗题，不过原作是"领边绣"，作者南朝沈约。诗云："纤手制新奇，刺作可怜仪。萦丝飞凤子，结缕坐花儿。不声如动吹，无风自移枝。丽色怅未歇，聊承云鬓垂。"此诗是选入《玉台新咏》的，而它也的确符合婉约绮丽的标准。四十个字放在舌尖上轻轻一滚，真个是字字温柔。绣针牵起的一缕生气使领缘花枝无风而动，丽色何尝会歇呢，它先已留驻在诗里。不过这里把"绣"易作"秀"，却是想说领边的秀色总是更衣记中引人注目的细节，由它的演变正可解读时尚的风雨阴晴。

　　领缘自古便是装饰的重点。最初自然是出于实用，这本来是衣服最为显露的部分，最容易磨损，衣领的设计因此是功能与艺术的合一。先秦又有中衣、裼衣之制，其实不过围绕领缘来做文章。那一时代，凡服，内为亲身之衣，次则或袍或裘，或绤或绤，——依季节而别；次加裼衣，亦即中衣；其外加上服。裼衣，对免上服而言，中衣，则对不免上服而言，即掩合上服，以"袭"为"充美"的时候，此谓之中衣；袒而露见，以"裼"为"见美"的时候，便谓之裼衣。是名称有二，其实只是一衣。《诗·秦风·终南》曰"锦衣狐裘"，《唐风·扬之水》曰"素衣朱襮"，所咏均是领缘。"锦衣狐裘"中的锦衣，即裼衣，亦即"素衣朱襮"中的素衣，而锦做领缘提起精神。领缘因此用了当时最为讲究的装饰，或刺绣，或织锦。湖北江陵马山一号楚墓中出土的锦，绝大多数是用来镶嵌衣之领缘与袖缘，可以认为仍是从商周制度而来。锦作条纹、菱纹、十字菱纹、凤鸟菱纹，锦领的边上，有的还嵌了纬线起花的丝织窄带[1]。

　　由楚地发源的男女皆宜的深衣是在当时和对后世都极有影响的

1　湖北省荆州地区博物馆《江陵马山一号楚墓》，彩版一八至二〇，文物出版社一九八五年。

图 1　江苏徐州北洞山西汉墓出土陶俑　　　　　　图 2　湖北武汉汉阳陵陪葬墓园出土陶俑

式样[1]。深衣的衣领与衣缘原是一体,也可以说深衣的领不是用来束颈,而是用来裹身。宽宽的领缘做成出角的衣襟,顺着腰身裹向身后,成为后垂交输的一剪燕尾[2](图1)。深衣外面系腰带,腰带常常系得很低,大约当日女子重视的不是身体起伏的曲线而是身材的修长。那时候的内衣还不很完善,内裤多半是不合裆的,深衣的裹身严密则使这种不完善不成为问题,无论行路和站立与坐,衣服都是贴体的,即便坐姿也依然可以见出深衣裹出来的美丽,比如汉阳陵陪葬墓园出土的女俑[3](图2)。它的不合人体比例似乎是有意,因为在这样的造型里把仪态和衣饰的静美表现得无以复加。

　　魏晋南北朝的时候,深衣已经是古装。领缘不必做成深衣式的裹身燕尾,女装多半只是两道宽边随着上衣的开口垂下来,"丽色愈未歇,聊承云鬓垂",正好有着绣领与仪容的相映发,而下裳则别有飞襳垂髾显出华丽。这时候领边增添的秀色又有绕肩而披、随步而飞扬的领巾,亦即帔帛。它原是从西亚经中亚迤逦而来,最初出现在中土的时候,或是仙人,或是菩萨,不过南北朝时它已进入世俗生活。中原地区早期的例子有北魏司马金龙墓出土漆画屏风中的女子形象[4](图3)。南朝徐君倩《初春携内人行戏》句云"树斜牵锦帔,风横入红纶"(《玉台新咏》卷八),锦帔和红纶都是指领巾,不过用树挽和风吹极写它

图 3　山西大同北魏司马金龙墓出土漆画屏风　　　图 4　彩绘泥塑　新疆吐鲁番阿斯塔那二二九号
　　　　　　　　　　　　　　　　　　　　　　　　　　　　唐墓出土

的飘逸。

　　唐代是领巾或曰帔帛最为兴盛的时代。《霍小玉传》曰小玉"将葬之夕，生忽见玉穗帷之中，容貌妍丽，宛若平生，著石榴裙，紫褕襦，红绿帔子"。穗帷是灵帐。褕襦即襦，亦即短上衣。石榴裙，紫褕襦，红绿帔子，差不多可以算作当时的一种"时世妆"。袖窄而衣短的襦领口通常开得很低，领边的帔帛则可以自后向前披[5]（图4），也可以由前向后搭过去，后者即如昭陵新城公主墓壁画中的侍女[6]（图5）。当然还可以轻轻拈住它的一角，也不妨任它飞扬或低垂。帔帛又

1　孙机《深衣与楚服》，《中国古舆服论丛》（增订本），页 139～150，文物出版社二〇〇
　　一年。

2　由时人跽坐的身姿也可见出一剪燕尾的后垂交输之状，如徐州北洞山西汉墓出土陶俑
　　（今藏徐州博物馆，此为参观所见并摄影）。

3　陕西省考古研究所《汉阳陵》，图七四，重庆出版社二〇〇一年。

4　《中国漆器全集·4》，图四〇，福建美术出版社一九九八年。

5　如新疆吐鲁番阿斯塔那二二九号唐墓出土彩绘泥塑（今藏新疆维吾尔自治区博物馆，
　　此为观展所摄）。

6　昭陵博物馆《昭陵唐墓壁画》，图四一，文物出版社二〇〇六年。

图5 唐昭陵新城公主墓壁画

图6 唐武惠妃墓出土石椁线刻画

可以很轻，——《酉阳杂俎》卷一云天宝末年，交趾贡龙脑，明皇"唯赐贵妃十枚，香气彻十余步。上夏日尝与亲王棋，令贺怀智独弹琵琶，贵妃立于局前观之。上数枰子将输，贵妃放康国猧子于坐侧，猧子乃上局，局子乱，上大悦，时风吹领巾于贺怀智巾上，良久，回身方落。贺怀智归，觉满身香气非常"。风可以把领巾吹落，那么它该是轻薄的纱罗一类，即如唐武惠妃墓石椁线刻画中的拈花美人，从丰肩滑落的帔帛透明一般清楚映现了衣衫上的方胜纹[1]（图6）。帔帛也可以稍厚，——霍小玉的红绿帔子自然是双层的，即如唐太宗昭陵陪葬墓韦贵妃墓壁画中的侍女[2]（图7）。石榴红的条纹裙与红绿帔子搭配在一起却一点不显得突兀，因为帔帛乃是领边飘动的颜色。着窄袖褡裆或半臂，帔帛便又可以成为袖子的延长而助舞姿，如陕西长安县执失奉节墓室壁画中的舞娘[3]（图8）。《海录碎事》卷十三"掷巾为桥"条："有崔生者，入山遇仙女为妻。久之，还家，得隐形符，乃潜宫禁中，为

图 7 唐昭陵韦贵妃墓壁画

图 8 陕西长安县执失奉节墓室壁画

术士所知，追捕甚急。生逃还山中，追者在后，隔涧见其妻，告之，妻掷其领巾成五色虹桥，生过即灭，追不及矣。"这一则故事先已收在《太平广记》卷二十三"崔生"条，情节很是曲折，此则大为省略，却是选取了最有意思的一节。而关于领巾的奇幻想象也正是以日常生活中它的百态千姿为背景。总之，绕着领边的帔帛可以依凭女子的姿容态度"秀"出各种妖娆，因此它是"领边秀"里最是活泼有生气的一章。

女装至宋又是一变。南宋尤其喜欢轻薄的纱罗，缠了足的女子很少再有唐代的马上英姿，却多是"斗薄只贪腰细柳"（宋徽宗《宣和宫词》）。束身的对襟衫子不施纽带，穿时两襟微开，露出里衣和长长的粉颈，时称"不制衿"[4]，即如传河南偃师酒流沟出土宋代画像砖

1　程旭《唐武惠妃石椁纹饰初探》，图版五：2，《考古与文物》二〇一二年第三期。
2　《昭陵唐墓壁画》，图九八。
3　壁画揭取入藏中国国家博物馆，此为参观所摄。
4　岳珂《桯史》卷五"宣和服妖"条：宣和之季，"妇人便服不施衿纽，束身短制，谓之不制衿"。

图9　宋代画像砖
河南偃师出土

图10　《瑶台步月图》局部　故宫藏

和故宫藏南宋《瑶台步月图》中的女子（图9、图10）。对襟上缝着精致的领缘亦即领抹，领抹当日常常是单独出售的，或画或绣，或绘与绣相兼。常用的又有"影金"与"蒙金"，它与唐代的泥金相似，都是用印金的办法，即织物上面涂黏合剂，然后按照纹样把金箔贴牢，固定之后，再把多余的金箔除去[1]。赵长卿《鹧鸪天》"牙领翻腾一线红，花儿新样喜相逢。薄纱衫子轻笼玉，削玉身材瘦怯风"[2]；杨炎正《柳梢青》"生紫衫儿，影金领子，著得偏宜"[3]。又无名氏《阮郎归》咏端午更写得俏丽："及妆时结薄衫儿。蒙金艾虎儿。画罗领抹襕裙儿。盆莲小景儿。／香袋子，搔钱儿。胸前一对儿。绣帘妆罢出来时。问人宜不宜。"[4]宋词用旖旎之句写出"领边秀"秀出的笼玉身材和袅袅娜娜的丰神标格，女子便随着这样的审美习尚一直走到了明代。

明代女装与前不同的领边秀色是钮扣，或金或银，或金银托上嵌宝，花样多取自吉祥喜庆的各种题材，如福，如寿，如两只蜜蜂抱了一朵花的蜂赶菊或谐音曰喜相逢。北京定陵以及各地藩王墓出土的金钮扣均制作精好[5]（图11、图12）。钮扣束颈自然是光鲜的装点，——

图 11　金孩儿捧寿钮扣　北京
定陵出土

图 12　金镶宝蝶赶花钮扣　江西明益端王
夫妇墓出土

外罩里面的衫袄有了一个用两枚钮扣紧紧束住的小立领，只是领边再不露本色。如此样式在清前期的女装中依然可见，如故宫藏雍正时期的十二美人绢画（图 13）。而中叶以后至晚清更把不露本色的"领边秀"发展到极致。其时这种做法被称作"三圆五滚"，镶边之物亦即"栏杆衣边"或称之为"狗牙绦"[6]。

《红楼复梦》第八回"故作情浓心非惜玉，温存杯酒意在埋金"，曰"贾琏见妙空这会儿打扮不同，身上穿着月白色的绣花周身镶滚的短夹袄，里面衬着鹅黄绫子小棉袄，大红绣三蓝三镶领，底下穿着银红纺丝绸夹裤，绿绫袜子，大红缎满金粉底鞋，臂上戴着三只金镯，指上戴着两个银指甲"。《复梦》成书于嘉庆初年，作者小和山樵，它的续书成败姑且不论，书中器用服饰的铺陈带了作者当世的生活经

1　郑巨欣《中国传统纺织印花研究》（未刊稿），赵丰《中国丝绸通史》，页 352 引，苏州大学出版社二〇〇五年。

2　唐圭璋《全宋词》，册三，页 1790，中华书局一九六五年。

3　《全宋词》，册三，页 2117。

4　《全宋词》，册五，页 3673。

5　北京市昌平区十三陵特区办事处《定陵出土文物图典》，图四四五至图四六〇，北京美术摄影出版社二〇〇六年；江西省博物馆《江西明代藩王墓》，彩版二八：2，文物出版社二〇一〇年。

6　李光庭《乡言解颐》卷三"衣工"条曰，"自男作衣工，俗只谓之裁缝，而踵事增华，日甚一日。七十年前，吾乡有吕五福者，于瓜葛中为晚辈，人颇诚实，工亦坚致，其时只裙袖偶用镶边，且裁剪之余一丝不苟"，"今京师之衣工，一衣自三镶以至五镶，其工费数倍于本身，即幼孩之衣亦然，则真作孽矣"。下因诵人一绝云："授衣时节又寒号，补缀搜寻布缕条。瓮底尚余半升米，且赊三尺狗牙绦。"《乡言解颐》成书于道光二十九年。

图 13　十二美人绢画局部　故宫藏

验则是不错的，这一段描写正是一例。蓼蓝染绿，大蓝浅碧，槐蓝染青，是谓之三蓝。关于周身镶滚，可见与它时代相后先的竹枝词。如乾隆时期函璞集英书屋的《邗江竹枝词》："时样镶鞋二十毡，三蓝袍子一裹圆。摘兰凸壁浑身织，窝缎沿成是底边。"又："女袖如今作月宫，时新苏倩喜相逢。三牙金线纴双滚，吩咐成衣细细缝。"[1]

如道光时期叶调元的《汉口竹枝词》卷四"闺阁"："蜀锦吴绫买上头，阔花边样爱苏州。寻常一领细衫子，只见花边不见绸。"其下注云："花边阔三四寸者，盘金刺绣，璀璨夺目。再加片金、金钱、阑干、辫子，相间成章，一衣之费，指大如臂。"[2]

如同宋代的领抹，清代"栏杆衣边"在铺号里也有专项经营，如广东彩元字号的广告所示，它原附在故宫藏清广绣花鸟博古图插屏的背板[3]。可与广告相对看的有广州市博物馆藏清代刺绣衣边[4]（图14），而由中国国家博物馆藏一件福寿绵长纹天青纱大镶边右衽女衫又可窥

1　《历代竹枝词》，册二，页 1708。
2　《历代竹枝词·三》，页 2361。
3　单国强《故宫博物院藏文物珍品大系·织绣书画》，图二五，上海科学技术出版社等二〇〇五年。
4　《海贸遗珍——十八至二十世纪初广州外销艺术品》，页232，上海古籍出版社二〇〇五年。
5　王树村《中国年画史》卷前彩页，页 13，北京工艺美术出版社二〇〇二年。

图 14　清代刺绣衣边 广州市博物馆藏　　图 15　天青纱大镶边右衽女衫 中国国家博物馆藏

得七镶八滚的装饰效果（图15）。这时候的领边绣把领缘的精致变成一层层纹样不同的花边相间成章而推向全身，乃至"寻常一领细衫子，只见花边不见绸"，不必说功能与装饰的相生相谐几乎消歇，"不声如动吹，无风自移枝"的气韵生动也早已不再，何况"一裹圆"的袍子是没有曲线不见腰肢的。难得最是天津杨柳青年画中的一幅《美人图》，它把如此衣着笼罩下的女子竟仍能表现得千娇百媚[5]（图16），我们因此看到更衣记的最后一章总算还有一个光明的结尾。

图 16　《美人图》杨柳青年画

春盘

立春赶在正月里的时候居多，其时还踩着冬天的尾音，而人们却已经在忙着做春盘、送春盘，迫不及待呼唤和传递春天的新绿了。

春盘的起源，据云始自东晋李鄂，明彭大雅《山堂肆考》卷八《时令》"荐生菜"条引《摭言》说："东晋李鄂立春日命以芦菔、芹菜为菜盘相馈遗。"又引《四时宝鉴》："唐立春日荐春饼、生菜，号春盘。"杜甫《立春》诗中的名句"春日春盘细生菜，忽忆两京梅发时。盘出高门行白玉，菜传纤手送青丝"，更使春盘格外见出春的颜色和春的气息。不过它的根源很可能还是植于上古时代，——或者可以追溯到彼一时代的祭祖礼，亦即四时祭中的春祭，只是因为时日悠久，历经分化演变而逐渐淡化了此中的历史记忆。《诗·小雅·天保》"禴祠烝尝，于公先王"，其中的"祠"，便是春祭。春祭荐新。"新"中的时蔬是韭，而韭的栽培很早就已经园艺化，《夏小正》"正月，囿有见韭"，足证它的古老。韭在上古时代尤其为人所重，这不仅因为韭在初春时节早早见绿、随剪随生，又韭叶、韭花都可以腌制为菹，而且也和人们的饮食习惯大有关系。当日的主要美味之一是醢，即肉酱，亦即将各种肉、鱼细切，和以酱曲和酒曲，并盐、酒、辛香作料等，放在瓮里泥封曝晒而成。制作这样的醢，固不可少却辛香调料，而食用的时候，更须韭、姜、蒜等辛香之物来佐食。后世的元日造五辛盘，正可视作这一古风的余绪。

梁宗懔《荆楚岁时记》说，正月一日，"长幼悉正衣冠，以次拜贺，进椒柏酒，饮桃汤，进屠苏酒、胶牙饧，下五辛盘"。关于五辛盘的内容，说法不很一致，按照道教练形家的规定，是大蒜、小蒜、韭菜、芸台、胡荽，即所谓"五薰练形，五辛所以发五藏之气"。五辛盘的制作后又移在立春，《山堂肆考》卷八"作辛盘"条引《摭言》云："安定郡王立春日作五辛盘；以黄柑酿酒，谓之'洞庭春色'。"被以如此佳名的五辛盘大约更有着形色的可爱，而作五辛也是顽皮的小儿女喜欢的游戏，元稹《生春》二十首句云"女儿针线尽，偷学五辛丛"，正是早春天气里的一幅小照。不过五辛盘似乎未如春盘的盛行和流行长久，以后更有合一的趋向，虽然高濂的《遵生八笺》在《四时调摄笺》中仍把"食生菜"和"五辛盘"分列两项，但已是在征引故实。清人顾禄《清嘉录》卷一"春饼"条云："春前一月，市上已插标供买春饼，居人相馈遗，卖者自署其标曰'应时春饼'。"又引方志曰："宴集以春饼为上供，谓即古五辛盘之遗意。"两事合一之后，辛盘便成为春盘的别称，而五辛盘中的韭，早早就在春盘中占了重要一席。

两宋时代的春盘，已是荤素搭配、精整细致的一份时鲜，外带薄如茧纸的春饼。自做自食之外，且馈赠亲友。又有朝廷之赐，官府之馈，宋诗对此多有传神的描绘。杨万里《郡中送春盘》句云："饼如茧纸不可风，菜如缥茸劣可缝。韭芽卷黄菖舒紫，芦菔削冰寒脱齿。卧沙压玉割红香，部署五珍访诗肠。"[1]方岳《春盘·壬子》于此也形容得详细："莱服根松缕冰玉，蒌蒿苗肥点寒绿。霜鞭行苴软于酥，雪树生钉肥胜肉。与吾同味蓼丝辣，知我长贫韭葅熟。更蒸豚压花层层，略糁炱成金粟粟。青红馉饤映梅柳，紫翠招邀醉松竹。擎将碧脆卷月明，嚼出宫商带诗馥。赐幡羞上老人头，家园不负将军腹。人生行乐未渠央，物意趋新自相续。五十三翁日落山，三百六旬车转毂。不妨细雨看梅花，且喜春风到茅屋。"[2]诗题中的"壬子"，当是理宗淳祐十二年。宋人于梅花最是不能忘情，一脉清气恰好系挽着冬春节令，而细雨梅花时候有青红馉饤的春盘与之相映，虽春光尚未抛出，春意先已十二分。

韭菜在春盘里差不多是元老身分，且恒久的翠色喜人。南宋黎廷瑞《蝶恋花·元旦》句云"翠柏红椒，细剪青丝韭"[3]。清董荣摹方薰《太平欢乐图》有初春韭芽一幅，注云："正月初艺圃者取以市卖，比常时须倍其值。"（图1）此外的萝卜、春笋、蒌蒿、水芹、蓼等，青、

春盘

图 1 《太平欢乐图·初春韭芽》

黄、白、红，也尽是一簇簇鲜灵的清新色彩，当然更有入口的味美爽脆。时鲜之外尚有细切蒸熟的豚肉，即前引方岳诗中的"更蒸豚压花层层"。若家有巧女，则春盘点酥，如花果禽鸟，乃至点出诗句，便更是可以夸耀的技艺。梅尧臣诗《余之亲家有女子能点酥为诗，并花果麟凤等物一皆妙绝，其家持以为岁日辛盘之助，余丧偶，儿女服未除，不作岁，因转赠通判，通判有诗见答，故走笔酬之》："剪竹缠金大于掌，红缕龟纹挑作网。琼酥点出探春诗，玉刻小书题在榜。名花杂果能眩真，祥兽珍禽得非广。磊落男儿不足为，女工余思聊可赏。"[4]

1　《全宋诗》，册四二，页 26163。
2　《全宋诗》，册六一，页 38451。
3　唐圭璋《全宋词》，册五，页 3386。
4　朱东润《梅尧臣集编年校注》，中册，页 322，上海古籍出版社二〇〇六年。

诗题所谓"岁日辛盘",正是春盘。点酥的春盘该是红翠鲜明又玲珑剔透,嫩寒里逗弄出来的春消息,带给人们更多的似乎是眼福。

元代春盘依然是立春时候最令人牵挂的一片暖色。元好问《春日》"里社春盘巧欲争,裁红晕碧助春情"[1];刘诜《侯邸春盘》"玉盆清丝缕杨柳"[2];吴当《立春日感旧》"春盘生菜翠如丝"[3],等等,可见风俗依旧。不过也有一个很特别的例子。耶律楚材《是日驿中作穷春盘》:"昨朝春日偶然忘,试作春盘我一尝。木案切开银线乱,砂瓶煮熟藕丝长。匀和豌豆揉葱白,细剪蒌蒿点韭黄。也与何曾同是饱,区区何必待膏粱。""匀和豌豆揉葱白",句下自注云:"西人煮饼必投以豌豆。"[4]曰"银线",曰"煮饼",可知这一份"穷春盘"其实类同汤饼,亦即热汤面。而用何曾故事只是为了作"穷"字的反衬,——史云何曾"性奢豪,务在华侈","蒸饼上不坼作十字不食;日食万钱,犹曰无下箸处",事见《晋书》卷三十三。此所谓"坼作十字"的蒸饼,便是后世的开花馒头。

"擎将碧脆卷月明,嚼出宫商带诗馥",方岳咏春盘的一联大约最见春盘情趣,不过"嚼出宫商"云云,究竟太雅,明清时代便索性直奔主题称作"咬春"。明刘若愚《酌中志》卷二十曰立春之时,"无贵贱皆嚼萝卜,曰咬春,互相请宴,吃春饼和菜"。清代特地温室培育,名曰洞子货,专供春盘之用。清高士奇《金鳌退食笔记》卷下:"南花园,在西苑门迤南,东向,明时曰灰池。种植瓜蔬于炕洞内,烘养新菜,以备春盘荐生之用。立春日进鲜萝卜,名曰咬春。"依富察敦崇《燕京岁时记》所说,则是"女子等多买萝卜而食之,谓可以却春困也",却是"嚼出宫商"的一个意外效果。

春盘的得名五分在"盘","青红饾饤"不必说是摆放在盘里。不过作五辛与春盘,似乎都没有用着专门的器具。唐欧阳詹《春盘赋》"假盘盂而作地,疏绮绣以为珍",赋体虽重辞藻,赋笔下的盘盂却不过是为鲜蔬的巧手铺陈作地子,而并未加意描绘。刘诜"玉盆清丝缕杨柳",此玉盆多半也是瓷器的美称。明清时代与以往稍有不同,便是春饼的声音渐渐高过春盘,前引《清嘉录》所谓"应时春饼",即是一例。而春盘的名称虽然不改,内容却随着食具的变化小有更易,即正月里的"咬春",与春饼相配的时蔬多是放在漆盒里,以至有了盒子菜的名称。熊梦祥《析津志》"风俗"一节说到一种用作馈送诸般果子的漆盒:"又有红漆四方盒,有替者盛诸般果子,仍以方盘铺设案上。若官员、士庶、妇人、女子,作往复人情,随意买送,以此方盘不分远近送去。此盒可以蔽风沙,并可收拾并远年之器。"[5]所谓"有替者",即有屉者,乃一个浅盘,放在盒子里,可为隔层,取出来,可作盘用。便于递送又经久耐用的"红漆四方盒"固然与春盘无关,但春盘逐渐演变为"盒装",却与这一风俗的流行和明清以后攒盘、攒盒的兴盛密切相关,——当然它的渊源还应追溯到先秦的漆食盒以及两晋的槅,亦即七子盒盘之类。不过攒盒作为普遍的生活用具是在明清时代,此在明代版画中常有细心的写绘,比如万历刻本《元曲选》中《杜蕊娘智赏金线池》第三折里的一幅插图(图2)。元人故事,明人作画,由桃柳相映下的四方攒盒正可见出风俗的传承,而安徽省博物馆藏一件晚明描彩漆攒盒,差不多就可以视作画中原物[6](图3)。

春盘进了攒盒,由不得让攒盒占去春光一半,此风且一直延续到清末民初。金受申《老北京的生活》讲到立春吃春饼,曰"热水烫面,

1　《元遗山诗集》卷八。

2　《桂隐诗集》卷三。

3　《学言稿》卷六。

4　《湛然居士文集》卷六。

5　北京图书馆善本组《析津志辑佚》,页207,北京古籍出版社一九八三年。

6　《中国漆器全集·5·明》,图一八四,福建美术出版社一九九五年。

图 2 《杜蕊娘智赏金线池》插图 中国国家
图书馆藏万历刻本《元曲选》

图 3 描金彩绘山水人物攒盒 安徽省博物馆藏

加香油，烙成双合饼，吃时揭开两片平铺，放好饼菜，卷成极边式的细卷，吃个有头有尾，不会散开，不会流汤，才算是会吃的"；"春饼最要紧的是生熟各菜，除必须的生酱（或用甜面酱）、葱丝（最好是羊角葱丝）以外，熟肉菜是酱肘子铺所做的酱肘子丝、酱肘花丝、小肚丝、熏鸡丝、烧鸭子丝、咸肉丝、熏肉丝、炉肉丝、叉烧肉丝，只要'熏''酱'所做熟菜，都可用来卷饼。熟肉菜讲究'酥盘''什锦盒子'。什锦盒子分多少方块，以价钱多少（一元上下一个盒子）分内容装肉多少。描金彩画盒子摆在桌子中央，四面围以炒菜，颇有东方重形式的气味"。那么旧日的春盘已尽在这一只"描金彩画盒子"里。而唐鲁孙《故园情》中有一篇《烙春饼·蒸锅铺·盒子菜》，其中讲到吃春饼的一次特殊经历，地点是在京城烟袋斜街的醉仙居，"等盒子一上桌，尺寸比一般盒子大而且高，素漆苎丹，古色古香，跟一般的彩绘迥然不同，菜色虽只有九样，可是菜格的木托上没有什么龙纹凤彩，画的都是些平沙无垠、牛群牧马、赤帻戎冠的游猎人物，群菜也普普通通，只有一样拆碎的熏雁翅，虽然熏得很入味，可是雁翅是从来不上盒子菜的，主格里好像是一式小个的炸虾球，又像虎皮鸽蛋，吃到嘴里柔酥松美"。主格里的这一味别有故事，这里不必细论，由此一番形容，漆盒一般和不一般的两类式样正可了然。而这时候最要手段的已经不是"青红馅饤"和巧手点酥的眼中色彩，却是各式熟肉的精工细做以博"口彩"了。

金钗斜戴玉春胜

一 华胜

节令风物原是岁时文化的重要组成部分，系缀节日之祝祷与欢欣的物事，一面凭了这一串联历史记忆的方式而形成传统，一面随着岁月的推移，在演变中幻化出更多的美丽，因不仅在节日里添福增瑞，且成各个领域造型与纹样设计的取样来源之一。比如人日里的华胜与立春时节的春幡。

春幡与胜，原是两项物事。春幡造型如信幡，即幅面为纵向的旗帜，旗上著字。胜的造型渊源则是织机构件，逐渐演变为菱形花样。而胜若用作悬坠，自须如幡一般上有提系，也要下有璎珞流苏之类方觉谐美，如此，便是幡胜了。

且先说"胜"。据南朝梁宗懔《荆楚岁时记》，正月人日里的行事，有"翦綵为人，或镂金簿为人以贴屏风，亦戴之头鬓。又造华胜以相遗"。华胜，又或简称作胜，是汉代即已流行的女子头饰。《释名·释首饰》："胜，言人形容正等，一人著之则胜也。"《太平御览》引此条作："花胜，草化（花）也。言人形容正等，人着之则胜"[1]。花胜，即华胜。"形容正等"，犹后世谓人容貌端正也。唐以前，胜的造型乃中圆如鼓，上下各有一个梯形与圆鼓相对。山东嘉祥武氏祠画像石的祥瑞图中有此物，两胜之间以横杖相连，不过在这里是纵向而置。榜题曰"玉胜王者"[2]（图1），那么是王者的瑞应。江苏省邗江县甘泉山东汉二号墓出土金胜和金叠胜[3]（图2），则即同于此式的汉代实物。

---

1 见《太平御览》卷七一九《服用二十一》"花胜"一项，涵芬楼影印宋本（中华书局影印）。

2 清冯玉鹏等《金石索》，页1479，书目文献出版社一九九六年影印本。按冯氏于图下注云："'王者'二字下无文字，系当日未刻，非墨泐也。"

3 高2.1厘米，宽1.5厘米，江苏邗江甘泉山东汉二号墓出土，《南京博物院珍藏系列·金银器》，图九，上海古籍出版社一九九九年。

图1　玉胜　山东嘉祥武氏祠画像石的祥瑞图　　图2　金叠胜　江苏省邗江县甘泉山东汉二号墓出土

　　作为首饰的金胜、玉胜，最初它的簪戴大约专属女子。《山海经·西山经》云，"西王母其状如人"，"蓬发戴胜"；郭璞注："胜，玉胜也。"《史记·司马相如列传》录相如所作《大人赋》，句有"吾乃今日睹西王母，暠然白首戴胜而穴处兮"，颜师古注："胜，妇人首饰也，汉代谓之华胜。"胜既为妇人首饰，则西王母戴胜的想象，自有生活的依据。而胜的造型，实缘自织机。胜之繁体为勝，乃縢之假，又名摘，原是织机上面的一个构件，即缠卷经丝的一根木轴，安置在机架的顶端或后部，木轴两端有钮。《山海经·海内北经》云"西王母梯几而戴胜杖"[1]，注者多谓"胜杖"之"杖"为衍文，其实未必然。胜杖即此中间一根横木、两端有钮的"织胜"。"杖"者，当指横木而言，而胜杖、织胜，俱可简称为胜。《说文·木部》"縢，机持经者也"；《列女传·鲁季敬姜传》"舒而无穷者，摘也"；王逸《机妇赋》"胜复回转，克像乾形"，是均云此物[2]。华胜之簪戴，在东汉已进入舆服制度，《后汉书·舆服志·下》：太皇太后、皇太后入庙服，"簪以玳瑁为摘，长一尺，端为华胜"[3]。"长一尺，端为华胜"，所取亦胜杖之式，正如各种图像中

图 3　西王母图局部 河南偃师市高龙乡辛村
西南汉墓出土

图 4　西王母画像石局部 徐州汉画像馆藏

图 5　西王母画像石 四川博物院藏

图 6　杜氏西王母画像镜局部 江苏仪征龙河凌东高
山生产队出土

的西王母[4]（图3、图4、图5、图6）。

　　汉代装饰艺术中，西王母戴胜的形象已固定为程式。又有特别的一例，便是河北定州东汉中山穆王刘畅墓出土的一件玉饰。玉饰两端

1　袁珂《山海经校注》，页306，上海古籍出版社一九八〇年。校注曰："郝懿行云：'如淳注《汉书》司马相如《大人赋》引此经无杖字。'珂案：无杖字是也，《御览》卷七一〇引此经亦无杖字，《西次三经》与《大荒西经》亦俱止作'戴胜'，杖字实衍。"

2　《孙毓棠学术论文集·战国秦汉时代的纺织业》对此两句有详释，页248～249，中华书局一九九五年。

3　其下并云"上为凤皇爵，以翡翠为毛羽，下有白珠，垂黄金镊"。《北堂书钞》卷一三五"花胜"条撮录此意曰："上为凤皇，下有白珠，著之则胜，形如织胜。"

4　如河南偃师市高龙乡辛村西南汉墓（新莽时期）壁画，见徐光冀等《中国出土壁画全集》，册五，图四三，科学出版社二〇一二年；又徐州汉画像馆藏"西王母仙境"画像石、四川博物院藏成都市新都区新龙乡出土画像石、江苏仪征龙河凌东高山生产队出土杜氏西王母画像镜（后三例为博物馆参观所见并摄影）。

图 7　玉饰　河北定州东汉中山穆王刘畅墓出土

图 8　定州东汉玉饰上部

图 9　定州东汉玉饰下部

图 10　幡样四灵金饰　河北定州东汉中山穆王刘畅墓出土

图 11　胜样双龙金饰　河北定州东汉中山穆王刘畅墓出土

图 12　胜样金饰　河北定州东汉中山穆王刘畅墓出土

图 13　四灵纹玉胜　上海博物馆藏

四灵纹玉胜侧面

的支撑造型为胜，两枚镂空玉片一上一下分别插入其间，居上者为东王公，居下者为西王母，二人均戴胜[1]（图7、图8、图9）。同墓所出尚有数枚金饰片，式样或取幡，或取胜[2]（图10、图11、图12），饰片上面更以细金丝勾边，内里用金粟填嵌出纹样，如金幡之填嵌四灵，金胜之镂空填嵌为双龙，纹饰繁密而精细。玉饰的样子有类于屏风，今或称它为"座屏"，然而从尺寸来看，却非实用之器。尚有一例可与之互见，即上海博物馆藏东汉四灵纹玉胜，它的造型也是屏风式，宽约十厘米，作为支撑的一对玉胜侧边分别铭曰"长宜子孙""延寿万年"，两面相同[3]（图13）。以此为比照，刘畅墓玉饰便不宜视为座屏，而是取式于座屏的玉胜。

作为祥瑞出现在汉画像以及其他装饰艺术中的胜，自是富含吉祥寓意，此意且绵延不断流衍于后世。《宋书》卷二十九《符瑞下》曰："金胜，国平盗贼，四夷宾服，则出。晋穆帝永和元年二月，春谷民得金胜一枚，长五寸，状如织胜。明年，桓温平蜀。"《太平御览》卷七一九《服用部二一》"花胜"条引《晋中兴书》曰：花胜，"一名金称，《援神契》曰：神灵滋液，百珍宝用，有金胜。晋孝武时，阳谷氏得金胜一枚，长五寸，形如织胜"。河南邓县张村西南南朝画像砖墓墓门起券处绘兽面口中衔胜杖，应即作为瑞应之物的"织胜"[4]（图14）。

汉代式样的胜、叠胜和华胜，两晋依然沿用。河南卫辉大司马墓

1　河北省文物局《定州文物藏珍》，图二八，岭南美术出版社二〇〇三年。器藏定州博物馆，此为参观所见并摄影。
2　《定州文物藏珍》，图五。器藏定州博物馆，此为参观所见并摄影。
3　此为参观所见并摄影。
4　《中国出土壁画全集》，册五，图九九。

图 14　河南邓县南朝画像砖墓券门壁画局部（摹本）

图 15　金华胜（正面）河南卫辉大司马墓地
西晋墓出土

图 16　金胜　江苏南京郭家山东晋墓出土

图 17　金华胜　江苏南京郭家山东晋墓出土

图 18　柿蒂八凤纹铜镜　安徽马鞍山市博物馆藏

柿蒂八凤纹铜镜拓片局部

图 19　柿蒂八凤纹铜镜　江苏仪征化纤工地八号墓出土

地西晋墓出土九胜相连环绕为圆形的组合式金华胜一枚，华胜中心尚存一颗绿松石[1]（图15）。南京北郊郭家山东晋墓出土金胜一对和金华胜一枚[2]（图16、图17）。马鞍山市博物馆藏一面西晋柿蒂八凤纹铜镜，环绕圆钮的四出柿蒂内为神树、对凤和蟾蜍，两枚叶片之间各有两两相向、口中衔胜的一对凤鸟，近缘处十六个连弧半圆内满填仙禽瑞兽[3]（图18）。出自江苏仪征化纤工地八号墓的两面铜镜，图案与此相类[4]（图19）。南京仙鹤观东晋高崧墓出土一枚顶端有系链的对凤衔胜金饰件，造型与铜镜图案中的对凤衔胜几乎完全相同[5]（图20）。同一类型的金饰，也见于镇江市阳彭山砖瓦厂东晋墓、镇江市李家大山六号东晋墓[6]（图21、图22）。江宁博物馆藏一枚东晋时期的三角形金饰，金饰底端为双鱼衔胜，金胜上面立一对凤凰[7]（图23）。

　　大约即因玉胜、金胜或总括曰之为华胜所蕴含的瑞应之意，而在两晋时期逐渐演变为人日里簪戴的节令物事。前引《荆楚岁时记》曰人日"翦彩为人，或镂金簿为人以贴屏风，亦戴之头鬓。又造华胜以相遗"，隋杜公瞻注云："人入新年，形容改从新也。华胜起于晋代，见贾充《李夫人典戒》，云像瑞图金胜之形，又取像西王母戴胜也。"[8]此云人日里用于相互馈赠的华胜，式样如同"瑞图金胜"以及"西王

1　河南省文物局南水北调文物保护办公室等《河南卫辉大司马墓地晋墓（M18）发掘简报》，页19，图八、图九，《文物》二〇〇九年第一期。

2　前者见南京市博物馆《六朝风采》，图一五四，文物出版社二〇〇四年；后者为博物馆参观所见并摄影。

3　马鞍山市文物管理所等《马鞍山文物聚珍》，页61，文物出版社二〇〇六年。

4　今藏扬州博物馆，此为参观所见并摄影。

5　今藏南京市博物馆，此为参观所见并摄影。

6　镇江博物馆《镇江出土金银器》，图八二、图八四，文物出版社二〇一二年。

7　此为博物馆参观所见并摄影。

8　汉魏丛书本。

图 20　对凤衔胜金饰件　江苏南京仙鹤观
东晋高崧墓出土

图 21　圆形金饰　江苏镇江市阳彭山砖瓦厂
东晋墓出土

图 22　金饰片　江苏镇江市李家大山六号东晋墓出土

图 23　三角形金饰（东晋）江宁
博物馆藏

母戴胜"，可知前面举出的几个实例，正是此物。所谓"人人新年，形容改从新"，胜之为瑞，嵌入此"新"，自是满盈喜意，所以贴屏风、簪头鬓，"又造华胜以相遗"也。

　　以"剪綵"或"镂金簿"制为人胜，唐代依然，而造型演变为交错相叠的两个菱形。日本正仓院北仓藏品中，有两枚中土传入的唐代人胜残件[1]（图24）。傅芸子《正仓院考古记》"北仓上"一节记所见"人胜残阙杂张"云，"据齐衡三年（公元八五六）《杂财物实录》称：'人胜二枚，一枚有金薄字十六，一枚押彩绘形等，缘边有金薄裁物，纳斑蔺箱一合，天平宝字元年（公元七五七）闰八月二十四日献物。'今品则以二残片黏合为一者。一片系于浅碧罗之上，粘有金箔剪成十六字云'令节佳辰，福庆惟新，变（当为爕字之讹）和万载，寿保千春'。《杂财物实录》所称有金箔字者即此，今金箔诸字已变黝黑，罗

图 24　人胜残件　正仓院藏

人胜残件局部

色亦暗矣。又一片较大，约四分之三粘于其下，边缘图案以金箔剪成，上粘红绿罗之花叶，缘内左下端有彩绘剪成之竹林，一小儿戏犬其下。金箔边缘及彩绘人物，色彩如新，惟犬形已残耳，此当即《实录》后称之物。考人胜为用有二，一以金箔镂成，人日贴于屏风；一剪彩为之，戴于头鬓。今观正仓院所存残片，可知乃屏风贴用之物"[2]。人日风物，这是难得的两件实物遗存。甲午年秋往奈良博物馆观看一年一度的"正仓院展"，展品中适有此物，因得仔细观摩。人胜残件之一，

1　《东瀛珠光》，第二辑，图一一五，审美书院一八〇八年〔同书图一二三为齐衡三年（公元八五六年）《杂财物实录》，登录之物有"人胜二枚，一枚在金薄字十六，一枚押彩绘女形等，边缘在金薄裁物，纳斑蔺箱一合，天平宝字元年（公元七五七年）闰八月廿四日献物"。按今存之物即以二残片黏合为一者〕；《正仓院展》（第五十回），页44，奈良博物馆一九九八年。

2　《正仓院考古记》，页46，文求堂一九四一年。

图 25

新编
终朝采蓝
（下）

唐代金花银叠胜 河北定州静志寺塔地宫出土　　　　　螺钿紫檀阮咸中的叠胜 正仓院藏

图 26　银鎏金拨子式花钗 中国国家博物馆藏

图 27　银鎏金拨子式花钗 陕西历史博物馆藏

是贴了十六字吉语的一枚绿罗，吉语字上面的金箔虽已全部脱落，但在展柜的灯光下，仍可见黑字上面泛出几点细细的金光。"令节佳辰，福庆惟新"，正是"人人新年，形容改从新"之意。另一枚人胜残件，却是各样剪綵花分层粘贴在一尺见方的橘红色绢帛上。缘边图案下边的一层剪作红花和绿叶，上面一重，是粘覆金箔的楮纸剪作图案，镂空的花和叶正与下面的红花绿叶相套合。剪纸的四角，各一个连珠纹缘边的叠胜，残存的两朵红花，便是叠胜的内心。两枚人胜的制作，都是剪綵与镂金共用，所谓"镂金簿"，此"金薄裁物"即是；"为人"，乃为小儿也。以此为比照，正可认得河北定州静志寺塔地宫出土一枚金花银片，原是唐代的叠胜。悬坠于银钩的方形银片边长两寸多，造型以及镂空的地纹均与正仓院藏螺钿紫檀阮咸中人胜布置于四角的叠胜相同，出土的唐代叠胜两个方胜交错相叠的四个角各一只飞鸟，方胜中心一只类如犀牛的卧兽 [1]（图 25）。

顺便举出陕西出土的两对银鎏金拨子式花钗 [2]（图 26、图 27），花钗的钗脚之端均以花萼束起，钗首外缘灵芝纹勾边，内里镂空花卉纹地子上各有一个嬉戏的小儿，或打马球，或舞蹈，或手挥枝条，又或逗鸟。以之与正仓院藏人胜残件相对看，不论作为主题图案的小儿，还是地纹和边饰，都很一致，则花钗一对的纹样构思，或者就是从"戴之头鬓"的人胜发展而来。

1　今藏定州博物馆，此系参观所摄。

2　一对今藏中国国家博物馆，一对今藏陕西历史博物馆，照片均为观展所摄。

二 "宜春"字与"剪綵"花

立春剪綵花，也为岁时风俗。《荆楚岁时记》："立春之日，悉剪綵为燕戴之，帖'宜春'二字。"隋杜公瞻注："按'宜春'二字，傅咸《燕赋》有其言矣。赋曰：四时代至，敬逆其始。彼应运于东方，乃设燕以迎至。翚轻翼之岐岐，若将飞而未起。何夫人之功巧，式仪形之有似。御青书以赞时，著宜春之嘉祉。"傅咸，乃傅玄之子，西晋人。"御青书"，燕衔书也；"著"，著于青书也。段成式《酉阳杂俎·前集》卷一"礼异"一节记前朝事云：北朝妇人"立春进春书，以青缯为帜，刻龙像衔之，或为蛤蟆"。可以推知所谓"青书"，当即祥禽瑞兽所衔缯帛之类制作的小幡，其上饰以"宜春"二字以为吉祥祝福。李商隐《骄儿诗》"请爷书春胜，春胜宜春日"[1]，便是此物。

剪綵花的式样大约有多种。南朝梁萧子云《咏剪綵花诗》二首："叶舒非渐大，花发是初开。无论人讶似，蜂见也争来"（其一）。"浅深依树色，舒卷听人裁。假令春色度，经著手中开"（其二）[2]。又鲍泉《咏剪綵花诗》："花生剪刀里，从来讶逼真。风动虽难落，蜂飞欲向人。不知今日后，谁能逆作春"[3]。既曰剪，而不云扎和缚，那么当是平面镂空做出各种花样。新疆吐鲁番阿斯塔那古墓出土北朝至唐代的剪纸，应即此物[4]（图28、图29、图30），可见风俗之相沿。唐代剪綵花出自宫禁者制作多用绢帛。《酉阳杂俎·前集》卷一："立春日，赐侍臣綵花树。"所云"剪綵"以及"綵花树"之綵，虽与彩通，但綵的原意主要是指织物或织物有彩[5]。苏颋《立春日侍宴内出剪綵花应制》，所谓"剪刀因裂素，妆粉为开红"；崔日用《奉和立春游苑迎春应制》"剪绮裁红妙春色"、宋之问《剪綵》"绮罗纤手制，桃李向春开"，则剪綵花之用材，为素、为绮、为罗也。又李远《立春日》"钗斜穿綵燕，罗薄剪春虫"，此春虫，乃游蜂粉蝶之类。更有《剪綵》

图 28 北朝剪纸 新疆阿斯塔那古墓出土　　　图 29 唐代剪纸 新疆阿斯塔那——哈拉和卓八八号墓出土　　　图 30 唐代剪纸 新疆阿斯塔那北区三〇六号墓出土

一首："剪綵赠相亲，银钗缀凤真。双双衔绶鸟，两两度桥人。叶逐金刀出，花随玉指新。愿君千万岁，无岁不逢春。"[6] 是剪綵花意象之取用，以花树蜂蝶和对飞的衔瑞鸟雀为盛，且以千秋万岁为愿心。既成风习，制作必多，熟谙此艺者，自然不会很少，于是剪綵花的题材，也广播于唐代的各种装饰工艺，成为春日里寄寓欢欣和祝颂的流行纹

1　刘学锴等《李商隐诗歌集解》注此句云 "《岁时风土记》：'立春之日，士大夫之家，剪綵为小幡，谓之春幡，或悬于家人之头，或缀于花枝之下。'然此曰'书春胜'，似非悬于头或缀于花枝之幡，或即于方胜形纸上书写祝春好之吉语"（册二，页 954，中华书局二〇〇七年），考校未确也。

2　逯钦立《先秦汉魏晋南北朝诗》，下册，页 1884，中华书局一九八三年。按同册页 2096 有朱超《咏剪綵诗》："浅深依树色，舒卷听人裁。假令春已度，终住手中开"，与萧子云诗二首之二近同。又南宋蒲积中编《古今岁时杂咏》卷三收此二首，作者作刘孝威。

3　《先秦汉魏晋南北朝诗》，下册，页 2026。

4　阿斯塔那——哈拉和卓古墓群出土北朝剪纸，见新疆维吾尔自治区博物馆《吐鲁番县阿斯塔那——哈拉和卓古墓群清理简报》（一九六六——一九六九年），页 23，图三六、图三七，《文物》一九七二年第一期。阿斯塔那北区墓出土剪纸三枚，见新疆维吾尔自治区博物馆《新疆吐鲁番阿斯塔那北区墓葬发掘简报》页 19，图三〇、图三二，《文物》一九六〇年第六期。简报云，"三〇三墓出一件，土黄色纸剪成圆形图案；三〇六墓出二件，均残，一件蓝纸剪成，图案同上；一件土黄纸剪成六角形，每边上各立梢相连的对鹿"。

5　《集韵·海韵》："綵，缯也。"《广韵·海韵》："綵，绫綵。"慧琳《一切经音义》卷八十七 "纹綵"条注引《考声》曰："綵，缯帛有色者也。"

6　《全唐诗》，册一五，页 5930。

新编
終朝采藍
下

图31　鸟雀衔绶镜　故宫藏

样，比如染织刺绣、琢玉镂金，更有日日相对的铜镜。故宫藏一面唐花鸟纹葵花镜，圆钮上方两只对衔盘绶的鸟雀[1]（图31），扬州市郊平山雷塘出土双鹊衔绶镜（图32）、河南方城县出土仙鹤衔绶镜[2]（图33），杭州雷峰塔地宫出土对鸟衔绶金花银饰片[3]（图34），前蜀王建墓出土放置玉册漆匣的凤衔绶带金银平脱残件[4]（图35），等等，都是相似的设计意匠。反过来，也可知玉指金刀下的剪綵花，当与此类图案差相仿佛。

"双双衔绶鸟"所衔绶带，意取长寿。张说《奉和圣制赐王公千秋镜应制》句云"宝镜颁神节，凝规写圣情。千秋题作字，长寿带为名"；句下自注："以长绶为带，取长寿之义。"[5]所咏虽是唐玄宗千秋节时颁赐群臣的盘龙镜[6]，但衔绶的寓意与前引李远诗"愿君千万岁"之意并无不同。河北定州静志寺塔基地宫出土掌心大小的玉盒一枚，盒盖一对鸿雁衔绶，盒底分行镌刻吉语"千秋万岁"[7]（图36），图案的含义，在这里恰好清楚点明。塔基地宫所存供养物，自北魏兴安二

1　郭玉海《故宫藏镜》，图九四，紫禁城出版社一九九六年。

2　前件今藏扬州博物馆，后件今藏河南博物院，此均为博物馆参观所见并摄影。

3　浙江省文物考古研究所《雷峰塔遗址》，页147，图二二五，文物出版社二〇〇五年。

4　冯汉骥《前蜀王建墓发掘报告》，图五五，文物出版社一九六四年。

5　《全唐诗》，册三，页943。

6　关于千秋节与月宫镜的考述，见孙机《中秋节·千秋镜·月宫镜》，《仰观集》，页377～382，文物出版社二〇一二年。

7　今藏定州博物馆，承馆方惠允观摩，照片承浙江省博物馆提供。

图 32　双鹊衔绶镜　江苏扬州平山雷塘出土

图 33　仙鹤衔绶镜　河南方城县出土

图 34　金花银饰片　浙江杭州雷峰塔地宫出土

图 35　凤衔绶带金银平脱残件（摹本）
前蜀王建墓出土

图 36　玉盒盖面纹样　河北定州静志寺塔基地宫出土

玉盒盒底文字

年始，历经隋大业二年、唐大中十二年、龙纪元年、宋太平兴国二年延续递藏并续入，此枚玉盒应是唐物[1]。

绢帛制作的剪綵花在唐代也移用为丝绸纹样。《敦煌丝绸艺术全集·英藏卷》著录大英博物馆藏"蓝地朵花鸟衔璎珞纹锦"，是盛唐时期的一枚经锦残片[2]（图37），花间对飞的鸟雀双双衔着璎珞为系、下缀花结的方胜。同书又有大英博物馆藏一枚"孔雀衔绶二色绫"[3]（图38），便正是与剪綵花同一意趣的"双双衔绶鸟"，由复原图案可清楚见出绶带中间是一枚方胜。其时代为中晚唐。风气之下，绶结方胜也成为唐代盛行的纹样母题，用于丝绸，它四向交错外伸的多重组合，便也类似于宝相花，比如伦敦维多利亚与阿尔伯特博物馆藏一件"棕色绶带纹绫幡"[4]（图39），根据复原图案可以见出它的纹样组成，即中心一个方胜，方胜内里一朵四出花，方胜外缘四面抛出花结，最外一周则是大小方胜与花结相间绕作团窠。此为晚唐五代物。法国吉美博物馆藏一件"绶带纹绫幡"，与这一件图案相同[5]（图40）。佛事用幡，其制作材料或多为他物的再利用，那么原初它未必不是衫裙之类。唐贞顺皇后陵石椁线刻画中的一幅是花树下暖风中的两个美人，一人手拈花枝，一人手捧花盘，花树上方粉蝶飞舞，从丰肩滑落的帔帛透明一般清楚映现了拈花女衣衫上的方胜纹[6]（图41）。晚唐王建《长安早春》"暖催衣上缝罗胜"，竟仿佛是画中人。图像与诗虽然岁月相隔，却正可见百年间风习相沿。

三 春幡与幡胜

春日系缀幡胜于钗头的风习，似起自晚唐五代。诗人笔下，更可见暖气吹嘘中风物宛然。如温庭筠《咏春幡》："闲庭见早梅，花影为谁

图 37　蓝地朵花鸟衔璎珞纹锦 大英博物馆藏

图 38　孔雀衔绶二色绫（复原图）大英博物馆藏

图 39　绶带纹绫幡（复原图）伦敦维多利亚与阿尔伯特博物馆藏

图 40　绶带纹绫幡（复原图）法国吉美博物馆藏

1　河北定县静志寺与净众寺两塔塔基文物发现于一九六九年，一九七二年刊出简报，以静志寺真身舍利塔塔基最后掩埋时代为北宋太平兴国二年，而塔基内施舍物的时代亦统归于宋（定县博物馆《河北定县发现两座宋代塔基》，《文物》一九七二年第八期）。这一断代从此沿用下来，直到浙江省博物馆动议举办定州两塔文物展，主事者以"二次考古"的方法，确定地宫曾经改建，继而考校塔基出土碑文铭刻与遗物之对应，从而认定塔基地宫所存供养物，系自北魏兴安二年始，历经隋大业二年、唐大中十二年、龙纪元年、宋太平兴国二年延续递藏以及续入，因此宋物之外尚多有宋以前之物。

2　赵丰《敦煌丝绸艺术全集·英藏卷》，页 121，东华大学出版社二〇〇七年。

3　同上书，页 148。

4　同上书，页 70、121。

5　赵丰《敦煌丝绸艺术全集·法藏卷》，页 66，东华大学出版社二〇一〇年。

6　程旭《唐贞顺皇后敬陵石椁》，页 86，图二六，《文物》二〇一二年第五期。

图 41 唐贞顺皇后陵石椁线刻画

裁。碧烟随刃落，蝉鬓觉春来。代郡嘶金勒，梵声悲镜台。玉钗风不定，香步独徘徊。"[1]和凝《宫词》"金钗斜戴宜春胜，万岁千秋绕鬓红"[2]；牛峤《菩萨蛮》"玉钗风动春幡急"[3]。幡胜自然也是唐代器用的流行图案。故宫藏一面唐狮纹双鹊镜，圆钮下方的狮子口衔葡萄枝，圆钮两边双鹊对飞，上方一个"吉"字叠胜[4]（图 42）。京都泉屋博古馆藏双鸾衔胜花枝镜，方胜四角点缀珠宝[5]（图 43）。奈良正仓院藏红牙拨镂尺有雁衔方胜、鹤衔方胜的纹样，仙鹤所衔方胜中心是一朵四出花，上端以璎珞为系（图 44）。又有一面鹦鹉衔花枝铜镜，回翔在上方的一只鹦鹉翅膀尖上牵出长长的一串璎珞，璎珞上系着一枚方胜[6]（图 45）。上海青浦区青龙镇遗址出土式样相似的一面唐镜，却是两只鹦鹉各牵一串，每串璎珞各结方胜一对，方胜的式样则是四种[7]（图 46）。河南林州市姚村镇上陶村出土一面双鸾方胜千秋镜[8]（图 47），镜缘以方胜禽鸟交错为饰，圆钮上下各一个小小的叠胜，其一花枝为提系，其一荷叶为提系，下缘均有铃铛一般的小坠件。两枚叠胜分别安排"千""秋"二字。南京博物院藏双鸾方胜千秋镜一面，纹样意趣与它相近[9]（图 48）。常州博物馆藏千秋月宫镜，外区叠胜两对，一对内心各饰"千""秋"，一对两侧各缀璎珞[10]（图 49）。出自安徽六安时属五代的一面铜镜，环绕镜钮的是

图 42 狮纹双鹊镜 故宫藏

图 43 双鸾衔胜花枝镜 日本京都泉屋博古馆藏　　　　　双鸾衔胜花枝镜示意图

1　刘学锴《温庭筠全集校注》，页 245。按注云"此诗所写春幡，既有悬挂于树梢者，亦有簪之于妇女首饰上者"，然而细绎诗意，是通篇所咏俱为缀于簪钗之春幡也。

2　《全唐诗》，册二一，页 8398。

3　曾昭岷等《全唐五代词》，页 510，中华书局一九九九年。

4　郭玉海《故宫藏镜》，页 93，紫禁城出版社一九九六年。

5　此为参观所见并摄影。展品说明作"双鸾瑞花八花镜，盛唐，八世纪"。

6　《东瀛珠光》，第一辑，图六三，审美书院一九〇八年。按此镜应属唐代流行的一类，考察及目，有青州博物馆所藏纹饰相同的一面；同式者，也见于印度尼西亚井里汶沉船。

7　此系观展所见并摄影。

8　张增午《河南林州市出土古代铜镜》，页 79，《考古》一九九七年第七期。

9　此为参观所见并摄影（展品说明曰：鸾凤瑞兽千秋镜）。

10　此系参观所见并摄影（展品说明曰：唐双鸾镜，常州冶炼厂征集）。

新编
终朝采蓝
下

图 44 红牙拨镂尺燕衔方胜纹样
正仓院藏

红牙拨镂尺鹤衔方胜纹样 正仓院藏

图 45 鹦鹉衔花枝铜镜 正仓院藏

一个叠胜，叠胜四面分布"千秋万岁"四字反文[1]（图 50）。

　　入宋，人日戴胜的风习大约已经不很流行，或因人日与立春的时日常相后先，乃至同在一日，而渐生二者合一之演化。晚唐陆龟蒙《人日代客子》（是日立春）："人日兼春日，长怀复短怀。遥知双綵胜，并在一金钗。"[2]虽然"人日兼春日"若干年方一逢，但所谓"遥知双綵胜，并在一金钗"，却恰好传递了一个消息，即这时候的人胜与剪綵花，

1　安徽省文物考古研究所等《六安出土铜镜》，图一八四，文物出版社二〇〇八年。
2　《全唐诗》，册一八，页 7199。又晚唐罗隐《京中正月七日立春》："一二三四五六七，万木生芽是今日。远天归雁拂云飞，近水游鱼进冰出。"《罗隐集》（雍文华校辑），页145，中华书局一九八三年。

图 46　鹦鹉衔花枝镜　上海青浦区青龙镇
遗址出土

鹦鹉衔花枝镜局部

图 47　双鸾方胜千秋镜　河南林州姚村镇上陶村出土

图 48　双鸾方胜千秋镜　江苏南京博物院藏

图 49　千秋月宫镜　江苏常州博物馆藏

图 50　"千秋万岁"铜镜　安徽六安出土

界域已不甚分明。与此同时，剪綵花的名称也逐渐淡出，而代之以幡胜。于是立春簪戴幡胜，成为岁首一景。虽然人日戴胜依然时或出现在诗人笔端，如贺铸《雁归后·人日席上作》"巧剪合欢罗胜子，钗头春意翩翩"[1]。不过此中似以用典的成分为多，其实它已然笼罩在立春的气氛里。孟元老《东京梦华录》记正月里的风俗故事，不言人日，只道立春，曰"春日，宰执亲王百官，皆赐金银幡胜"[2]。南宋吴自牧《梦粱录》、周密《武林旧事》中的立春纪事，也大抵相同[3]。陆游《立春》诗曰"采花枝上宝幡新"，《人日》则曰"春幡已陈迹"，句下自注："前一日立春。"[4]

北宋高承《事物纪原》卷八《岁时风俗部》"春幡"条云：立春之日，"今世或剪綵错缉为幡胜，虽朝廷之制，亦缕金银或缯绢为之，戴于首，亦因此相承设之。或于岁旦刻青缯为小幡样，重累凡十余，相连缀以簪之"[5]。所述朝廷故事，于两宋题咏中屡屡可见。如苏轼《和子由除夜元日省宿致斋三首》"朝回两袖天香满，头上银幡笑阿咸"[6]；《次韵刘贡父春日赐幡胜》"镂银错落翻斜月，剪綵缤纷舞庆霄"。孔武仲《立春日》诗，题下自注云"是年幡胜方赐馆中"[7]；杨万里《秀州嘉兴馆拜赐春幡胜》"綵幡耐夏宜春字，宝胜连环曲水纹"[8]。而李邴《小冲山·立春》"玉冷晓妆台，宜春金缕字，拂香腮"[9]，却又是流光闪烁的佳人插戴。"宜春""耐夏宜春"云云，均指幡胜所着吉语。更有词人言道，"丝金缕玉幡儿"，"宜入新春，人随春好，春与人宜"[10]。"宜春"的意思，淋漓尽致了。

与唐五代两个方胜上下交错相叠不同，宋代的典型式样，是一对方胜在同一平面或纵或横交相错叠。辽宁阜新红帽子辽塔地宫出土自铭"叠胜"的琥珀盒，叠胜的四外，又缘以绶带结[11]（图51），整个构图与前举大英博物馆藏"孔雀衔绶二色绫"几乎相同，却是把方胜变成了叠胜。伦敦维多利亚与阿尔伯特博物馆藏一枚辽代绿釉盒，盖面缘以绶带结的叠胜则是横向错叠[12]（图52）。胜的式样由唐五代向两宋过渡，两个辽代实例或有着标志性的意义。此后直到明清，"方胜"逐渐融入装饰纹样且广为流行，造型则依此式延续下来而不再有大的演变[13]（图53）。当然式样变化的时期不可能斩截分明，南京市秦淮区宝塔顶北宋大中祥

1　词调名《雁归后》即《临江仙》。又北宋李新《寿王提举二首》之一，句有"试簪明日剪金花"，其下自注云："风俗，人日士女以剪金花胜相遗。"（《全宋诗》，册二一，页14200）特地注明，似意味着此风已不盛。又李清照《菩萨蛮》"烛底凤钗明，钗头人胜轻"，末云"春意看花难，西风留旧寒"，可知此钗头人胜为立春节物，而非人日也。

2　该书卷六"立春"一节云，立春日，开封、祥符两县，"府前左右，百姓卖小春牛，往往花装栏坐，上列百戏人物，春幡雪柳，各相献遗。春日，宰执亲王百官，皆赐金银幡胜。入贺讫，戴归私第"。

3　吴自牧《梦粱录》卷一《正月》"立春"一节，道其时"街市以花装栏，坐乘小春牛，及春幡春胜，各相献遗于贵家宅舍，示丰稔之兆。宰臣以下，皆赐金银幡胜，悬于襆头上，入朝称贺"。《武林旧事》卷二《立春》一节曰"是日赐百官春幡胜，宰执亲王以金，余以金裹银及罗帛为之，系文思院造进，各垂于襆头之左人谢"。

4　两诗均为绍熙五年春作于山阴。钱仲联《剑南诗稿校注》，册四，页1986、1989，上海古籍出版社一九八五年。

5　此节前面尚有溯源之语，道"《续汉书·礼仪志》曰：立春之日，京都立春幡。《后汉书》曰：立春皆有青幡帻"。《续汉书·礼仪志》原作"立春之日，夜漏未尽五刻，京师百官皆衣青衣，郡国县道官下至斗食令史皆服青帻，立春幡，施土牛耕人于门外，以示兆民"。这里的"立春幡"之幡，是竖在地上的旗帜，梁陶弘景咏春幡，所谓"播谷重前经，人天称往录。青珪襈东甸，高旗表治粟。逶迟乘旦风，葱翠扬朝旭"云云，正是此物（《咏司农府春幡诗》，《先秦两汉魏晋南北朝诗》，中册，页1812）。

6　此诗系元祐三年正月作于汴京。张志烈等《苏轼全集校注》，册五，页3261，河北人民出版社二〇一〇年。苏诗又有"镂银错落翻斜月"之句，注云："'镂银'，谓刻金银箔为幡胜。《荆楚岁时记》：'或镂金箔为人，以贴屏风。'"镂银作幡胜固以此为渊源，然而时令已由人日易作立春矣。

7　《全宋诗》，册一五，页10329。诗人又有《初赐幡胜戏和诸公二首》，其一句云"镂幡剪胜喜倾朝，不问纡蓝与珥貂。群玉参差排晚日，万花琐碎动春宵"。同前。

8　《全宋诗》，册四二，页26451。

9　词调名《小冲山》实即《小重山》。此首又见毛滂《东堂词》。《全宋词》，册二，页950。

10　赵师侠《柳梢青·祭户立春》，《全宋词》，册三，页2081。

11　今藏辽宁省博物馆，此为观展所摄。

12　此为博物馆参观所见并摄影。

13　比如纽约大都会博物馆藏一件明青花五彩方胜式盒，盖面方胜里书着"天下太平"。此为博物馆参观所见并摄影。

图 51　叠胜琥珀盒　辽宁阜新红帽子辽塔地宫出土

图 52　辽代绿釉盒　伦敦维多利亚与阿尔伯特
博物馆藏

符四年长干寺地宫出土一枚金花银盒，布满盖面的纹样实为叠胜，而叠胜的式样犹是唐风[1]（图 54）。又安吉博物馆藏两面宋代铜镜，镜背纹样虽仍取唐式叠胜，但图案布置已然新风（图 55、图 56）。

如高承所云，春幡的制作，或镂金银，或裁罗帛，而常常是悬于幞头或缀于钗首。张孝祥《菩萨蛮·立春》"丝金缕翠幡儿小。裁罗捻线花枝袅。明日是新春。春风生鬓云"[2]；岳珂《满江红》"雪柳垂金幡胜小，钗头又报春消息"[3]；黄昇《重叠金·除日立春》"银幡綵胜参差剪，东风吹上钗头燕"[4]。又陈三聘《朝中措·丙午立春大雪，是岁十二月九日丑时立春》，句云"细写池塘诗梦，玉人剪做春幡"[5]。而亦有穿珠为幡者，如赵崇霄《东风第一枝》"喜凤钗、才卸珠幡，早换巧梳描翠"[6]。刻金镂银，裁罗缕翠，软风里娇颤于鬓边钗头的春幡春胜，必是轻盈细巧。

然而幡胜一类实物，此前似未曾经人揭示，或因对它尚缺乏明确的认识。今检点考古发现，数量实在并不算少。

比如玉幡胜。——浙江临安市吴越国二世王钱元瓘元妃墓亦即康陵出土花式各异小而轻薄的玉片数十枚，其中一枚长逾两厘米，周环花枝，中间方框内分别阴刻吉语"万岁千秋""富贵团圆"[7]（图 57）。与铜镜图案相对看，可知这一枚吉语玉饰便是当日悬缀于钗头的玉胜，同出数枚绶带结样式的玉片，则即玉胜的提系和坠饰（图 58），以是合

图 53　青花五彩方胜式盒　美国大都会博物馆藏　　图 54　金花银盒　江苏南京长干寺地宫出土

图 55　宋凤纹方镜　安吉博物馆藏　　　　图 56　宋缠枝花菱花方镜　安吉博物馆藏

1　器藏南京市博物馆，此为博物馆参观所见并摄影。

2　《全宋词》，册三，页 1705。

3　《全宋词》，册三，页 1739。

4　《全宋词》，册四，页 2998。

5　《全宋词》，册三，页 2022。

6　《全宋词》，册四，页 2856。

7　墓葬年代为后晋天福四年。朱晓东《物华天宝 —— 吴越国出土文物精粹》，页170 ~ 176，文物出版社二〇一〇年。著字玉片图版说明称作"吉语挂饰"。

图 57　玉胜　浙江临安吴越国康陵出土　　　　　　　　　　玉胜另一面

作玉幡胜。"金钗斜戴'宜春'胜，'万岁千秋'绕鬓红"，丽景中的动人春色，已宛在眼前。

金银幡胜，多发现于佛塔地宫，原是善男信女的供养物。幡胜每著吉语，适与礼拜佛陀祈福消灾的愿心相同，大约是原因之一。河北定州静志寺塔基出土剪纸一般的银鎏金镂花小春幡一枚 [1]（图 59），长十二厘米，顶端以镂空花结为云题，其上一枚水晶花片为提系，银幡底端镂作流苏，且錾出细线以见垂穗。正中是用于錾字的鎏金牌子或曰牌记，两边镂作龙牙蕙草，鎏金牌记的外缘一周小连珠，连珠框里錾着"宜春大吉"。从制作工艺来看，此当为唐物。若这一判断可以成立，那么它是今所知银幡实物中最早的一例。著语相同的镂花银幡，也见于河北固安于沿村金代宝严寺塔基地宫，惜已残损 [2]。又有发现于江苏宜兴北宋法藏寺塔基的镂花银春幡与镂花银春胜各一枚，春幡中间一方用于装饰吉语的牌记，上覆倒垂的莲叶，下承仰莲座；春胜的样式则为叠胜，中间也做成一个上方莲叶下方莲座的吉语牌，幡与胜的牌记均打制"宜春耐夏"四个字。银胜背面墨书"符向二娘捨"，银幡背面墨书"符向二娘捨银番聖一首，乞□□家眷平善" [3]（图 60、图 61）。"番

图 58　绶带结样式的玉片 浙江临安吴越国康陵出土

聖"，应即幡胜。"御青书以赞时，著宜春之嘉祉"，两晋以来的风俗故事绵延至此，"宜春大吉"依然是条畅暖风里的祈愿。杨万里所咏"綵幡耐夏宜春字，宝胜连环曲水纹"，仿佛此物。幡胜吉语或不拘一格，浙江宁波天封塔地宫出上两枚镂花银叠胜，中间牌记錾刻"长命富贵"[4]。

1　今藏定州博物馆，此承馆方惠允观摩并拍照。

2　河北省文物研究所等《河北固安于沿村金宝严寺塔基地宫出土文物》，图二五，《文物》一九九三年第四期。

3　此条例证，承同道董淑艳、王宣艳提供，特致谢忱。又"首"字，宣艳君曰："我不确定'一首'是否应是'一道'，似乎'首'与'乞'间仍有墨迹。"

4　林士民《浙江宁波天封塔地宫发掘报告》，图四七：2、3，《文物》一九九一年第六期。当然与此同时也有专用于佛事的金幡、银幡、绣幡，此当悬挂于幡竿，而不是坠于钗头。沈阳新民辽滨塔出土一件珠幡，便是挂在银龙首幡竿上，见沈阳市文物考古研究所《沈阳新民辽滨塔塔宫清理简报》，页 50，图七，《文物》二〇〇六年第四期。前举天封塔地宫出土另外两件银佛幡（页 24，图五六：4），上镌"佛法僧宝"，当即如此用。

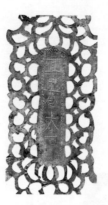

图 59　银鎏金缕花小　　　小春幡局部　　　图 60　缕花银春幡 江苏　　银春幡背面墨书
春幡 河北定州静志寺　　　　　　　　　　宜兴北宋法藏寺塔基出土
塔基地宫出土

图 61　缕花银春胜 江苏宜兴　　图 62　银鎏金法舍利塔上
北宋法藏寺塔基出土　　　　　的珠幡胜 内蒙古巴林右旗
　　　　　　　　　　　　辽庆州释迦佛舍利塔出土

作为节令风物，正该有如此响亮的俗气。立春时节朝臣写给皇后阁的
春帖子词也说道"迎春宝胜插钗梁，拂钿裁金斗巧妆。上作'君王万年'
字，要知常奉白云觞"[1]。又正是承接唐五代的"万岁千秋""富贵团圆"。

　　见于两宋词人笔下者，尚有"珠幡"，如前举赵崇霄《东风第一枝》
所云。内蒙古巴林右旗辽庆州释迦佛舍利塔出土一件银鎏金法舍利塔，
塔刹顶端立了一只凤凰，凤凰口衔一个小小的珠幡胜，幡胜下边缀着丝
绦流苏[2]（图 62）。所谓"珠幡"，此其式也。上海青浦区高家台元任仁
发家族墓地出土一枚金累丝镶宝花果纹幡，幡面累丝卷草的地子上用珊
瑚、绿松石之类嵌出花朵枝叶和果儿，上端一枚下覆的莲叶为提系，下

边一朵倒垂莲[3]（图 63）。"丝金缕翠幡儿小，裁罗撚线花枝袅"，流行于两宋的珠幡巧样，在此可见它的绵延不绝。兰州市白衣寺塔天宫出土一支明代玉簪和一对银簪，玉簪簪脚是一竿竹，其端一只口衔珠方胜的小鸟，方胜下方系着珠子坠脚[4]（图 64）。银簪簪首悬缀珠挑牌，其一上端以一枚下覆的荷叶为花题，下方系一个张扬的"春"字；其一花题下缀一对带叶的石榴，石榴下连珠花，两件珠挑牌也都垂系长长的坠脚[5]（图 65）。挑牌的花题正如幡首，坠脚亦如幡脚，"春"字便是点题之笔，可知这一对珠幡以及玉簪簪首垂缀的珠方胜或曰珠幡胜，都是立春的节令时物。而传统的古式，也依然在新风下延续生命。中国文物信息咨询中心藏一枚明代"青玉镂雕卐字牌饰"[6]，实为玉胜也，持此反观出自吴越国康陵的白玉胜，纹样稍异，如昔之莲花，今之西番莲，昔之吉语，今之卐字，但造型与构图要素的一脉相承却是明显不过（图 66）。不妨再来看看明人演述的唐人故事：汤显祖《紫钗记》第三出题作"插钗新赏"，时在新春，内作玉工送来恰才琢就的一支紫玉钗，郑夫人道："浣纱，今日佳辰，便将西州锦剪成宜春小绣牌，挂此钗头，与

图 63　金累丝镶宝花果纹幡　上海青浦区高家台元任仁发家族墓地出土

1　宋祁《春帖子词·皇后阁》，《全宋诗》，册四，页 2578。

2　今藏巴林右旗博物馆，此系参观所见并摄影。

3　今藏中国国家博物馆，此为观展所见并摄影。此物展陈之际是倒置的，即莲花在上，莲叶在下。展品说明作"金累丝嵌松石珊瑚幡形饰品"。

4　甘肃省文物局《甘肃文物菁华》，图七五，文物出版社二〇〇六年。

5　此为博物馆参观所见并摄影。

6　中国文物信息咨询中心《中国古代玉器艺术》，图三〇〇。图版说明作"青玉镂雕卐字牌饰"，人民美术出版社二〇〇四年。

图 65

图 64　鸟衔方胜玉簪 兰州市博物馆藏

悬珠幡缀石榴银脚簪　　悬珠幡系春字银脚簪
兰州市博物馆藏

图 66　青玉镂雕亐字牌饰 中国
文物信息咨询中心藏

小姐插戴。"继而浣纱取来妆镜，又道："剪成花胜在此。"于是夫人"挂牌钗首"，霍小玉遂对镜插钗："玉工奇妙，红莹水晶条。学鸟图花，点缀钗头金步摇。"此番情景，虽是想象中的唐人岁时行事，却不无剧作者当代生活之依据。赖此寓意明确的珠幡实物证诗证史，且照映时光之流中的一前一后，"岁华纪丽"，遂有可触可感之真切也。

附记

　　关于"物"的考证，百转千回，最终还是要回到"物"所依附的人和事，而"物"的意义，也要有这同时代的人和事方能够彰显。本篇草就，不免想到浦江清《词的讲解》中对飞卿词的解读，特别是《菩萨蛮》十四首中的第二首："水精帘里颇黎枕。暖香惹梦鸳鸯锦。江上柳如烟。雁飞残月天。/藕丝秋色浅。人胜参差剪。双鬓隔香红。玉钗头上风。"他说："温飞卿的《菩萨蛮》对于有些读者也许只给了一个朦胧的美，假如我们要了解清楚，必得明了晚唐词的性质以及温飞卿的特殊的作风。""其实'江上'两句，只是宕开的句法，并不朦胧。以帘内的陈设与楼外的景物，两相对照，其意境亦甚醒豁。这首词所点的时令是初春，稍微拘泥一点，则说是正月七日，因为下面有'人胜参差剪'之句，唯唐代妇女的剪胜簪戴，也不一定限于那一天，说是初春的服饰可以得其大概。"下引俞平伯语"'藕丝'句其衣裳也，'人胜'句其首饰也"，曰"可以如此说"，"但若说'藕丝'句为剪绿为胜之彩段之色则意亦连贯。这些地方是各人各看，无一定的讲法。'双鬓隔香红'亦然，俞说香红即花，'着一隔字而两鬓簪花如画'。谓簪花固妙，唯'香红'两字，词人只给人以色味之感觉，到底未说明白，不知谓两鬓簪花欤，抑但说脂粉，抑即指采胜而言，是假花而非真花，凡此均耐人寻味。且吾人对于唐代妇女之服饰妆戴究属隔膜，故于飞卿原意亦不能尽知。'玉钗头上风'，俞平伯云：'着一风字，神情全出，不但两鬓之花气往来不定，钗头幡胜亦摇颤于和风骀荡中。'飞卿另有咏春幡诗云：'玉钗风不定，香径独徘徊。'可谓此句之注脚"。《词的讲解》，我以为是百读不厌的文字，在未能得见实物以证词中物象的情况下，作者对飞卿词的解读已是最好，引述俞平伯语也是极契此词韵致的佳赏。而吾人能做到的只是把词中之"物"与《词的讲解》并置，则"双鬓隔香红"者，幡胜摇荡在香腮两边也，又以它的极轻极薄而悬坠于钗头，于是"着一风字，神情全出"矣。

五月故事寻微

　　清顾禄《清嘉录》记苏州岁时风俗与风物，是久被人们喜爱的一本书。其卷五记五月故事，第一事便是"修善月斋"，然后解释说："案《荆楚岁时记》'五月俗称恶月，多禁忌曝床、荐席及盖屋'；潘荣陛《帝京岁时纪略》'京俗，五月不迁居，不糊窗槅，名曰恶五月'；吴俗称善月，盖讳恶为善也。"《荆楚岁时记》出自南朝梁宗懔，潘荣陛则是清人，而所云故事上溯还可以至汉乃至先秦，如应劭《风俗通义》中的记述，所谓"俗说五月五日生子，男害父，女害母"；"五月盖屋令人头秃，又曰不得曝床席荐"，等等，可知这一习俗的历时之久，虽然人们很早就并不深信¹。

　　既以"恶"为名，五月里的行事便多以却鬼、辟邪为主题，而因此生出许多可喜，顾氏所记种种都很有趣，并且几乎每事都有着古老的渊源，尽管在长期的演变中愈失本意，而差不多都在镇恶的题目下延伸为应节的纷纭之华丽。

1　《史记·孟尝君列传》曰田婴之贱妾有子名文，"文以五月五日生，婴告其母曰：'勿举也。'其母窃举生之。及长，其母因兄弟而见其子文于田婴。田婴怒其母曰：'吾令若去此子，而敢生之，何也？'文顿首，因曰：'君所以不举五月子者，何故？'婴曰：'五月子者，长与户齐，将不利其父母。'文曰：'人生受命于天乎，将受命于户邪？'婴默然。文曰：'必受命于天，君何忧焉。必受命于户，则可高其户耳，谁能至者！'婴曰：'子休矣。'"《论衡·福虚篇》即举田文事曰"是则五月举子之忌，无效验也"。吴淑《事类赋》卷四"田文以高户获举，胡广以流瓮复生。彼镇恶之与纪迈，王凤之于信明。并兹辰之诞育，咸垂世而扬名"，亦同此意。镇恶即王镇恶，事见《宋书》卷四十五；信明，崔信明也，事见《旧唐书》卷一九〇。王凤，汉元帝王皇后之兄，后封阳平侯，《西京杂记》卷二："王凤以五月五日生，其父欲不举，曰：'俗谚:举五日子，长及户则自害，不则害其父母。'其叔父曰：'昔田文以此日生，其父婴敕其母曰勿举，其母窃举之，后为孟尝君，号其母为薛公大家，以古事推之，非不祥也。'遂举之。"

一 长命缕

五月里的故事，自以端午最热闹。端午也作端五，便是以五月初一为端一，然后依次数下来。端午的赛龙舟、裹角黍、饮雄黄酒等不必多说[1]，取镇恶之意者如制蒲剑蓬鞭悬于床户以却鬼，做雄黄荷包系襟带间以辟邪，门楣贴五毒符，小儿系各式符牌，等等。行之久远的又有长命缕。《清嘉录》卷五"长寿线"条云，"结五色丝为索，系小儿之臂，男左女右，谓之长寿线"，"吴曼云《江乡节物词》小序云：'杭俗，结五彩索系小儿臂上，即古之长命缕也。'诗曰：'编成杂组费功深，络索轻于缠臂金。笑语玉郎还忆否，年时五彩结同心。'"彩丝系臂的风俗已见于汉代。吴淑《事类赋注》卷四"彩丝通问遗之情"句下引应劭《风俗通义》曰："五月五日，以五彩丝系臂，名长命缕，一名续命缕，一名辟兵缯，一名五色缕，一名朱索，又有条达等，织组杂物，以相问遗。"又高承《事物纪原》卷八"五彩"条："《风俗通义》曰：五月五日，以五彩丝系臂，辟鬼及兵，令人不病瘟。又曰：示妇人蚕功成也。"[2]可知它的用意本是免灾辟邪，此外尚有夸示妇功之意，辟兵缯、长命缕的多方命名，且又意存祝福。初唐戴孚作《广异记》，其"王璿"一则云："唐宋州刺史王璿，少时仪貌甚美，为牝狐所媚，家人或有见者，风姿端丽，虽僮幼，遇之者，必敛容致敬，自称新妇，祇对皆有理，由是人乐见之。每及端午及佳节，悉有续命物馈送，云：'新妇上某郎某娘续命。'后璿职高，狐乃不至，盖其禄重，物不得为怪。"五彩丝即续命物之一也。新妇是媳妇的谦称，"新"字乃可以一直用下去，而并不止于新婚。狐仙的乖巧惹人欢喜，恶月里伊更是在在递送善意。又一则"贺兰进明"与此情节相似，狐新妇亦"状貌甚美"，"至五月五日，自进明已下至其仆隶，皆有续命物，家人以为不祥，多焚其物，狐悲泣云：'此非真物，奈何焚之！'其后所得，遂以充用"。

据今人的研究，早期狐怪小说中的狐原是暗指胡人，这两则也讲的是胡汉通婚的故事 3。若此说可以成立，那么狐的隐喻该是以一种集体记忆的方式影响于小说的叙事情节。不过此中的精彩倒是在于利用年中行事的一点琐细写出狐仙令人怜爱的明慧和善良。此非说端午，而端午故事在这里竟是显得风情万种。

续命缕又称作"百索"或"百索线"。端午日赐中外百官百索或曰彩丝若干轴，唐代已成风气。李肇《翰林志》列举翰林学士每岁来自内廷的节令赐物，"端午，衣一副，金花银器一事，百索一轴，青团镂竹大扇一柄，角粽三服，秒蜜"。窦叔向《端午日恩赐百索》诗"仙宫长命缕，端午降殊私。余生倘可续，终冀答明时"，所咏即其事。陕西扶风法门寺地宫出土衣物帐中录有"百索线一结" 4，一结，当即一束。只是地宫里没有发现与它对应的实物。端午风俗也传至东瀛，奈良正仓院藏一件曾用作结系百索的木轴，它在《天平胜宝八岁六月二十一日献物帐》中记作"百索缕一卷"，其下注云："画轴。" 5 李商隐《为荣阳公端午谢赐物状》起首云"右中使某至奉宣恩旨，赐臣端

1 裹角黍的起源似乎南北有异。隋杜台卿《玉烛宝典》卷五云，"俗重五月五日，与夏至同"，角黍"盖取阴阳相尚苞裹未分散之象也"；"五日为粽并带楝叶五彩，皆汨罗之遗风；吴歌云'五月节，菰生四五尺，缚作九子粽'，计此南方之事，遂复远流城北上"。按五月是仲夏之月，《礼记·月令》"是月也，日长至，阴阳争，死生分"，郑注："争者，阳方盛，阴欲起也。"日长至，即夏至。《初学记》卷四引周处《风土记》曰"仲夏端午烹鹜角黍"，"以菰叶裹粘米，以象阴阳相包裹未分散"。

2 关于五彩辟兵，类书所引《风俗通义》，尚有其他的不同说法，如《太平御览》卷三十一："五月五日，集五色缯辟兵。余问服君，服君曰：'青、赤、白、黑以为四方，黄为中央，襞方缀于胸前，以示妇人蚕功也。织麦䴵悬于门，以示农工成，传声以襞为辟兵耳。'"麦䴵，麦茎也。据此，则"辟兵"原是"襞"之讹。又夏至也有着五彩辟兵之俗，见《太平御览》卷二十三引《风俗通义》，后世或将二者合一，而一并归于重午。

3 王青《西域文化影响下的中古小说》，页 278 ～ 281，中国社会科学出版社二○○六年。

4 韩伟《法门寺地宫唐代随真身衣物帐考》，页 27，《文物》一九九一年第五期。

5 宫内厅《正仓院宝物·3·北仓》（Ⅲ），页 20，每日新闻社一九九五年。

午紫衣一副、百索一轴、银器二事、大将衣三副"，后云"将以彩丝，紫诸画轴"[1]，正是此物。枣核形的木轴长约一尺，中间的内里用榫相接，两端以绿地红花的晕绸为饰，"画轴"之"画"，即此之谓（图1）。天平胜宝八岁即公元七五六年，亦即唐肃宗至德元年。

宋代此风依然。两宋百索也有制作的细巧，而打一个同心结，绣一对鸳鸯，便有了另外的文章可作。南宋蔡戡《点绛唇·百索》："纤手工夫，彩丝五色交映。同心端正，上有双鸳鸯并。/ 皓腕轻缠，结就相思病。见谁信、玉腕宽尽，却系心儿紧。"[2] 前引《江乡节物词》"笑语玉郎还忆否，年时五彩结同心"，可知此意此情自有传承。原中央工艺美术学院资料室藏一件清缂丝博古挂屏，宽半米，高86厘米[3]（图2），挂屏左边一具兽耳衔环尊，里边插着海棠花和枇杷果，侧边横一柄甩着长流苏的如意，旁边又一个犀角杯。挂屏右面是须弥座托起的海棠盆景，上有钟馗持剑，小鬼持戟，戟上悬着磬和双鱼，便是"吉庆有余"。下方一盘一瓶，盘子里放着桃子、荔枝和葡萄。瓶上覆草和山石，草上有蛇等五毒之属。挂屏左下方一个束腰五足带托泥的栏杆座，座上有水浪托着的一大一小两只船，大船上挑出弯弯的闹竿，舟侧隐约一树高枝。挂屏右下角有一件叠胜和两件佩饰。下端中心两个线缕，其一上面插榴花。挂屏上面的各组图案差不多都与端午节物相关，虽然它的保存状况不是很好，不过认不太真切的若干物事，依全幅表现的情景而论，仍可以约略推知。如大船之侧的一树高枝似是艾叶，和叠胜成为一组的佩饰当是端午日戴的佩符，两个线缕应即百索缕。如此，这一件作品似可命作"缂丝端午景挂屏"，而它原是一件与时令相应的室内陈设。

新编
终朝采蓝
下

图1　百索
缕画轴　奈
良正仓院藏

缂丝挂屏局部

缂丝挂屏局部

缂丝挂屏局部

图 2　清代缂丝挂屏 原中央工艺美术学院资料室藏

1　《樊南文集》卷二。

2　唐圭璋《全宋词》，册三，页 2018。

3　《中国美术全集·工艺美术编·7·印染织绣》（下），图一七五，文物出版社一九八七年。
　　图版说明对挂屏画面诸物的识认或有不妥。

二 各式佩物

　　端午节用作辟邪的佩符有各种式样，自家佩戴之外，且相互赠遗，其情景亦如长命缕。各式佩物又可以大略别作两类，其一属小儿，多半是系在后背，其一属女子，多是悬于钗头。《金瓶梅词话》第五十一回曰，"李瓶儿正在屋里，与孩子做那端午戴的那绒线符牌儿，及各色纱小粽子儿，并解毒艾虎儿"。明人《如梦录》"节令礼仪纪"一节说五月初五端阳节里，小户人家"用红黄夏布、纱扇汗巾巧作各样戴器：皮金小符、五毒大符、小儿百锁、陶线绒缠背牌"。清富察敦崇《燕京岁时记》"彩丝系虎"条："每至端阳，闺阁中之巧者，用绫罗制成小虎及粽子、壶卢、樱桃、桑葚之类，以彩线穿之，悬于钗头，或系于小儿之背。"又《清嘉录》"健人"条："市人以金银丝制为繁缨、钟、铃诸状，骑人于虎，极精细，缀小钗，贯为串，或有用铜丝、金箔为之者，供妇女插鬓，又互相献赉，名曰健人。"

图3 《端午故事图册·悬艾人》故宫藏

　　健人，又名艾人，而艾人的名称出现得更早。《荆楚岁时记》：五月五日，四民"采艾以为人悬门户上，以禳毒气"。是艾人乃悬于门户。宋无名氏《阮郎归·端五》："门儿高挂艾人儿。鹅儿粉扑儿。结儿缀着小符儿。蛇儿百索儿。／纱帕子，玉环儿。孩儿画扇儿。奴儿自是豆娘儿。今朝正及时。"[1]记述端午风情，列举诸般物事，尤觉唇吻伶俐。其时艾人又或做成张天师的样子，南宋刘克庄《艾人六言二首》之一"不惟宝剑冲斗，亦自高冠切云。令祖岂非艾子，先师莫是茅君"[2]，即此。故宫藏清徐扬《端阳故事图册》一部，其中一幅为《悬艾人》(图3)，是述古而亦及今之作，可见这一古老风俗的绵延。

艾人多用于悬门户[3]，"结儿缀着小符儿"，则是五色珠儿结成的符袋。南宋吴自牧《梦梁录》讲述重午宫中故事曰，是日"内更以百索绛线，细巧镂金花朵，及银样鼓儿、糖蜜韵果、巧粽，五色珠儿结成经筒符袋，御书葵榴画扇，艾虎、纱匹段，分赐诸阁分、宰执、亲王"；"所谓'经筒符袋'者，盖因《抱朴子》问辟五兵之道，以五月午日佩赤灵符挂心前，今以钗符佩带，即此意也"。南宋崔敦诗作《淳熙七年端午帖子词》，为皇后阁所作六首之一云："玉燕垂符小，珠囊结艾青。"玉燕，指钗。南宋韩淲《重午》诗："年年重午泛菖蒲，儿女搔头亦篆符。忍复研朱如羽客，懒能切玉醉狂夫。长歌楚些冤何有，却忆山人讽已无。田里萧萧方渴雨，小轩清望老怀孤。"[4]"研朱如羽客"，即朱绘张天师之类。虽乡居清境，而重午时节"儿女搔头亦篆符"也。江西德安南宋周氏墓发现的一件金钗，出土时插在墓主人发髻一侧，钗梁缀一个一寸见方的罗制小袋，小袋外面是小珍珠做的网罩[5](图4)。墓主人右手持桃枝，桃枝上边系着两个粽子。可知钗梁悬缀的便是所谓"珠囊""钗符"，亦即端午时节佩带的节物。同样是戴在钗头的还有艾虎，晁补之《消息·东皋寓居》咏端午日"绿窗纤手，珠奁轻缕。争斗绿丝艾虎"；

1　《全宋词》，册五，页3674。

2　《全宋诗》，册五八，页36452。

3　其时亦有为佩者，如宋吕原明《岁时杂记》"带蒲人"："端午刻蒲艾为小人子或葫芦形，带之辟邪。"《说郛》，宛委山堂本弓六十九。又北宋王仲修《宫词》"艾虎钗头映翠翘"。《全宋诗》，册一五，页10198。

4　《全宋诗》，册五二，页32590。

5　周迪人等《德安南宋周氏墓》，图版六∶3，江西人民出版社一九九九年。器藏德安博物馆，乙未年初夏，承馆方惠允往观实物并拍照。

新编
终朝采蓝
下

图 4　珠囊钗符　江西德安南宋周氏墓出土

图 5　鎏金银卧虎纹佩饰　江苏宜兴北宋法藏寺塔基出土　　　　鎏金银卧虎纹佩饰　背面

刘克庄《贺新凉》"儿女纷纷夸束结，新样钗符艾虎"，所云皆是。江苏宜兴北宋法藏寺塔基出土一枚"鎏金银卧虎纹佩饰"[1]（图 5），系用扣合在一起的两枚银片制成，一面镂作密叶环抱的一弯折枝牡丹，一面打作伏在山坡草丛间的一只虎，顶端穿了一个小环用于系绹，底部可以开合。高 4.5 厘米。这一枚佩饰，应即端午时候的"钗头艾虎儿"[2]。既可开合，自亦不妨纳入"篆符"。

　　至于小儿戴的符牌，则见于台北故宫博物院藏"苏焯"款《端阳婴戏图》[3]（图 6）。又一幅传元人《天中佳景图》[4]（图 7），榴花枝梢挂

1　许夕华等《法相光明：江苏宜兴法藏寺北宋地宫文物》，页 149，中国书店二〇一五年。佩饰今藏宜兴博物馆，承馆方惠允，得以往观实物，也因此知道它分量极轻，是所以悬坠于钗头也。
2　南宋赵长卿《减字木兰花》："阳关唱彻。断尽离肠声哽咽。酒已三巡。今夜王孙是路人。/ 此情难说。莫负等闲风与月。欲问归期。来戴钗头艾虎儿。"
3　《婴戏图》，图一二，台北故宫博物院一九九〇年。焯是苏汉臣之子。
4　《迎岁集福：院藏钟馗名画特展》，图八，台北故宫博物院一九九七年。

图 6 《端阳婴戏图》局部 台北故宫博物院藏

图 7 《天中佳景图》台北故宫博物院藏　　　　　《天中佳景图》局部

图 8　明五彩张天师斩五毒图盘　江苏南京市博物馆藏

图 9　万历五彩驱五毒图盘　中国国家博物馆藏

着一个艾叶幡胜，一对角黍，又是艾虎、艾人，一对香袋。而艾人在清代情形又有了变化，依《清嘉录》所述，当日贴门楣、贴户寝者有天师符、五毒符，艾人或曰健人因做成缀于繁缨下边的骑虎小人系在钗头，而别成一幅端午景。

"天师符"中的张天师，也早是端午节物。《梦粱录》卷三曰，五月五日重午节，"又曰'浴兰令节'。内司意思局以红纱彩金盝子，以菖蒲或通草雕刻天师驭虎像于中，四围以五色染菖蒲悬围于左右，又雕刻生百虫铺于上，却以葵榴、艾叶、花朵簇拥"。项安世《次韵和黄江陵重午二绝》"门前帖子虫书小，壁上仙人虎脊高"[1]，是也。明代更有花样翻新，张天师之外，又有"仙子、仙女执剑降五毒故事，如年节之门神"[2]。今天能够看到的此类遗存，也以明代为多。南京市博物馆藏明五彩张天师斩五毒图盘[3]（图8），穿红袍的天师一手举剑，一手持符碗。中国国家博物馆藏一件万历五彩驱五毒图盘[4]（图9），盘心坡地上布着几丛艾叶，一小儿头戴束发冠，身穿红袍，手中仗剑，坐骑是身披麒麟皮的老虎，四下里跑着蝎子、蛇、蜥蜴、蜈蚣和蟾蜍。

骑虎小儿当即《酌中志》中说到"执剑降五毒"的"仙子"。这一题材也用于簪钗的装饰纹样,《天水冰山录》有"金厢天师骑艾虎首饰一副(计十件,共重一十三两四钱五分)"。江苏江阴青阳邹令人墓出土天师骑艾虎金掩鬓一对⁵(图10),钗首的云朵上,天师头戴荷叶帽,耳边挂着环子,系了云肩和草叶裙,一手持着长柄斧,一手提篮,侧身跷脚骑在艾虎背,虎额上錾出一个大大的"王"字。天师肩膀处一只蜈蚣,斧头下边一只蝎子。掩鬓的云朵上缘点缀山石花木。应节的时令纹样,自是端午节里的插戴。

《清嘉录》中说到的"五毒符",也是长久沿用的端午物事。内蒙古奈曼旗辽陈国公主墓出土一枚玉五毒佩⁶(图11),是现在能够看到的早期实物中难得一例。"符"之外,以五毒作为装饰纹样似也有镇恶的功用,弗利尔美术馆藏龚开《中山出游图》⁷(图12),一个腋下夹着隐囊的侍从,衣衫上绘着五毒。故宫藏品中有明洒线绣五毒纹经皮⁸(图13)、明万历艾虎图妆花纱⁹(图14)。经皮的单位绣样是锦

1　《全宋诗》,册四四,页27322。
2　刘若愚《酌中志》卷二十《饮食好尚纪略》,曰五月"初一日起至十三日止,宫眷内臣穿五毒艾虎补子蟒衣,门两旁安菖蒲、艾盆,门上悬挂吊屏,上画天师或仙子、仙女执剑降五毒故事,如年节之门神焉"。
3　此系观展所见并摄影。
4　《中国国家博物馆馆藏文物研究丛书·瓷器卷·明代》,图一〇一,上海古籍出版社二〇〇七年。
5　今藏江阴博物馆,此为观展所见并摄影。
6　中国历史博物馆等《契丹王朝——内蒙古辽代文物精华》,页150,中国藏学出版社二〇〇二年。
7　浙江大学中国古代书画研究中心《宋画全集》第六卷第六册,图一五,浙江大学出版社二〇〇八年。
8　宗凤英等《故宫博物院藏文物珍品大系·明清织绣》,图一九三,上海科学技术出版社等二〇〇五年。图版说明称作"洒线绣蜀葵荷花五毒纹经皮",曰"蜀葵花硕大的叶子上饰五毒纹"。按五毒所依托的叶子似非蜀葵叶,而是艾叶。
9　《故宫博物院藏文物珍品大系·明清织绣》,图一四七。图版说明称作"红地奔虎五毒纹妆花纱"。

图 10　天师骑艾虎金掩鬓　江苏江阴青阳邹令人墓出土

图 11　玉五毒佩　内蒙古奈曼旗辽陈国公主墓出土

图 12　《中山出游图》局部　弗利尔美术馆藏

图 14　明万历艾虎图妆花纱　故宫藏

图 13　明洒线绣五毒纹经皮　故宫藏

地纹上一大朵黄蜀葵，两边簇拥花叶与荷花，黄蜀葵上送出三枚艾叶，艾叶上托了蝎子和蜈蚣，上方罩着各色如意云朵。妆花纱原也是经皮，却是衔着艾叶的老虎为主图，五毒奔逃于其间。《戒庵老人漫笔》中说到朝廷端午赐京官诸般节令物事，中有"艾虎"，"纸方尺许，俱画虎并百脚诸毒虫"，妆花纱的纹样自是以此类艾虎图为粉本[1]。

三　钟馗画

　　贯穿整整一个五月的镇恶之物是钟馗画。《清嘉录》："堂中挂钟馗画图一月，以祛邪魅。"其下考证来源甚详，又曰："胡浩然《除夕》诗云：'灵馗挂户。'则知古人以除夕，今人以端五，其用亦自不同。"

1　李诩《戒庵老人漫笔》卷二"江阴汤大理恩赉"条。

钟馗故事是近人讨论很多的一个话题,刘锡诚《钟馗信仰与传说》考校之详差不多可以算作一部小史[1]。石守谦《雅俗的焦虑:文徵明、钟馗与大众文化》[2],则说到明代文人对钟馗的另一种方式的接受。《钟馗信仰与传说》总结了此前的研究成果,认为钟馗斩鬼之说最早出现在晋代的《太上洞渊神咒经》,而唐代斩鬼的钟馗已是一个家喻户晓的民间传说中的人物,并且在玄宗朝进入宫廷,至沈括《梦溪笔谈·续笔谈》,钟馗故事以更加丰富的情节而变得完整。然而在宋人的记载中,钟馗的当值均在岁末,——多半是在跳钟馗的傩舞中领衔,又或作成画图悬于门户,如陆游《开岁》"绿襦新画卫门扉"。至清代,却又兼了端午,只是不大活跃于传统的驱鬼之傩,而是专在图画里用作祛邪镇恶。

不过大家的讨论似乎都没有注意到有一幅辽代的钟馗捉鬼图。图绘在河北宣化七号辽墓墓葬前室的门楣上端,墓主人张文藻卒于辽道宗咸雍十年,即公元一〇七四年,而于道宗大安九年即公元一〇九三年改葬今址,那么这也就是作品的创作年代,而它正是民间流传已久的钟馗图,也是目前我们所知最早的时代明确的一例[3](图15)。画面中部漫漶一块,依保存大抵完好的部分来看,小鬼有四,其一手持拍板,余持戟、棒之类,钟馗则戴着漫画化了的局脚幞头,——后世他每戴一顶插着一对朝天翅的纱帽,或即由此而来。钟馗捉鬼图安排在墓室中,好像是为鬼驱鬼,则这里的取意该是辟邪镇恶。《金瓶梅词话》第六十五回备述西门庆为李瓶儿举丧之详,道"四七"的时候有锣鼓地吊,演《五鬼闹判》《张天师着鬼迷》《钟馗戏小鬼》,与这里的意思是差不多相同的。

钟馗的兼值端午究竟始于何时,目前似乎尚未有明确的结论。人们讨论所引的材料几乎全部集中在清代,其实有关的图像已出现在清代之前。台北故宫博物院藏元人《夏景戏婴图》[4](图16),绘湖畔一

图 15　钟馗捉鬼图　河北宣化辽墓壁画

带石栏，栏内的柳荫下有山石，傍着山石有一树榴花。石桥边两童子戏蟾，山石前一童子擎荷，一童子摇扇，宫扇上画着蛇、蝎、蜥蜴、蜈蚣、蟾蜍和艾叶，又有背上戴着虎头符牌的一个童子手举榴花。两童子抬案，案上一大盘角黍，一大盘樱桃水果，又酒注一、酒杯一、蒜头二、小虎儿一，又小小一方圆毯，上有持剑的钟馗。图中所绘均是端午故事，案上酒具当是为饮雄黄酒而备，举榴花童子戴虎头符牌，可以和前面举出的《端阳婴戏图》同看。《夏景戏婴图》原是清宫旧藏，其断代并不十分可靠，以人物神态和服饰来看，此幅作品应是出自明人。图题"夏景"，是五月乃仲夏之月也，因此常把它嵌在夏日行事中。元稹《表夏十首》即说到"灵均死波后，是节常浴兰。彩缕碧筠粽，香粳白玉团"。前引吴淑《事类赋注》卷四"彩丝通问遗之情"，原也

1　《象征——对一种民间文化模式的考察》，第七章，学苑出版社二〇〇二年。

2　《美术史研究集刊》第十六期，页 307～329，台湾大学艺术史研究所二〇〇四年。

3　河北省文物研究所《宣化辽墓》，彩版二五，文物出版社二〇〇一年。报告把它称作"五鬼图"，是把钟馗也算作鬼之一了。

4　《迎岁集福——院藏钟馗名画特展》，图七，台北故宫博物院一九九七年。

图16 《夏景戏婴图》局部 台北故宫博物院藏

《夏景戏婴图》局部

《夏景戏婴图》局部

系于"夏"之部 [1]。元贾仲名杂剧《铁拐李度金童玉女》第三折，金安寿上场，召唤童娇兰道，"趁着这夏景清和，避暑乘凉，好受用也"，下面唱的一支曲子便全是五月故事，"黍新包似裹黄金，蒲细锉如攒白玉。咏离骚歌楚些谁吊古，夺锦标擢画桨似飞凫。系同心长命缕，佩辟恶赤灵符"；"剪綵仙人悬艾虎" [2]。又潘荣陛《帝京岁时纪胜》"端阳"条："幼女剪彩叠福，用软帛缉缝老健人、角黍、蒜头、五毒老虎等式，抽作大红硃雄葫芦，小儿佩之，宜夏避恶。"端阳节的"避恶"也同"宜夏"合为一事。

五月顶了"恶月"的名字，却反而蔚出一片节日风景。南宋项安世《重午记俗八韵》："菰饭沾花蜜，冰团裹蔗胰。油淹枯茹滑，糟闷活鳞濡。饷篚争门入，瘟船出市驱。屑蒲形武兽，编艾写髳巫。朱揭横楣榜，黄书闾户符。辟邪钗篆蠮，解厄腕丝纾。恶月多忧畏，阴爻足备虞。更闻因屈子，采动楚人吁。" [3] 末一韵先有元稹把这一番意思表达得好，即《表夏十首》中的"逝者良自苦，今人反为欢"。而所谓"阴爻"，乃与阳爻成对也，于是有交错有变动，于是有了倚着自然之节奏而安排生活的乐观与智慧，于是我们看见了由"恶"向"善"之转变的奥秘。食角黍、做艾人、悬钗符、系百索，虽"恶月多忧畏"，而我持阴爻之变可以变忧为乐也。恶月里，便因为镇恶而挤满了五彩缤纷的欢乐。

1　又北宋周彦质《宫词》"不宜夏景销酥腕，似觉新来百索宽"。《全宋诗》，册一七，页11298。
2　臧晋叔《元曲选》，册三，页 1094，中华书局一九五八年。
3　《全宋诗》，册四四，页 27252。

纸被、纸衣及纸帐

　　关于纸衣和纸被，农学史家游修龄曾以此为题，讲述了相关的大概情况，其中说道："唐以前，全国人口不是很多，最高时的汉代曾达六千万，三国南北朝都跌到四千万以下，至唐初才恢复到六千万。历代王朝都大力提倡种植桑麻，所以人口对衣着的压力不是很大；宋以后至明清，虽然人口大为增加，因为有了棉花，衣着的压力也就为之缓和。唯有唐宋两朝的六百年间，长江流域的人口明显大增，农田垦辟努力发展，主要用来解决粮食问题，衣着的问题就显得较为紧张。恰好在这个时期正是中国造纸技术大发展的时期，造纸原料的来源丰富，加工的技术、纸张的种类等，都有了前所未有的创新。……在纸张生产大有发展的情况下，纸张除了用于印刷书册、佛经、绘画、文书，糊窗、糊壁等用途之外，一些缺衣少被的人，自然想到利用纸张来做纸衣、纸袄、纸被，以资御寒。"[1] 阐述纸衣、纸被流行的原因，很是透彻。

　　纸衣的使用，从比较明确的文献记载来看，始于唐。纸被，则五代已见于吟咏。如徐寅的《纸被》诗："文采鸳鸯罢合欢，细柔轻缀好鱼笺。一床明月盖归梦，数尺白云笼冷眠。披对劲风温胜酒，拥听寒雨暖于绵。赤眉豪客见皆笑，却问儒生直几钱。"[2] "鱼笺"自是美称，"细柔"却非夸饰，而的确是纸的品质。"暖于绵"虽为比喻，但纸被的可以御寒而与绵差似，或许是实情。纸衣、纸被至两宋而大盛，原因正如前引之文所言。其时载籍言及纸衣、纸袄、纸被、纸衾、楮衾者，无虑百数，诗与文中自然也很常见。王洋《以纸衾寄叔飞代简》："我有江南素茧衣，中宵造化解潜移。隆冬必可独不死，分向苕溪雪阁时。"[3]

1　《纸衣和纸被》，页 443，游修龄《农史研究文集》，中国农业出版社一九九九年。

2　《全唐诗》，册二一，页 8174，中华书局一九六〇年。

3　《全宋诗》，册三〇，页 19039。

所谓"素茧衣"，宋苏易简《文房四谱·纸谱》云："山居者尝以纸为衣，盖遵释氏云'不衣蚕口衣'者也。"又华岳《楮衾·次刘子长韵》"霜风剪水作冰花，织出吴绫不用梭"[1]；沈说《纸衾三首》"碎捣霜藤月下砧，清泉泻出簟纹匀"[2]；雷震《楮衾》"相亲赖有楮先生，雪与阳春指顾成。狐白温温疑伯仲，龟纹隐隐见纵横"[3]，等等。日用平常，镕铸为辞，便多了一点美丽，不过，沤也，捣也，抄也，造纸过程本来如此，楮纸、藤纸，其佳品的洁白轻软，的确也当得许多美誉。

一般说来，纸衣、纸被，仍属简朴之物，为清寒所用。李曾伯《用韵答纸衾简云岩》："欹枕犹存舒卷声，覆寒时与寝衣更。价廉功倍人人燠，一幅春风造化成。"[4]"功倍"虽然未必，但"价廉"是它的好处则无疑问。戏剧因此也用它来刻画细节以表现贫寒景况。南戏《张协状元》言微贱之时的主人公赴京赶考遇盗，"担儿里纸被袄儿尽劫去"，幸得贫女周济，道"奴进君些子粥，更与君旧纸被"，便是一例。彼时官宦甚至以使用纸被而示俭素。金刘祁《归潜志》卷七云，"余见河南为令者，有夜盖纸被，朝服弊衣以示廉"，而"欲闻上位，媚细人"，其行径正如西汉丞相公孙弘的衣布被、食脱粟饭而钓名。至于君子，则以纸被训诫子弟持简朴之风，修廉洁之行。真德秀《楮衾铭·示子志道》"我尝评君，盖具四德：皓兮春温，皓兮雪白，廉于自鬻，乐于燠贫。谁其似之，君子之仁"；"咨尔小子，惟素可宝。敝缊是惭，岂曰志道。奢不可纵，欲不可穷。去华务实，前哲所同"[5]。

纸被因此又为济贫之物，今人对此也有研究，张文《季节性的济贫恤穷行政：宋朝社会救济的一般特征》，其中所列"赐纸衣"一项，即曾举出若干事例[6]，而类似的例子，诉诸诗文者尚有不少。南宋陈文蔚《傅县丞墓志铭》记墓主事迹，云"里有因病而贫者，捐金医疗，务在存活，不幸而死，则给周身之具，隆寒无覆，施以楮衾"[7]；刘宰《嘉定己巳金坛粥局记》胪陈济贫之各项，纸衾也在其列[8]。作为个人，以纸被救助穷困，也不乏其例。苏过诗《山居苦寒》，句有"纸被聊将慰老臞"，自注云："草堂之东南有梁妪，八十余岁，形貌瘠伛，耳目皆废，余偶见而哀之，默谓犹子符，天寒甚，是且冻死，当制纸被与之，既而忘之。一日，忽遣其子来索纸被，其子亦不知妪安授此意，余卒与之。然聋聩老病如此，岂其神完而外游，得吾之心耶，抑苦寒之极而发于梦寐也。事稍异，故记之。"[9] 若说到"感应"之类，未免不经，但曰"苦寒之极而发于梦寐"，则大抵近实。那么纸被对孤寒来说，实在是"覆冒生人，厥功亦深"[10]。

不过与此同时，纸被也不妨成为山斋中的雅物。南宋姚勉《余评事惠龙团兽炭香缨凫实且许以百丈山楮衾而未至》，句云"百朋珍贶罗庭隅"，"独欠一幅横云铺"，"藤床纸帐恰此须，能供梅花清梦无"[11]。"百朋珍贶"，自然是诗题中的龙团、兽炭、香缨、凫实。龙团乃上品贡茶，凫实应即野鸭卵，诗曰"晴沙暖抱明月珠"，指此。百丈山在今江西，彼时属江南西路，距赣江不远。唐代名僧怀海曾驻锡百丈山，号百丈禅师。这里的"百丈山楮衾"，不知是否为禅林中物。纸帐梅花，用朱希真《鹧鸪天》词意，所谓"道人还了鸳鸯债，纸帐梅花醉梦间"，是也。楮衾也是南宋林洪《山家清事》里"梅花纸帐"一则中的雅具

1 《全宋诗》，册五五，页 34402。
2 《全宋诗》，册五六，页 35186。
3 《全宋诗》，册六八，页 42927。
4 《全宋诗》，册六二，页 38775。
5 《西山文集》卷三十三。
6 《中国史研究》，二〇〇二年第二期。
7 《克斋集》卷十二。
8 《漫堂文集》卷二十。
9 《全宋诗》，册二三，页 15499。
10 真德秀《楮衾铭》。
11 《全宋诗》，册六四，页 40508。

之一，诗所以曰"藤床纸帐恰此须"。后世依然不乏类似故事。明叶子奇《草木子》卷四："徐大山，江西人，尹处州龙泉县，尝有一僧献一楮衾，并上以诗曰：'寒泉泻出剡溪藤，白胜秋霜冷若冰。愿此一帘清似水，梅花纸帐伴孤灯。'"僧之献衾与诗，尽把风雅的意思做足，因此"大山见之大喜"，也是颇为有趣的一例。

纸被的用料，多为藤纸和楮纸。藤纸的制作始于晋，以剡藤为有名。剡溪在今浙江嵊县曹娥江上游。蔡伦造纸，原料中已用到树皮，魏晋南北朝时期，楮皮纸的制作已经很是发达。楮，又称榖，今通称构，桑科乔木（图1）。陆玑《毛诗草木鸟兽虫鱼疏》卷上"其下维榖"条："榖，幽州人谓之榖桑，或曰楮桑，荆、扬、交、广谓之榖，中州人谓之楮，殷中宗时桑榖共生是也。今江南人绩其皮以为布，又捣以为纸，谓之榖皮纸。"宋唐慎微《证类本草》卷十二"楮实"条引陶隐居说，"此即今榖树也"，"南人呼榖纸亦为楮纸，武陵人作榖皮衣，又甚坚好尔"。"今"，即南朝之梁。宋代，四川、安徽、浙江、江西，都是名纸的产地，"而藤乃独推抚之清江"[1]。藤即藤纸，抚即抚州，正在百丈山之北。姚勉诗所云"百丈山楮衾"，或即有名于当时的清江藤纸所制。蜀地所产楮衾也为诗人称道，如李新的《谢王司户惠纸被》，句云"雾中楮皮厚一尺，岷溪秋浪如蓝碧。山僧夜抄山鬼愁，白雪千番洴墙壁。裁成素被劣缯绮，故人聊助苏门癖"[2]。

纸衣的制作，《文房四谱·纸谱》略有记述："亦尝闻造纸衣法：每一百幅用胡桃乳香各一两煮之，不尔，蒸之亦妙。如蒸之，即恒洒乳香等水，令热熟阴干，用箭干横卷而顺蹙之，然患其补缀繁碎。今黟歙中有人造纸衣段，可如大门阔许。近士大夫征行亦有衣之，盖利其拒风于凝冱之际焉。"所谓"用箭干横卷而顺蹙之"，意即用挤压的办法使纸起皱，皱褶多，便可以分散应力，避免撕裂。明高濂《遵生八笺》卷八《起居安乐笺》言及制作纸帐，也用的是同样的方法。苏

图 1　楮（构树）

氏这里说的是造纸衣，纸被的制作，大约略同。纸衣内纳絮，便成纸袄，北宋释怀深"新成纸袄著彭亨，掉臂何妨雪里行"[3]，即此。若依释氏不衣蚕口衣之说，那么纸袄所纳应为麻絮而不可为丝絮，却不知实际生活中是否果然如此。

　　纸衣、纸被当然也有高低贵贱之别。佳者细软轻暖，碰触且无声响。晁说之"纸被喜无声"[4]，陆游"纸被无声白似云"[5]，皆是也。次者则不然，同样写逆旅境况，潘阆则曰"土床安睡稳，纸被转身鸣"[6]。

1　陈槱《负暄野录》卷下"论纸品"。

2　《全宋诗》，册二一，页 14176。

3　《题纸袄》，《全宋诗》，册二四，页 16136。

4　《久客》，《全宋诗》，册二一，页 13821。

5　《庵中杂书》，《全宋诗》，册四〇，页 25270。

6　《客舍作》，刘克庄《后村诗话》前集卷二引。

新编 終朝采藍 下

托名苏轼的《物类相感志》因有纸被除响之方，曰："芝麻萁烧烟熏纸被不作声。"[1]

宋以后的元明清，纸衣、纸被不曾绝迹，依然常见于吟咏。元刘诜《彭琦初用坡翁纸帐韵惠建昌纸衾次韵二首为谢》："盱溪水暖楮藤连，练作云衾与老便。补幅全胜羊续布，裹身疑是邓侯毡。温欺枭絮娱霜夜，洁与梅花共雪天。要识故人投赠意，可贪一暖但高眠"。[2]"坡翁纸帐"，即苏轼《次韵柳子玉二首·纸帐》。建昌纸被出在盛产藤纸的江西，盱溪，指建昌江，宋代享有的声名，似乎至元不衰。明蓝仁《纸被》："采得仙岩不老藤，蒸云煮雪揭轻冰。光浮一片昆山玉，暖压三冬内府绫。衣被生灵真有道，卷舒明晦亦堪征。衰年朽骨寒尤甚，自拥蒙头到日升"。[3]所咏纸被，亦藤纸所制。清代，广东的长乐出产一种谷纸，"厚者八重为一，可作衣服，浣之至再，不坏，甚暖，能辟露水"[4]，是两宋余波明清犹在。当然在实际生活中，纸衣、纸被远未如宋代的使用普遍，棉花大面积种植，且产量高于丝麻，人们的衣着转以为棉织品为主，这便是重要原因之一，游修龄《纸衣和纸被》一文对此已讲述得很清楚了。

1 《说郛》宛委山堂本号 二十二。
2 二首之二，《桂隐诗集》卷四。
3 《蓝山集》卷三。
4 屈大均《广东新语》卷十五。

杨柳岸晓风残月

图 1　灰陶厕　河南南阳市建东小区东汉墓出土　　　　图 2　绿釉陶厕 淅川县博物馆藏

　　以厕所为专题的讨论，大约一向不很登大雅之堂，可供援引的材料因此不大现成。然而稍事搜检，所得也还不算太少。

　　先秦两汉载籍中，与厕相关的纪事已有数则，不过厕多半只是作为故事发生的地点而已。《史记·酷吏列传》曰汉景帝宠姬陪侍上林苑，如厕之际，有野猪一头撞进去，由此可以稍知皇家园林中厕所的简陋。其时讲究的住宅，厕所多半是在猪圈上边起一个小小的平台，平台上另起小屋，里面设便坑，外有台阶以便上下，台阶一侧的短墙或开有小门与猪圈相通。小屋或一或二，前者男女合用，后者两个小屋每每各踞平台一角，那么是男女分开。这几种类型的溷厕在两汉建筑明器中都很常见，如河南南阳市建东小区一二七号东汉墓出土的灰陶厕（图1），如淅川县博物馆征集的绿釉陶厕[1]（图2）。至于单独设置的厕所，有沂南汉画像石墓中室和后室画像石中的两处。其一是中室南壁的传舍图，溷厕设在传舍庭院后墙之外，有栏，有窗[2]（图3）。而画像石

1　河南博物院《河南出土汉代建筑明器》，图版七一，图版六五，大象出版社二〇〇二年。
2　曾昭燏等《沂南古汉画像石墓发掘报告》，页10，插图一九；图版一〇三：1，文化部文物管理处一九五六年。

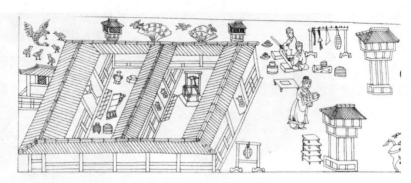

图 3　山东沂南汉画像石墓中室南壁传舍图

墓的后室也建有仿真的单独一间溷厕，即在后室北部的隔墙后边做出一个长方台，台子上两个小矮柱，又足踏，便槽，下凿成坑，坑深至底。徐州驮篮山楚王后墓出土一具保存完整的石厕，原设在长约一米余、宽约半米的矮台上，长方形的厕坑，利用山岩裂隙做出象征性的排泄道，厕坑两边有踏石，背后一方石板，右侧为扶栏，扶栏前边用作支撑的竖板顶端凸出一个光滑的圆榫而成为握柄[1]（图4）。这都是很规整的独立设施了。除此之外，汉代厕所尚别有巧构。《后汉书·李膺列传》云，"宛陵大姓羊元群罢北海郡，臧罪狼藉，郡舍溷轩有奇巧，乃载之以归"。北海郡乃汉景帝时置，治所在营陵，即今山东昌乐县东南。李贤注溷轩为厕屋，只是至今未能见到此类实物，究竟如何奇巧，不得而知。浙江安吉天子湖五福楚文化贵族大墓出土一件形制特殊的木凳[2]（图5），原是放在棺椁之外，或称此为"木坐便器"[3]，果然如是，那么它在当日也可算得奇巧之物了。

　　"厕"，本来还有"高岸夹水"之意[4]，或据此认为溷厕之厕原是取意于此，此说也许不很可靠，不过用"高岸夹水"来概括厕所的基本形制，却大体适合。就一般情况而言，厕所的建设自古以来都不是人们格外花心思的地方，——北海郡署中奇巧之溷轩只是特例，如此

图 4　石厕　江苏徐州驮篮山楚王后墓出土　　　图 5　木凳　浙江安吉五福楚文化贵族大墓出土

样式便一直延续下来，并且也还可以说有图为证。此图是历代绘画作品中难得一见的溷厕图，出在北周时期创作的一幅壁画。敦煌莫高窟第二九○窟窟顶前部东西两个人字披画佛传故事，东披为太子降生图，为了表现以佛的诞生而使臭处也变得香，画工选择了秽气之最的溷厕，图绘林木间一所小屋，里边地面铺木板，木板上做出方洞式的便坑，其上一位出恭者，其下放着他的一双鞋子[5]（图6）。据此看来，这一间溷厕卫生情况该是很不错的。

　　卫生设施可以称道的溷厕，有宋代禅寺。大约在十二世纪中叶，入宋日僧模写了一部《五山十刹图》，为南宋若干著名禅寺的实录，近年已有学者悉心研究[6]。南宋称禅林厕屋为东司，它一般由净厕亦

1　中国国家博物馆等《大汉楚王——徐州西汉楚王陵墓文物辑萃》，页223，中国社会科学出版社二〇〇五年。

2　时代为战国晚期，器藏安吉生态博物馆，此为观展所见并摄影。

3　安吉县博物馆《苕水流长》，页138"安吉五福M1棺椁平面图"说明，浙江摄影出版社二〇一二年。

4　《史记·张释之冯唐列传》"居北临厕"句裴骃《集解》引韦昭说。

5　谭蝉雪《敦煌石窟全集·25·民俗画卷》，图六五，商务印书馆（香港）一九九九年。

6　张十庆《五山十刹图与南宋江南禅寺》，东南大学出版社二〇〇〇年。按本文以下的叙述以及镇江金山寺东司图均取自该书。

图6　敦煌莫高窟第二九〇窟窟顶东披壁画

即大便所、小遗所，又净架亦即洗净所组成，比如镇江金山寺东司。依《五山十刹图》图例可知，其"面阔九间，进深四间，山面为正面入口，图上方处为净厕，沿壁设一排便槽，皆分隔成小间，每间前各置一香炉。图下方右面为小遗处，左面为净架，净架上备有灰、土、澡豆三种洗净料"；"中央处为净竿，用以挂手巾等。净竿下设有焙炉，以烘干手巾。图左端头设有镬及火头寮小间，以供汤水"（图7）。南宋官署中的溷厕，与禅院中情景相仿。陈骙《南宋馆阁录》记此皇家藏书及编纂之所中的省舍建置，曰"国史日历所在道山堂之东，北一间为澡圊过道"；其下并说明道："内设澡室并手巾、水盆，后为圊。仪鸾司掌洒扫，厕板不得溅污，净纸不得狼籍，水盆不得停滓，手巾不得积垢，平地不得湿烂。"有禅寺中的东司图作参照，这里叙述的情形也可以得见仿佛了。

不过古代溷厕始终缺少冲水设备，其秽气终究难以去除得尽。豪奢之辈或喜欢清洁者便因此想出若干除秽的办法，设干枣塞鼻御秽，置甲煎粉、沉香汁祛臭，甚至如厕后易以新衣，石崇的溷厕是最为著名的一例。此外《艺文类聚》《初学记》等引习凿齿《襄阳记》所述刘季和故事也是常用的典故，所谓"刘季和性爱香，尝上厕还，过香炉上"云云。宫廷御厕自然更须祛臭，却也不外用着石崇式的办法。明《宣德鼎彝谱》卷八记"内府御厨深腹鼎"云，"仿《考古图》款式，高三寸一分，耳高六分，口圆径六寸三分，足高三分三厘，重六两七钱，十二炼洋铜铸成，藏经纸色，不施金采，以供皇上御厕雕楚中焚香之用"。雕楚，应即雕橱。用精炼黄铜铸成的古鼎式香炉，便是后世珍若拱璧的所谓"宣德炉"。不过这还都是以香抵臭法，而倪云林"高岸夹水"式的溷厕，其除秽之法似乎更有成效。顾元庆《云林遗事》"洁癖第三"记其事云，"溷厕以高楼为之，下设木格，中实鹅毛，凡便下，则鹅毛起覆之，一童子俟其傍，辄易去，不闻有秽气也"。明宋诩《宋氏家要部》卷三"圊溷"条说到，"圊、溷二室不可共作一所。圊室须宜高爽，使臭气无闻，下积粪秽可以壅物"。这可以算作比较平常的做法。由此记起曾听故宫博物院宫廷部的一位朋友说到，清宫里帝后用的便器，其上覆一层檀香末，秽物下，质量很轻的檀香末便即刻上覆，因此可得祛臭之效。此与云林子使用的方法，倒是异曲同工。

如厕用到的拭秽之具是厕筹和纸。《北史》卷七载北齐文宣帝高洋令宰辅杨愔进厕筹，高洋以行事暴虐疯狂昭著于史，这也算是一例。唐义净《南海寄归内法传》卷二"便利之事"条说到出恭，云"若有

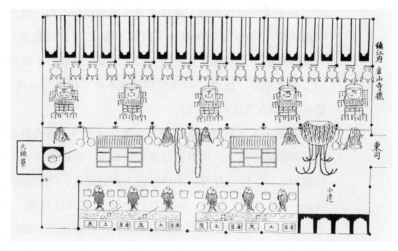

图 7 《五山十刹图·金山寺东司》

筹片，持入亦佳，如其用罢，须掷厕外。必用故纸，可弃厕中"。厕筹使用的时间很长久，陶宗仪《南村辍耕录》卷十二云，"今寺观削木为筹，置溷圊中，名曰厕筹"。这里的"今"，是元末明初。"故厕筹"略事加工可成一味疗疾之药，从唐孙思邈《备急千金要方》到明李时珍《本草纲目》，其法载之不绝。此或是古方照录，实际生活中未必很通行，不过厕筹生命力的久长，也很弄出一些教人启颜的故事。无著道忠《禅林象器笺·器物门》"厕纸"条下所引述的几则相关故事便都很有趣，如以瓦砾为厕筹事："胡应麟《甲乙剩言》云：有客谓余，尝客安平，其俗如厕男女皆用瓦砾代纸，殊为呕秽。余笑曰，安平晋唐间为博陵，莺莺，县人也。为奈何。客曰，彼大家闺秀，当必与俗自异。余复笑曰，请为君尽厕中二事：北齐文宣帝如厕，令杨愔执厕筹，是帝皇之尊，用厕筹，而不用纸也；三藏律部宣律师上厕法亦用厕筹，是比丘之净用厕筹，而不用纸。观此，厕筹、瓦砾，均也，不能不为莺莺要处掩鼻耳。客为喷饭满案。"[1] 胡氏是明代学问家而学问做得并不迂腐，此亦他的幽默之处。

前引义净说如厕事，筹片之外又举出故纸，而故纸的使用，也早在南北朝。《颜氏家训》卷一《治家》篇云，"吾每读圣人之书，未尝不肃静对之，其故纸有《五经》词义及贤达姓名，不敢秽用也"。"秽用"，别本或作"他用"，卢文弨抱经堂本作"秽用"，卢氏并注云："秽，亵也。"那么当是如厕所用。

谢肇淛《五杂组》卷九记录一则与净纸相关的故事很有意思，"大内供御溷厕所用，乃川中贡野蚕所吐成茧，织以为帛，大仅如纸，每供御用之后，即便弃掷。孝庙时宫人取已用者，浣濯缝纫，为帷帷之属。一日，上见，问之，具以对。上曰：'如此殊可惜。'即敕以纸代之，停所进贡。逾年，川中奏诏书到后，野蚕比年不复吐茧，村民有衣食于是者，流离失所。乃令进贡如初。翌岁蚕复生矣。固知惟正之供，不偶然也"。孝庙即明孝宗，算是明代不多的几个好皇帝之一。只是帝王偶思省俭，不料反倒苦了以此项供御讨生活的一方百姓，似乎廉洁并不都是德政。不过谢肇淛是万历年间人，记述距他已经近百年的前朝故事，难免有传说的成分，未必十分准确。据刘若愚《酌中志》，明万历以及此后各朝，宫中如厕所用均为草纸，并且事有专司，不过草纸有普通与高级之别。其卷十六云，宝钞司"抄造草纸，竖不足二尺，阔不足三尺，各用帘抄成一张，即以独轮小车运赴平地晒干，类总入库，每岁进宫中以备宫人使用。至圣上所用草纸，系内官监纸房抄造，淡黄色，绵软细厚，裁方可三寸余，进交管净近侍收，非此司造也。神庙至先帝，惟市买杭州好草纸用之"。神庙即万历帝，所谓"先帝"，则指熹宗。刘若愚是历经三朝的太监，《酌中志》写于狱中，乃记述他在宫中数十年的种种见闻，自然可信者多。

出恭虽非雅事，但也偶见图画。前举敦煌壁画中的出恭图，出自民间画手，而文人画家也有借此以抒胸中之气者，上海中国画院藏清罗聘《野路登东图》画钟馗故事，是不多见的一例，由留白处的题诗，可见画旨（图8）。溷所之秽又或入诗，如梅尧臣《八月九日晨兴如厕有鸦啄蛆》"岂无腐鼠食，来啄秽厕虫"[2]，当然末了总还要上升到哲理的高度："吉凶非予闻，臭恶在尔躬。物灵必自絜，可以推始终。"

1　以瓦砾为厕筹，尚有亲历可以为证。三十多年前在京西山乡"接受再教育"，彼时只有小学校的外面设一间小小的厕所，山村住户则一如汉代，合猪圈与溷厕为一，却还没有另筑一室的讲究。与厕筹相类的拭秽之具，则是平滑的石子与石片，诚可谓古风。后读到麻赫穆德·喀什噶里《突厥语大词典》（校仲彝译）中释"土块儿"一词曰"土坷垃。解大小便时用"（页349，民族出版社二〇〇二年），方知民情相通一至于此。词典成书于十一世纪七十年代，编撰者系喀喇汗王朝的维吾尔族学者。

2　钱锺书《宋诗选注》（页17，人民出版社一九八二年）评述梅尧臣的此类诗作曰："他要矫正华而不实、大而无当的习气，就每每从一本正经的用些笨重干燥不很像诗的词句来写琐碎丑恶不大入诗的事物，例如聚餐后害霍乱、上茅房看见粪蛆、喝了茶肚子里打呼噜之类。"

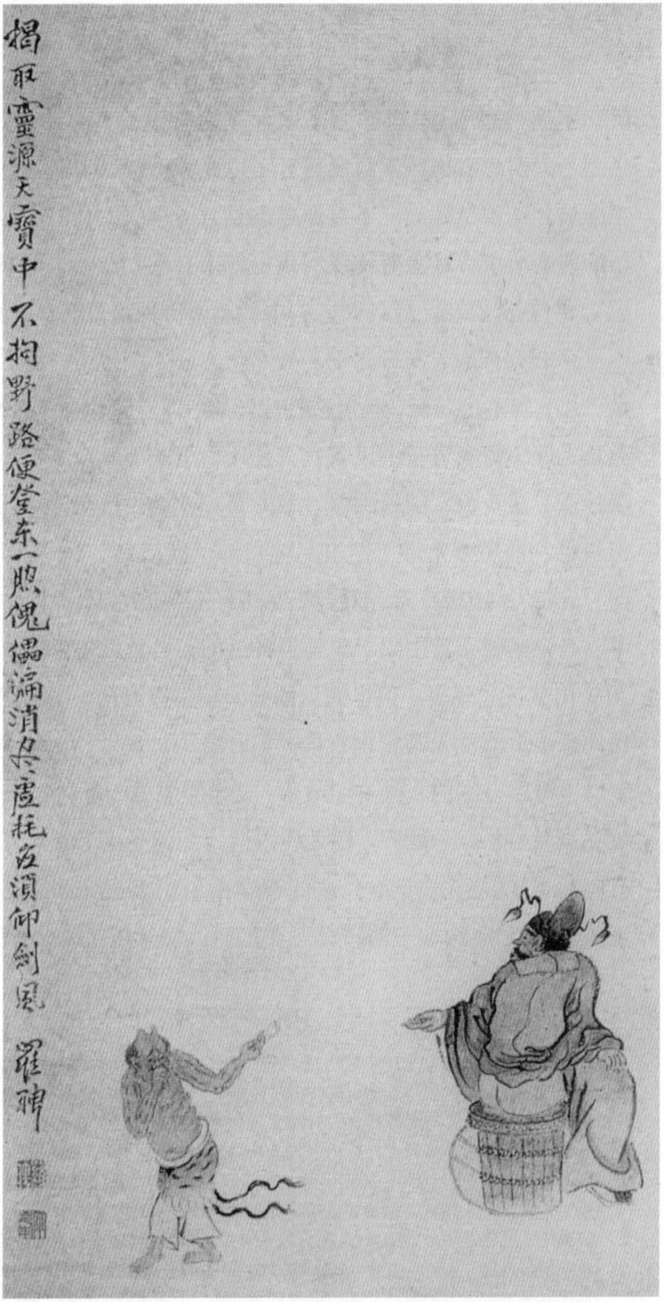

图 8 《野路登东图》上海中国画院藏

其实如果图省便的话，把类书翻一翻，关于溷厕的各种小掌故便多可令人莞尔，这里仅从宋祝穆《古今事文类聚》续集卷十中随手抄录两则：

其一，"登溷诗"条引《倦游录》：任师孟知洪州，作静堂，自爱之，无日不到。作诗曰：每日更忙须一到，夜深长是点灯来。李元规笑曰：此乃登溷诗也。

其一，"登溷处"引《东坡志林》：柳永词云"今宵酒醒何处，杨柳岸、晓风残月"，或以为佳句，东坡笑曰：此稍工登溷处耳。

以坡公的诙谐，溷厕一题也可以"曲终奏雅"了。

看图说话记

古诗文笺注，是很难的一件事。做得好，被视作当然；有一二疏失，便难免受到指摘，因此一向视它为畏途，批评相关著述，更轻易不敢多想。忽然发兴，只是因为近年于"看图说话"一事稍稍用心，自以为微有所得，遂忍不住欲效田夫野老之献曝献芹，虽然明明知道，自家原无本领作笺注，所言种种，与笺注者相比，其难易程度正有着打靶子与射飞鸟的悬殊之别。

一 "红蛮捍拨帖胸前"

王建《宫词》："红蛮捍拨帖胸前，移坐当头近御筵。用力独弹金殿响，凤凰飞出四条弦。"《王建诗集校注》："捍拨，护拨的装饰物。拨是拨动琵琶、筝、瑟等弦索的器具。叶廷珪《海录碎事》卷十六《琵琶门》：'金捍拨在琵琶面上当弦，或以金涂为饰，所以捍护其拨也。'李贺《春怀引》：'蟾蜍碾月挂明弓，捍拨装金打仙凤。'元稹《琵琶歌》：'泪垂捍拨朱弦温，冰泉呜咽流莺涩。'此云红蛮捍拨，当是红色的、出产于南方的拨饰物。"[1]王建的好友张籍也有《宫词》（二首），其二曰："黄金捍拨紫檀槽，弦索初张调更高。尽理昨来新上曲，内官帘外送樱桃。"《张籍集系年校注》释"捍拨"曰："弹奏琵琶用以拨弦的器具。因质地坚硬，故称。"[2]《王建诗集校注》所引李贺《春怀引》，在《李长吉歌诗编年笺注》中也有一段很长的释义："'捍拨'句，王琦《解》引《海录碎事》云（即前引，此略），所云很不明确。按'捍拨'，一作'杆拨'，又名'拨'，是弹奏琵琶时拨动弦丝的一种工具。白居

---

1 《王建诗集校注》，页 483，巴蜀书社二〇〇六年。
2 《张籍集系年校注》，页 745，中华书局二〇一一年。

新编
終朝采藍
下

图1　陕西长安县南里王村
唐墓墓室西壁壁画局部

易《琵琶行》：'曲终收拨当心画。'《旧唐书·音乐志》：'旧琵琶者皆以木拨弹之，太宗贞观始有手弹之法。'随制作捍拨质料不同，唐时出现'金捍拨'、'象牙捍拨'、'龙香拨'等不同名称，如张籍《宫词》'黄金捍拨紫檀槽'。打仙凤，王琦《解》：'打金凤未详。按李义山诗拨弦惊火凤。《火凤》者，琵琶曲名，贞观中，裴神符所作。打仙凤或即惊火凤之意。'全句意谓用装金捍拨弹奏《火凤》曲。"[1] 宋人又或化用唐人诗句，如秦观《调笑令十首》之一《王昭君》句云"捍拨檀槽鸾对舞"，而《秦观集编年校注》释此曰："捍拨：弹琵琶的拨子。……鸾对舞：谓演奏时召来凤凰对舞。"[2]

　　各家笺注，于相关书证的援引都不算少，欠缺者，却是"看图说话"，也因此对所引文献的释义不能得其要领。捍拨究竟何物，注者所举叶廷珪《海录碎事》中的一段文字其实已经清楚无误，即所谓"金捍拨在琵琶面上当弦，或以金涂为饰，所以捍护其拨也"，岂不明白告诉我们，装在琵琶表面、弦之下方的物事是为捍拨么。陕西长安县南里王村唐墓墓室西壁一溜儿六曲屏风式美人图[3]，中有一幅拨弹琵琶的美人，系一条水绿长裙，跷脚坐在树下，琵琶当胸斜在左手，方从弦上抬起的拨子拿在右手，琵琶腹板用墨线画出的一方界域与持拨之手相对，此方界域，正是捍拨（图1）。只是壁画不曾摹绘捍拨装饰，诗所谓"红蛮捍拨帖胸前""黄金捍拨紫檀槽"，虽可由此得见仿佛，其中细节尚未能觑得真确。不过敦煌壁画中却不乏描绘清晰的图像，如莫高窟第一四八窟东壁壁画中的伎乐人，如第三二一窟北壁壁画天空随风自鸣的一具直项琵琶，后者为初唐，前者为盛唐。当然最为明确的例证，要推实物。

捍拨保存完好且制作精美的唐物，有日本奈良正仓院藏紫檀琵琶、木画紫檀琵琶、螺钿紫檀琵琶等数面。藏于南仓者，是一面紫檀槽四弦琵琶，当弦处张一方皮革捍拨，捍拨的"红蛮"地子上彩绘远山近水间俯冲而下的老鹰拿天鹅（图2）。又一面螺钿紫檀五弦琵琶藏于北仓，它在《东大寺献物帐》（《国家珍宝帐》）中留下的记录是："螺钿紫檀五弦琵琶一面 龟甲钿捍拨 纳紫绫袋浅绿腊缬里。"贴嵌在腹板当弦处的捍拨是一方玳瑁，便是《献物帐》所云"龟甲"。玳瑁上面用螺钿嵌饰芭蕉、鸿雁、鹦鹉和花草间骑在骆驼上弹琵琶的一个伎乐人。琵琶之背即所谓"槽"，更是遍身螺钿填嵌出牵枝抱叶的花朵流云和一对

图2　紫檀槽四弦琵琶　正仓院藏

紫檀槽四弦琵琶捍拨示意图

1　《李长吉歌诗编年笺注》，页745，中华书局二〇一二年。

2　《秦观集编年校注》，页822，人民文学出版社二〇〇一年。

3　《中国美术全集·绘画编·墓室壁画》，图一二五，文物出版社一九八九年。

图 3　螺钿紫檀五弦琵　　　螺钿紫檀五弦琵琶捍拨　　　螺钿紫檀五弦琵琶背面
琶正面　正仓院藏

衔绶鹦鹉 [1]（图 3）。且不说它的风华绝代之美，难得在于唐代五弦琵琶，这是存世唯一的一面。日人林谦三《东亚乐器考》（钱稻孙译）说它"虽属千年古器，保存比较好，益以明治年间的修补，几乎恢复到完全的原形。通过这个，可以悉知唐制五弦的构造"。详细分析它的柱制之后，又道，"要之，从这正仓院的五弦遗物，关于过去一度称盛的五弦的一些但凭文献所不能理解的——这里虽然只讲了柱制——事实，多可得到了解，令人颇有百闻不如一见之感"。且特别言及这一件"唐式五弦的捍拨面，也还分明有用拨的损伤痕迹" [2]，则"捍拨"也者，"所以捍护其拨也"，自然也是我们"百闻不如一见"的所得之一。如此，李贺《春怀引》"捍拨装金打仙凤"，便不可解作"用装金捍拨弹奏《火

图 4　红牙拨镂拨子
正仓院藏

红牙拨镂拨子　另一面

凤》曲"，因为捍拨并非弹奏之工具也，而理解为捍拨上面装饰金凤凰，似乎妥当。正如同"蟾蜍碾月挂明弓"是平常意象的幽奇拼接，这一句也是即目之物象的错位组合。

至于被笺注者认作捍拨的拨子，前举美人图以及琵琶捍拨上的螺钿伎乐图早是描绘分明。《东大寺献物帐》中，与"螺钿紫檀琵琶"登录在一起的尚有"红牙拨镂拨"，它也同螺钿紫檀琵琶一样保存至今。拨长 20 厘米，两面均满布纹饰。一面，手柄一端一对反向开张的荷叶，中间挺起一茎荷花，花心上依偎一对鸳鸯。其上两束折枝花，折枝之间是左向斜飞的仙鹤与鸿雁，仙鹤口中衔瑞草。折枝花的上方，又是一只右向斜飞口衔幡胜的锦雉。拨子之端为花枝环绕中的一只麒麟，其下为顶着茸茸绿树的一带仙山。另一面，拨子之端为花枝上面的一只飞廉，上方一大一小两朵流云，下方是花枝和飞鸟[3]（图 4）。傅芸子《正仓院考古记》中说道，"所谓'拨镂'者，亦唐代工艺美术之一，系以象牙染成红绿诸色，表面镌以花纹，所染诸色，层层现出，或更有于上再傅他色者，尤形纤丽工巧。唐中尚署即掌进此种镂牙物品。此具红牙上镂白纹祥禽瑞兽，复点缀青绿两色，允称精品"[4]。

1　《东瀛珠光》，第一辑，图三十六，审美书院一九〇八年。
2　《东亚乐器考》（钱稻孙译），页 309 ~ 314，上海书店出版社二〇一三年。
3　《东瀛珠光》，第一辑，图三十五，审美书院一九〇八年。
4　《正仓院考古记》，页 23，文求堂一九四一年。

后此著七十年，我在一年一度的正仓院展中也曾一睹此物真容，驻足流连细细端详之际，同样有"百闻不如一见"的欣喜。

　　冠于《王建诗集校注》的《代前言》评述王建《宫词》曰："《宫词》虽然也有对于大场面的描写，如上朝、宣赦、接见外国使节、天子亲试制科举人等，但主要却是取材于宫中的日常生活，人物主角则是一般宫女。有关唐宫中各种习俗与场景，在此诗中几乎都有所涉及，既是一幅五光十色的唐代宫廷生活的修长画卷，又是一部丰富多彩的唐宫廷生活的百科全书。举凡体育、游戏、音乐、歌舞、服饰、饮食、器用、礼仪、习俗等，都可于其中找到相关的描写。"所言极是。然而，如果不借助与诗相契的出土或传世的图像与实物资料，或对当日社会生活中的若干细节缺乏了解，是否会在面对这"一幅五光十色的唐代宫廷生活的修长画卷"之时目迷五色呢，"红蛮捍拨帖胸前"之外，又比如《宫词》之另一首："内人对御叠花笺，绣坐移来玉案边。红蜡光中呈草本，平明舁出阁门宣。"末一句，《校注》释义曰："舁，通舆，舁出谓用轿子将内人抬出。"其实"舁"在这里并不通舆，而是用它的本义，即抬或举。则"舁出"者，玉案也，而非"内人"。秉烛起草，平明遂成诏旨，因以"玉案"相承，奉出阁门，正式颁布。此案，乃制书案之属，原是尺寸不大的矮足案。它在宫廷的使用情况，唐杜佑《通典》中叙述颇详。

　　再回过头来说捍拨。琵琶之外，装置捍拨的还有阮咸，阮咸拨面上的捍拨多依腹板之形造型近圆，其上也常绘制或妍丽或古雅的图画。正仓院藏品中的一面桑木阮咸，花朵形的捍拨上面是一幅松下弈棋图[1]（图5）。松林山石间，二老坐鹿皮荐相对弈棋，一老旁坐观战。傍树置投壶为游戏具，又一个胡瓶为饮酒具。此以浓艳之色写清幽之景，倒是别一番绿翠红稠。有意思的是，此类绘事小品到了宋代却又派上新的用场。南宋赵希鹄《洞天清禄·研屏辨》中说道，"屏之式

图 5 桑木阮咸捍拨 正仓院藏

止须连腔脚高尺一二寸许，阔尺五六寸许，方与盖小研相称。若高大，非所宜。其腔宜用黑漆或乌木，不宜用钿花、犀毗之属。取名画极低小者嵌屏腔亦佳，但难得耳。古人但多留意作阮面大如小碗者，亦宜嵌背。苟非名笔，则不可。或用古人墨迹，亦妙"。所云可用来嵌饰砚屏之背的"阮面"，即指阮面上的捍拨。其实不论琵琶抑或阮咸，捍拨上的图画皆或出自名家，乃至御笔，宋徽宗《宣和宫词》："玉钩红绶挂琵琶，七宝轻明拨更嘉。捍面折枝新御画，打弦唯恐损珍花。"捍拨本为保护琵琶的拨弦处，却是因为贴了一幅御笔折枝花，而使得捍拨之珍竟逾于琵琶。宋室南渡，捍拨绘事也还有继踵者，并且风气播向民间。邓椿《画继》卷二道："士遵，光尧皇帝皇叔也，善山水，绍兴间一时妇女服饰及琵琶筝面，所作多以小景山水，实唱于士遵。"因此宋人用它来装点案头清玩——比如此际尚算得新生事物的砚屏——正是合宜。唐之风流，宋之风雅，实不免教人钦羡。而我们看图读诗，竟得"出唐入宋"，与古人接谈片时，也可谓意外之喜。

1 《日本の美術・正倉院の楽器》(阿部弘编)，图四十七，至文堂一九七六年。

二 "金条零落满函中"

温庭筠《咏春幡》诗有"玉钗风不定，香步独徘徊"之句，此中最是"风"字下得好，也正如《菩萨蛮》中的"玉钗头上风"一般教人喜欢。这里见出诗人体物之亲切，因得以活画唐钗之神韵。不论玉钗、银钗，玉簪、银簪，唐五代簪钗的主流，总以轻薄的片材镂作透空纹样为特色。浙江临安市五代吴越国康陵出土一枚银鎏金镶玉钗首[1]（图6），鎏金花萼为座，只有两毫米厚的一枚花叶式玉片嵌入其内，玉片碾作缠枝卷草间的一只凤凰，凤口衔绶，绶带迎风，带起一片飞舞的轻盈。"玉凤雕钗袅欲飞"，是无风自动也，花蕊夫人《宫词》中的隽语，竟好像是为它写真。此钗却也可以是飞卿之"风"的别解，即以钗之袅袅，香步徘徊之际，便好似风中轻飔。则飞卿之"风"，不如说是唐钗之风。飞卿词《菩萨蛮》"翠钗金作股，钗上蝶双舞"，也正是以蝶舞而见风。合肥市农学院南唐汤氏墓出土两支银镶玉步摇[2]，其中一支钗脚为银制，即所谓银"作股"，其端结束为花苞三朵，顶端的一对下以弹簧式的"螺丝"为茎，仿若蝶翼的一对镂空花叶披垂在下方花苞的两旁，花叶中间嵌玉，下缘垂缀细小的银镂花朵、花蕾及菱形坠。另一支与此相仿，不过蝶翼式的花叶由披垂易作上扬，花叶下边的坠饰以细银丝宛转为花朵，更见累若缤纷（图7）。两支步摇娇娆秀逸，似花，似蝶，各有随风回漾之态。"翠钗金作股，钗上蝶双舞"，"诗"与"物"在此因缘际会，因缘即在原本是同"风"。

稍长于飞卿的王建，笔下也有同"风"之物。《宫词》："蜂须蝉鬓薄松松，浮动搔头似有风。一度出时抛一遍，金条零落满函中。"搔头，即簪之别称。"浮动搔头"，

图6　银鎏金镶玉钗首　浙江临安市吴越国康陵出土

图 7　银镶玉步摇　合肥农学院南唐汤氏墓出土

系倒装，以是可会得搔头之玲珑剔透。《宫词》中的另一首正宜与它同看："玉蝉金雀三层插，翠髻高丛绿鬓虚。舞处春风吹落地，归来别赐一头梳。""绿鬓虚"即"蝉鬓薄"，秀发虚拢蓬松如蝉翼也。"一度出时抛一遍"，即此"舞处春风吹落地"，亦即应宣唤而歌舞。低鬟回袖，跳珠撼玉，王建《白纻歌二首》之一"低鬟转面掩双袖，玉钗浮动秋风生"，原是同样情景，此际悬缀于金玉簪钗的小件以至于簪钗本身，以轻倩细薄之故也不免掉落，王建《宫词》因又有"舞中遗却金钗子"之句。收拾细碎，归置奁匣，于是"金条零落满函中"矣。此"条"，指组合为簪钗的细薄之构件，和凝《宫词》"结条钗飐落花

1　杭州文物考古研究所等《五代吴越国康陵》，彩版一二四，文物出版社二〇一四年。
2　石谷风《合肥西郊南唐墓清理简报》，页 68，图九、图一二，《文物参考资料》一九五八年第三期。

风"，也是同样的意思，正不妨拈来作注。而《王建诗集校注》释此句云："金条，金条脱。条脱又作跳脱，为手镯、腕钏一类的臂饰"，似乎是错会了。且不说金条脱未闻以金条为称，即便果然此物，它又何至于"零落"且"满函"。西安南郊何家村唐代窖藏中的金钏，是唐代的典型式样（图8），如此，其不可能"零落满函"，大约可以见得明白。何况此诗通篇是以发式与簪戴侧写美人之舞，其实未及腕饰也。

图 8　金钏　西安南郊何家村唐代窖藏

三　"屏风十二扇，画鄣五三张"

成书于初唐的《游仙窟》，是中国小说史上很特殊的一部，它在中土久已失传，却在唐代渡海刊刻于东瀛，直到近世杨守敬著录于《日本访书志》，方重为国人所知。其作者，日本钞本署作宁州襄乐县尉张文成，世因定为唐张鷟所撰。文成在世即大有文名，且名传新罗、日本。《游仙窟》以骈散相间之体为传奇，虽然情节并不曲折，辞旨也无深意，而语言轻巧风艳，颇存初唐俚辞谑语，故特为语言学家所重。其实语言之外，此中关于日常生活细节的描画，也很有错采流光之绮丽，而为唐代传奇所鲜见。那么也可以认为，《游仙窟》对于今人来说，更多的是文学以外的价值。比如我，对它的兴趣就几乎全部来自各种各样的"物"，尤其是至今不得确解者，譬如屏风、画鄣两事。此乃小说主人公被引至十娘卧处时率先入眼的陈设，便是"屏风十二扇，画鄣五三张"。虽早在小文《行障与挂轴》稍稍讨论，却总觉得所解未切。今见新注《游仙窟校注》一厚册，自是欣喜。急忙展卷，但见《校注》解释此句曰，"屏风，室内用以挡风或遮蔽的器具，上面常有字画"；"画鄣，即画障，画屏，有画饰的屏风"[1]。不免纳罕。如此，"上面常有字画"的屏风，与"有画饰的屏风"，究竟一事耶，两事耶？若为一事，则此屏风、画鄣之形容岂非叠床架屋；若为两事，二者又区别何在呢。默思数日，终有一得，虽然仍未必是确解。

且先言"画鄣"。

画鄣，多写作画障，又或画幛，它并不是"有画饰的屏风"，而是唐人常常说到的障子。其上有画，却非图案一类的"画饰"，而是出自画家乃至名公巨匠之手的山水画、花鸟画。屏风与障子，就实用而言，功能相似，即都有分隔室内空间的作用，材料以绢帛为常，形制却并不相同。屏风自是把屏面固定于框架亦即屏风骨，不论一扇与多曲。障子则不然，障子是用丁字障竿把障面悬挑起来，下设障座以为固定。障座的样式，与南北朝以来流行的帷帐座应无不同[2]（图9）。若改变陈设位置，取竿出座，移动是很方便的。而障子的这一形制，原是来自行障。

于是再说"行障"。汉魏南北朝至隋唐，卧床周围尚未有与床栏连作一体的帐架，因多以屏风和行障掩护起这一方私密的空间，庾信《灯赋》"翡翠珠被，流苏羽帐。舒屈膝之屏风，掩芙蓉之行障"，可见卧息之处由此二事布置出来的旖旎与温丽。"屈膝"，乃合页，那么这是一架多曲屏风。行障的材质通常是织物，似乎以锦为多，至少也是以锦为缘以宜于披垂。梁吴均《续齐谐记》中《阳羡书生》一则，用于山野间划分几对男女不同活动空间的器具，即是一具锦行障。《灯

1　中华书局二〇一〇年。
2　六朝墓葬出土的障座有很多例，形制大体相同，唯装饰有繁有简，有精有粗，或一对，或一组两枚，其数不等。其时帷帐、步障，当然还应包括行障，均有座，很可能相互通用。这里举出的实例今藏南京市博物馆，为参观所见并摄影。

图 9　障座 江苏南京市富贵山出土

图 10　河南安阳市果品公司家属楼基建工地
唐墓墓室壁画

赋》所谓"芙蓉行障",芙蓉,当是织纹。唐刘方平《乌栖曲》:"娥
眉曼脸倾城国,鸣环动佩新相识。银汉斜临白玉堂,芙蓉行障掩灯光。"
此一具与灯光相映的"芙蓉行障",自然可以认为是用《灯赋》之典,
不过行障的使用这时候本来也还有着与《灯赋》中相似的情景。河南
安阳市果品公司家属楼基建工地唐墓墓室棺床之侧的壁画绘出手持行
障的侍女,行障团花绣带,中间撑竿下有三足,落在一个石障座上,
行障的样式因此正见得清楚 (图 10),虽然图版说明道是"一仕女站立
在幔帘后"[1],而我们知晓此物非名"幔帘"也。

　　卧处与屏风并用的画障,也是与行障相同的陈设,只是如前所述,
障子的材质通常不是织锦,而是画作,并且多为山水画。王维《题友
人云母障子》:"君家云母障,持向野庭开。自有山泉入,非因彩画来。"
作者以早慧闻名,此诗系少年之作,其佳处即在于以"自有山泉入,

非因彩画来"一联，巧妙点出障子的材质是透明的云母。——障子本多山水画，这一具云母障子却只须持向野庭，自有山水映现，而不必施以绘事也。或曰"二句形容屏风上描画的山泉，形象逼真，使人感到不是画出来的"[2]，若依此解，则这一首诗也就才调平平了。此外，它也不是屏风。云母为窗、为幌、为屏风，此前并不鲜见，宁夏固原北周田弘墓即曾出土数百枚云母片[3]，而云母制为障子，似可算作特例。清赵殿成《王右丞集笺注》卷十三注此诗云"唐时呼屏障为障子"，下并举出唐人咏松树、山水障子之作若干例。其实赵注胪举的诗句所咏只是障子，而非"屏障"，因为唐代屏风与障子原为二物。王绩《山家夏日九首》之六"障子游仙画，屏风章草书"，二者对举，可见颇有分别。《游仙窟》十娘卧处的"屏风十二扇，画部五三张"，自然也是如此。至于题材，障子与屏风大约微有不同，即前者几乎都是出于绘笔，障子在唐代每以画障为称，也是表明它的这一特点；后者则法书与绘画并行。有关唐代屏风画的图像，今天所能看到者，尚不在少数；敦煌莫高窟盛唐第一〇三窟东壁南侧帷帐里的维摩诘，身后一架六曲草书屏风，则是不多见的图例[4]（图11）。韩偓有诗题作《草书屏风》，——"何处一屏风，分明怀素踪。虽多尘色染，犹见墨痕浓。怪石奔秋涧，寒藤挂古松。若教临水畔，字字恐成龙"，不妨与它互看。

画障在王绩和《游仙窟》的时代，尚算得新生事物，因为它的出现，大约在隋唐之际。张彦远《历代名画记》卷二："董伯仁、展子虔、

1　《中国出土壁画全集》（徐光冀主编），第五册，图一一六，科学出版社二〇一二年。

2　《王维集校注》，中华书局一九九七年。

3　原州联合考古队《北周田弘墓》，彩版三六至四一，文物出版社二〇〇九年。此书第十六章"云母"一节详细论述了出土云母的状况以及文献所载云母屏风的使用。

4　本书照片系参观敦煌壁画高清图片高校巡展所摄。

图11 敦煌莫高窟盛唐第一〇三窟壁画

壁画局部

郑法士、杨子华、孙尚子、阎立本、吴道玄，屏风一片，值金二万，次者售一万五千。"句下自注云："自隋以前，多画屏风，未知有画幛，故以屏风为准也。"这是很值得注意的一条说明。隋以前既无画幛之称，自然谈不到画幛与屏风的区别。然而既有画幛，也便有了画幛与屏风之异，即画幛是屏风画之外另一种形式的画作，可以是独幅，也可以是主题一致的一组。随着画幛的逐渐风行，且势力愈盛，它便成为完全独立于实用功能之外的绘画载体，当然也可以同传统的屏风画一般标价出售。唐张乔《莺鹭幛子》："剪得机中如雪素，画为江上带丝禽。闲来相对茅堂下，引出烟波万里心。"既曰"闲来相对"，当非长设之具，不过兴来悬挑，从容赏玩。又唐胡令能《题绣幛子》："日暮堂前花蕊娇，争拈小笔上床描。绣成按向东园里，引得黄莺下柳条。"（五代何光远《鉴诫录》卷八引）这一件绣幛子乃写生花卉，先绘后绣，以绣工之精而更见画艺。"绣成按向东园里"与"闲来相对茅堂下"，正是同样的意味。

为人所珍的屏风画，也可以转变为画障。绢帛在屏风上用得久了，自然会变得陈旧乃至破损，因不免时常更换。更换下来的旧屏面经过修补，仍然可以另一种形式保存下来。郭若虚《图画见闻志》卷六"张氏图画"条："张侍郎（去华）典成都时，尚存孟氏有国日屏扆图障，皆黄筌辈画。一日，清河患其暗旧损破，悉令换易。遂命画工别为新制，以其换下屏面，迨公帑所有旧图，呼牙侩高评其直以自售。一日之内，获黄筌等图十余面。"黄筌先仕王蜀，后仕孟蜀，其花鸟竹石冠绝一时，人物山水也皆擅胜场。张去华是宋初人，故为官成都时尚可见到屏风上的黄筌真迹，并且用了更换旧屏面的办法使之成为自己的收藏。而从屏风上面揭下来的画作，如用悬挑的方式观赏，便又是画障。至此，作为画作装裱形式之一的立轴，已是呼之欲出了。

回过头来再看唐墓壁画中的行障图，也还有一笔题外"画"。美人头耸高髻，插梳挽簪，两颊各涂两抹斜红。此乃唐代流行的女子面妆，晚唐罗虬《比红儿诗》"一抹浓红傍脸斜"，即是之谓。斜红之外，以花钿贴面亦为"入时妆"之一。所谓"匀脸安斜雁"，李贺《恼公》中句即是此类。或释此句曰"斜雁，即钗钿"[1]，则于唐代女子妆容似未觑得真确。敦煌莫高窟第九八窟东壁壁画（五代）女供养人群像，个个"犀玉满头花满面"（《云谣集杂曲子·天仙子》），花子式样且有成对的小鸟[2]（图12），正可由此画笔映发诗意。唐段公路《北户录》卷三"鹤子草"一则说道："鹤子草，蔓花也，其花麹尘色，浅紫蒂，叶如柳而小短，当夏开，南人云是媚草。……采之曝干以代面靥，形如飞鹤状，翅羽觜

1　《李长吉歌诗编年笺注》，页 347。

2　谭蝉雪《敦煌石窟全集·服饰画卷》，图二一九，商务印书馆（香港）有限公司二〇〇五年。

图 12　敦煌莫高窟第九八窟东壁壁画（范文藻摹）

距无不毕备。"可见飞鹤样原是唐代面靥的流行式样之一，而如此别有功用的岭南奇草，当日大约是面靥中的珍物了。

四 "绿袜细缠腰"

前节提到的中华书局版《游仙窟校注》，原是以皇皇四十多万字的篇幅为此短篇校理疏证，于语词部分考订细密，注释详明，多有可称道处。只是我所关心的各种用具，诸如室内陈设、饮食器具、衣冠服饰，校注者的引证疏解，或觉未能惬怀。比如小说叙及十娘卧处的侍女，道是"姿质天生有，风流本性饶。红衫小撷臂，绿袜细缠腰。时将帛子拂，还捉和香烧"。"绿袜细缠腰"一句，原多异文，校注者辨析妥当，然而注释部分却是解作"意即腰间紧束着绿色的抹胸"，以下胪举书证，如刘缓"袜小称腰身"，隋炀帝"宝袜楚宫腰"，李贺"宝袜菊衣单，蕉花密露寒"，等等[1]。

　　"绿袜细缠腰"之"袜",自然不是裹足之袜,而是束于腰间之物,由所引书证也见得明白。但它如何可以是抹胸呢,——抹胸既非缠在腰间,更不会完全暴露于外,不论传世抑或出土的唐代图像,也都不曾传达这样的信息。自当重新考虑。

　　关于缠腰之袜,旧注略得其意者,有五代马缟《中华古今注》卷中"袜肚"一条,言袜肚"盖文王所制也,谓之腰巾,但以缯为之。宫女以彩为之,名曰腰彩。至汉武帝以四带,名曰袜肚。至灵帝赐宫人蹙金丝合胜袜肚,亦名齐裆"。"腰巾""腰彩"之释,较为近实,只是所谓"文王所制",恐难凭信,两汉似也未见此物。它的流行,大约始于南北朝。庾信《梦入堂内》"小衫裁裹臂,缠弦掐抱腰",《夜听捣衣》"小鬟宜粟瑱,圆腰运织成",唐太宗才人徐贤妃《赋得北方有佳人》"纤腰宜宝袜,红衫艳织成",句意更为明确。则庾子山诗所云"抱腰""圆腰",便是"腰巾""腰彩",亦即束于纤腰的"袜肚",而《游仙窟》中的"红衫小撷臂,绿袜细缠腰",也正是"小衫裁裹臂,缠弦掐抱腰"之化用。援以图像,则有山西运城万荣县唐薛儆墓出土石椁线刻画中的侍女 [2]（图13）,美人二三,玉立亭亭,个个肩绕帔帛,纤指轻捻花朵,窄袖裹臂的短衫,外系一条窣地长裙,长裙之上,有织物紧束楚腰,此即袜肚是也,所谓"小衫裁裹臂","绿袜细缠腰",皇室群媛的"由来能装束",适可用作它的图解,无怪唐诗有句"因知海上神仙窟,只似人间富贵家"（韦庄《陪金陵府相中堂夜宴》）,唯《游仙窟》乃"彩绘",此则"白描"耳。墓主人薛儆是唐睿宗之婿,入葬年代为开元九年,即公元七二一年。《游仙窟》的创作年代,据校注者考订,约当六八〇年至六八三年之间。

1　《游仙窟校注》,页363。

2　山西省考古研究所《唐代薛儆墓发掘报告》,图五六、图五八,科学出版社二〇〇〇年。

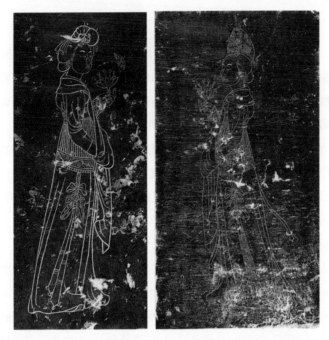

图 13　石椁线刻画中的侍女　山西运城万荣县唐薛儆墓出土

　　入宋，女装样式一大变。其余且不论，高束腰是再不曾时兴，因此清人注庾信"缠弦掐抱腰""圆腰运织成"之句，虽稍稍近意，却究竟不能觑得亲切（见倪璠《庾子山集注》）。而我们有条件利用考古材料细细打量历代歌诗中的"时世妆"，如此"既见"之福分，"庶几说怿"乎。

五　"钿筐交胜金粟"

　　"钿筐"与"金粟"，是唐五代诗歌中经常出现的物象。白居易"梳掌金筐蹙"（《和梦游春诗一百韵》）；温庭筠"宝梳金钿筐"（《鸿胪寺有开元中锡宴堂楼台池沼雅为胜绝荒凉遗址仅有存者偶成四十韵》），又"钿筐交胜金粟"（《归国谣》）；张泌《思越人》"斗钿花筐"，等等，凡此诸般，都是同类的物事。乐天句"梳掌金筐蹙"，《白居易诗集校注》释曰："金筐，一种簪饰。"[1]飞卿句"宝梳金钿筐"，《温庭筠全集校注》云："筐，犹盒。句似谓华贵的梳子置于用金镶嵌的盒中。"[2]然则"梳掌"竟是何物，下接"金筐"，又如何一个"蹙"字了得。而飞卿句原是为想象中的歌伎画像，所谓"萦盈舞回雪，宛转歌绕梁；艳带画银络，宝梳金钿筐"，如此情景中，实与置梳于盒之行事了不相干。

所谓"钿筐""金筐"，原是唐代金饰一种很有特色的样式。钿，一指金花或曰花钿，一指以宝饰器（参希麟《续一切经音义》卷五"钿饰"条），作为首饰的花钿，当是兼用两意，即填嵌宝石的金花。六朝歌诗为美人画像，每喜以"金钿"照耀颜色，两晋至南北朝的金钿，也多有实物出土。它在唐五代依然流行，不过此际多为传统的"宝钿"添加"花筐"，即以金粟勾勒边框，内里用金材掐作花朵图案，复以宝石填嵌花朵，西安市东郊唐金乡县主墓（图14）、河南偃师杏园唐李景由墓出土的花钿，便都是颇具代表性的样式[3]。李景由墓出土的花钿是放在一个银平脱漆奁匣里。前者墓葬年代为开元十二年，后者墓葬年代为开元二十六年。点缀发髻的花钿可以单独为饰，即如唐武惠

1　《白居易诗集校注》，册三，页1137，中华书局二○○六年。
2　《温庭筠全集校注》，页821，中华书局二○○七年。
3　前例墓葬年代为开元十二年。西安市文物保护考古所等《唐金乡县主墓》，图版一二一，文物出版社二○○二年（今藏西安博物院，本书照片为观展所见并摄影）；后例墓葬年代为开元二十六年，见中国社会科学院考古研究所《偃师杏园唐墓》，页129，彩版四：2，科学出版社二○○一年。

图 15　唐武惠妃墓石椁线刻画

图 14　金花钿　陕西西安市唐金乡县主墓出土

图 16　玉梁金筐宝钿带带銙　陕西长安县南里王村
唐窦皦墓出土

妃墓石椁线刻画中的美人[1]（图15）；它也可以合制为簪或钗，又或装饰梳背、带銙。陕西长安县南里王村唐窦皦墓出土玉梁金筐宝钿带，带銙是白玉梁中坐着的"金筐"，筐里金粟铺地，窄金片"双钩"草叶和花朵，花叶中填嵌珠宝[2]（图16）。飞卿词"钿筐交胜金粟"，于此正见得真确，"交胜"二字自不必"或解"为"彩胜"[3]，虽然彼言首饰，此为带饰，但工艺实无不同。

　　如此再来看"宝梳金钿筐"，不必说，这是"金钿筐"装饰的梳子，——确切一点儿，是梳背。唐代梳篦的质地比较多样，玉石、琉璃、玳瑁、蚌壳之外，也多有铜和金银制品。通常为起拱或高或矮的半月式梳背，下端或与梳齿连做，有的尺寸很小，因每每插梳满头。

　　梳齿插于发，梳背露于外，这一部分自然成为装饰的重点。唐代因此常在梳背上面嵌以花钿，元稹"玉梳钿朵香胶解"（《六年春遣怀八首》之四），皮日休"钿镂雕镂费深功"（《鸳鸯二首》之一），均言以花钿亦即钿朵装点梳背。敦煌文书《杂集时要用字·花钗部》（斯3227号背）有"钿掌，月掌，牙梳花"，正是唐代梳背几个不同的名称。所谓"钿掌"，便是以花钿为饰的梳篦。半月式，为唐代梳背特色，当然这也是从战国以来的传统式样演变而成。金筐宝钿施用于半月式梳背，即因其形而名之曰钿掌，也因此而代指饰以花钿或金钿的梳篦。白居易"梳掌金筐蹙"、温庭筠"宝梳金钿筐"，所咏俱此耳。甘肃武威市南营青嘴湾唐墓出土嵌螺钿骨梳一枚[4]（图17），长 9.3 厘米，宽 5.3厘米，它以金银螺钿裁作缠枝花果和蜂蝶，然后填嵌为梳背图案，诗所谓"香胶"和"雕镂"的两般工艺这里都用到，也正可对应于"梳掌""钿掌"或"牙梳花"。西安何家村唐代金银器窖藏出土金梳背以粗金丝挥洒出缠枝花叶，金粟在边框内蹙聚为果实与花[5]（图18），又恰好同"梳掌金筐蹙"相互发明。西安市雁塔区曲江乡三兆村出土金鸳鸯梳背[6]（图19），高 1.7 厘米、宽 6.73 厘米，粟粒纹的地子上铺散着花朵和花瓣，一对鸳鸯在花朵两边对望。从纹样来看，它该是倒插在发髻上的，——双梳对插的形象，也多见于唐代绘画。长沙市桃花仑出土荷花纹金梳一对，尺寸尤小，两枚均高 3.1 厘米，其一宽 4.6厘米，其一宽 4.5 厘米[7]（图20）。元稹《恨妆成》所云"满头行小梳"，

1　程旭《唐贞顺皇后敬陵石椁》，图二四，文物二〇一二年第五期。

2　此为观展所见并摄影。

3　《温庭筠全集校注》，页 969。

4　甘肃省文物局《甘肃文物菁华》，图三二九，文物出版社二〇〇六年。

5　陕西历史博物馆等《花舞大唐春——何家村遗宝精粹》，页 201，文物出版社二〇〇三年。

6　今藏西安市博物馆，此为观展所摄。

7　王立华《长沙馆藏文物精华》，页 95，湖南美术出版社二〇〇七年。

图 17 嵌螺钿骨梳 甘肃武威市南营青嘴湾 唐墓出土

图 18 金梳背 西安何家村唐代金银器窖藏出土

图 19 金鸳鸯梳背 陕西西安市雁塔区曲江乡 三兆村出土

图 20 荷花纹金梳 湖南长沙市桃花仑出土

便是这一类。"玉梳钿朵香胶解"之"香胶",自是黏着剂的美称,所用或有来自域外的紫矿,慧琳《一切经音义》卷六十"紫矿"条:"西国药名也。练木皮及胶煎成,堪胶黏宝钿作,皆从外国来。"

唐代"钿掌"式梳篦到了宋代便不多见,但它也偶或现身在北宋佳人的盈盈笑语中,——"凤髻金泥带,龙纹玉掌梳,走来窗下笑相扶,爱道画眉深浅入时无"[欧阳修(或作北宋僧仲殊)《南歌子》]。此所谓"玉掌梳",却是不得再以唐代梳篦为对应,因为这时候的梳篦以及梳背俱已变了样式。可知我们的"看图说话",所"看"者,实不可仅止一幅,而必要面对包孕了"诗"与"物"交相演变的整个历史画卷。

六 "劝客芙蓉杯,欲搴芙蓉叶"

欧阳修《初秋普明寺竹林小饮饯梅圣俞分韵得"亭皋木叶下"五

首》，其四："劝客芙蓉杯，欲蹇芙蓉叶。垂杨碍行舟，演漾回轻橄。"《欧阳修诗编年笺注》："芙蓉杯，形状如芙蓉花的酒杯。庾信诗《咏画屏风诗二十五首其二十五'竟日坐春台，芙蓉承酒杯'。"[1] 如果说用典，其实风调较庾子山诗更为切近的是王昌龄《越女》"摘取芙蓉花，莫摘芙蓉叶"，此不过略变其意。那么这里便是虚写酒器：折莲花为酒杯，揽莲叶为承盘。但如果解作"形状如芙蓉花的酒杯"，此句即为实写酒器，则它与庾信诗中物未必相同，因时代相去甚远。据同席唱和的梅尧臣《新秋普明院竹林小饮诗序》，当日原是"酾酒竹林间"，而池水在傍，故可水上泛舟，诗人因或拈取眼中风物借喻手中酒器，活用旧典，虚实相兼，于是我们不妨援"物"以作别解。

芙蓉是荷花的别名，本名芙蓉者，乃锦葵科，与水芙蓉相对，它也称作木芙蓉，范成大《桂海虞衡志》称作"添色芙蓉花"，因金秋开放，故又名曰"拒霜花"。花开后色由浅红转深红，迎霜带露，别具一种娇艳。苏轼《和陈述古拒霜花》"千林扫作一番黄，只有芙蓉独自芳"，王安石《木芙蓉》"水边无数木芙蓉，露滴胭脂色未浓"，南宋姚勉《芙蓉》"水芙蓉了木芙蓉，湖上花无一日空"。由台北故宫博物院藏宋代刺绣《黄筌画芙蓉螃蟹图》可以会得宋人对它的种种赞语。取芙蓉花为形，也成为宋元酒器中的一种流行样式。四川彭州宋代金银器窖藏中有银芙蓉花承盘亦即"芙蓉叶"一对[2]（图21），盘系打造成型，式如一枚银芙蓉，盘心凸起三枚花瓣合抱的花蕊，由花心向外铺展的两重花瓣用虚线细錾脉理。通常会有一只同它造型一致、纹饰相同的银杯，以合作一副，四川蓬安县南燕乡龙滩子村南宋窖藏

1　《欧阳修诗编年笺注》，页173，中华书局二〇一二年。

2　成都市文物考古研究所等《四川彭州宋代金银器窖藏》，彩版二七（名作"花口银盘"），科学出版社二〇〇三年。

图 21　银芙蓉花承盘 四川彭州宋代金银器窖藏

图 22　银芙蓉杯盘一副 四川蓬安县南燕乡龙滩子村南宋窖藏

图 23　金葵花盏 安徽休宁南宋朱晞颜墓出土

图 24　金代长瓶 河北献县出土

中的银芙蓉杯盘一副，便是一个保存完整的实例[1]（图22）。这一类花式杯盘，两宋俗称"象生"，或作"像生"，是时人喜欢的一种式样。所谓"劝客芙蓉杯，欲寒芙蓉叶"，若解作借景写物，意兼虚实，"水"、"木"双关，则"杯"者，适如《笺注》所云"形状如芙蓉花"；"叶"者，便是承托芙蓉花杯的芙蓉花式盘。芙蓉之外，流行者尚有葵花和菊。宋元时代呼作"葵花"者，原是蜀葵。葵花杯的设计构思或即来自葵花图，苏轼题赵昌黄葵图曰"低昂黄金杯，照耀初日光"（《王伯敭所藏赵昌花四首·黄葵》），花如金杯，也正如金杯似花，且看安徽休宁南宋工部侍郎朱晞颜墓出土葵花盏[2]（图23），正是绢帛妙染移作锤錾功夫，于是倚风含笑，易作酒宴"低昂"矣。

附带分说欧公诗中的另一件酒器，——《会饮圣俞家有作兼呈原父景仁圣从》"遂令我每饮君家，不觉长缾卧墙曲"，《欧阳修诗编年笺注》云："缾，即瓶，酒缸。"未知何据。此瓶自是酒瓶之一种，长身玉立，小口鼓腹而腹以下渐细渐瘦[3]（图24）。"长鉼"，或即依其式样而名之。王安石"人与长瓶卧芳草，风将急管度青枝"（《清明》）；杨万里"酒兵半已卧长瓶"（《昌英知县叔作岁赋瓶里梅花时坐上九人七首》），所云皆是此器。

七 "磨以玉粉缘金黄"

古代歌诗中的及"物"之作，每有虚与实之别。实，自然是物的写实；虚，却是用了颇有渊源的古称以为雅名，以助诗意，以蔚诗情。如此之"名"，与当日之"实"，则未必相符。这里所谓及物之作，所指不限于别为一类的咏物诗，更包括了大量的诗中有"物"者。对于这一类诗作，笺注的极要紧处，必是辨明虚实，以见真身。那么援以考古发现以及传世的相关实物，并解得此器此物的发展演变史，如此之"看图说话"，或当有助于"诗"与"真"的判别。

前节举欧阳修诗"劝客芙蓉杯，欲搴芙蓉叶"，可算虚实相兼的一例。欧诗咏酒具的写实之作，又有《鹦鹉螺》一首，此是作者知颍州，聚星堂燕集，会饮诸公分题赋咏筵席中物，欧公拈得鹦鹉螺一题。诗句有云"清樽旨酒列华堂"，可知此鹦鹉螺原是酒宴中的鹦鹉螺杯。开篇数句言螺杯所从来，然后说到螺杯的制作，结末是咏物诗必有的感慨寄意。至于螺杯样式，却只用了"磨以玉粉缘金黄"一句道其大概。《欧阳修诗编年笺注》解释此句云："鹦鹉海螺花纹隐伏，只要以

1　《中国金银玻璃珐琅器全集·金银器》，第二卷，图二四二（说明作"银芙蓉花形盏托"），河北美术出版社二〇〇四年。
2　今藏安徽博物馆，此为参观所见并摄影。
3　河北博物院藏，此为参观所见并摄影。

图 25　铜釦鹦鹉螺杯 江苏南京象山东晋王兴之夫妇墓出土

图 26　金釦青釉碗 陕西蓝田吕氏家族墓地出土

图 27　银釦青釉碗 陕西蓝田吕氏家族墓地出土

图 28　金釦玻璃盏 浙江金华陶朱路舒公墓出土

玉粉将其打磨，外表装饰金箔，就可以摆在华宴上作酒杯。"恐怕不是确解。

鹦鹉螺产南海，《太平御览》卷九四一引《南州异物志》"鹦螺，状如覆杯，头如鸟头向其腹，视似鹦鹉，故以为名"，欧诗所以言"陇鸟回头思故乡"也。陇鸟自然是鹦鹉，"思故乡"，即如《笺注》所云是援祢衡《鹦鹉赋》"望故乡而延伫"之典，那么这一句是扣题，也是为鹦鹉螺写照。而《笺注》释其意为"鹦鹉螺眷恋大海"，似觉不切。

再审"磨以玉粉缘金黄"一句，它与"浓沙剥蚀隐文章"相接，"浓沙"句下原注"胡人谓碙砂为浓沙"，可知治螺是用了可"柔金银"的碙砂。而"磨以玉粉缘金黄"中的关键字，是个"缘"字，缘者，边也，沿也，在这里则用为动词，实不可解作"外表"。金，可以指金银之金，也可以泛指金属，比如铜，比如银鎏金。将鹦鹉螺稍事打磨，再以金属片镶嵌于口沿，时称金釦，"磨以玉粉缘金黄"，此其实也。金釦鹦鹉螺杯，目前所知最早的一个实例是南京象山东晋王兴之夫妇墓出土的一枚，其釦为铜[1]（图25）。在杯、盏、碗一类的器皿口沿镶金属釦，是延续了很久的做法，两宋时期似乎尤为流行，如陕西蓝田吕氏家族墓地出土金釦碗、银釦碗（图26、图27），安徽来安县相官公社宋墓出土金釦玛瑙盏[2]（见上编页154图24），浙江金华陶朱路舒公墓出土金釦玻璃盏[3]（图28），皆属其例。它在工艺上并无特别之处，不过是以金银彰显珍重与奢华。当然偶尔也可派作其他用场，如南宋尤延之剥落茶杯与托釦银数两以易黄山谷帖（见杨万里《跋尤延之戒子孙宝藏山谷帖辞》），如此，便又别成一段风雅故事了。

八 "酒凸觥心泛滟光"

酒器大约是历代歌诗中出现格外频繁的词汇之一，古称、雅称、俗称，或用典，或写实，又或虚实杂糅，凡此种种，都很常见，均不可不辨。比如杜牧《寄李起居四韵》："楚女梅簪白雪姿，前溪碧水冻醪时。云罍心凸知难捧，凤管簧寒不受吹。"又《羊栏浦夜陪宴会》一首，句云"毹来香袖依稀暖，酒凸觥心泛滟光"。前例，《杜牧集系年校注》解释道："云罍，上有云雷纹之盛酒器。心，罍顶盖。"后例，同书释曰：

1　今藏南京市博物馆，此为参观所摄。
2　两例均为观展所见并摄影。
3　浙江省博物馆《梦粱物鉴——浙藏南宋文物珍品展》，页64，香港文汇出版社二〇一一年。

图 29　四曲花口摩竭戏珠纹金酒船
陕西西安市太乙路出土

图 30　兕觥（商代）山西石楼县桃花者村出土

"觥，饮酒器。"[1]两处注语，似乎都没有能够准确阐明诗意。

　　罍是古称，为三代酒器之一种。《诗·周南·卷耳》"我姑酌彼金罍"，此"金罍"，当是青铜制品。不过后世诗歌中将酒器呼作罍，几乎都属于用典，因为日常生活中的酒器并不以此为称，小杜诗中的"云罍"，也是如此。在这里，它应该是指金银杯盏。"心凸"之"心"，自然也不是"罍顶盖"，因为酒盏通常是没有盖子的，"心"，是金银杯盏的内底心。"酒凸觥心泛滟光"之"心"，亦然。唐五代以至于宋元，杯盏内底心装饰凸起的纹样，始终是通行的做法。西安市太乙路出土四曲花口金酒船，内底心为凸起的海浪摩竭戏珠纹，便是唐代的一个实例[2]（图 29）。"云罍心凸知难捧""酒凸觥心泛滟光"，两诗之两用"凸"字，其意一也。金盏银盏盏心纹饰上凸，内里注酒，自有流光动影之妙。而此际所谓"罍"和"觥"，多半是指酒宴中的罚酒之器。"毬来香袖依稀暖，酒凸觥心泛滟光"，前句言行抛打令，后句之觥则即罚盏。唐孙棨《北里志》"俞洛真"条谓洛真时为席纠，颇善章程，郑仁表曾与诗曰："巧制新章拍指新，金罍巡举助精神。时时欲得横波盼，又怕回筹错指人。"席纠，觥录事也。章程，酒令之律。诗中的金罍与筹前后呼应，自是酒宴行令所用罚盏。

　　言及罚盏，便须细来分说诗句中的一个"觥"字。不妨与杜牧的另一首《题禅院》合看："觥船一棹百分空，十岁青春不负公。今日鬓丝禅榻畔，茶烟轻扬落花风。"十岁，或作"十载"，似以后者为好。《杜牧集系年校注》云："觥船，容量大之饮酒器。此处亦指酒船。晋毕卓好饮酒，曾云：'得酒满数百斛船，四时甘味置两头，右手持酒杯，左手持蟹螯，拍浮酒船中，便足了一生矣。'事见《晋书》卷四十九本传。百分空，意为忘却一切世俗之事。"

　　觥为"饮酒器"，觥船为"容量大之饮酒器"，《校注》所云并不错，却是注其一而未注其二。因为"觥"尚有一个古老的也是它的核心义项，即"罚爵"。前引《诗·周南·卷耳》，其下又有句云"我姑酌彼兕觥"。兕是犀牛，这里代指犀牛角，《毛传》所谓"兕觥，角爵也"，即仿犀角样式制成的饮器[3]（图30）。《郑笺》："觥，罚爵也。……旅酬必有醉而失礼者，罚之亦所以为乐。"这里说到的"旅酬"，原是上古时代的一种饮酒仪式，即采用"接力"一般的方式递相酬饮，醉而失礼，便用兕觥作为罚酒之器饮失礼者，这一饮器即称作"罚爵"。此风相沿至唐而不衰，不过一个很大的不同，在于以当日酒令的发达而把传统的罚失礼易作罚违令，即一面沿用了觥原有的"罚爵"之义，一面用各种酒令将"罚之亦所以为乐"之举变作酒席筵中最有兴味的

1　《杜牧集系年校注》，页 1277、397，中华书局二〇〇八年。
2　器藏陕西历史博物馆，此系观展所摄。
3　山西博物院藏，此为参观所摄。

游戏。觥于此际理所当然成为酒器中的主要角色，司掌罚酒者亦即游戏中的核心人物，也因此名作觥使或觥录事。觥的式样也不再以犀角式为主，却是以新奇为尚，而多取用略如船形的多曲长杯[1]（图31、图32）。"觥船"之命名，这也是缘由之一。杜诗"觥船一棹百分空"中的觥船即是此类，实与《晋书》中毕卓的酒船，了不相干。理解此句大约也不可脱离酒宴情景，因此"百分空"之意，或未必在于"忘却一切世俗之事"。"分"乃饮器容酒之量，杜牧诗《后池泛舟送王十》"为君蘸甲十分饮"，《校注》："蘸甲十分，酒斟满沾湿指甲，以示畅饮。"似亦得其一而未得其二。十分，固谓满杯，但它本是酒令中语。江苏镇江丹徒丁卯桥唐代金银器窖藏中有银鎏金龟负"论语玉烛"筹筒亦即笼台一具，笼台中置酒筹五十枚，它用了"误读"的办法把《论语》编排为饮酒的秩序亦即律令，饮与不饮、劝与被劝、饮多饮少，均依律令所规定的"饮、劝、处、放"四种情况而行事，而分别以五分、七分、十分、四十分为依令饮酒之章程[2]（图33）。如"一箪食一瓢饮，自酌五分"，"君子之居何漏（陋）之有，自饮七分"，"四海之内皆为兄弟，任劝十分"，"择其善者而从之，大器四十分"，等等。在此意义上理解"觥船一棹百分空"，那么是极言觥船容酒之量，以此概括"十载青春"的诗酒风流。

唐以后，"觥"依然是酒器的名称之一，但"觥"的名与实却有了变化。即它在具体使用的时候，含义已与唐代相异，不过旧义犹存

图31　银鎏金摩竭纹八曲长杯　陕西历史博物馆藏　　图32　金花银花鸟纹八曲长杯　日本神户白鹤美术馆藏

图 33　银鎏金"论语"酒筹 江苏镇江丹徒丁卯桥唐代金银器窖藏

书面语中而已。宋郑獬作《觥记注》,下列各目均为历代酒杯,则以"觥"为名,只是把它作为酒杯的雅称。晏殊词《喜迁莺》"觥船一棹百分空,何处不相逢",全用着《题禅院》中成句,而小杜诗原指罚盏,大晏词则代指酒杯。宋元时代酒筵上潋滟流光的是"劝杯",欧诗"劝客芙蓉杯"之芙蓉杯,便是此物。

一个"觥"字,自先秦用到今世,字面未改,所指之物却是迭经变化,此"觥"早非彼"觥",注家每每以"酒器"二字交代过去,其实未达此中之变,更无论演变中所包容的文化信息也。

九 "万钉宝带烂腰镮"

揭明出典,是古诗文笺注要义之一,但与器物有关的典故,每须解得古今之别,如此方能直指诗中物象。仍举欧阳修之例 :《子华学

1　两例均为参观所见并摄影。
2　镇江博物馆《镇江出土金银器》,页 20,文物出版社二○一二年。

士傔直未满遽出馆伴病夫遂当轮宿辄成拙句奉呈》:"万钉宝带烂腰镮,赐宴新陪一笑欢。金马并游年最少,玉堂初直夜犹寒。自嗟零落凋颜鬓,晚得飞翔接羽翰。今日遽闻催递宿,不容多病养衰残。"《欧阳修诗编年笺注》解题云:此诗作于嘉祐二年十二月,"时任翰林学士、史馆修撰,主修《唐书》。子华学士,即韩绛,时为翰林学士。……韩绛翰林院值班期间,因为担任馆伴契丹的使臣,仓猝离院,欧代为值班,为赋此诗。诗歌赞美韩绛年少材高,自愧多病衰残。情意真挚,诗脉通贯,风清韵雅,一气回旋"。"万钉宝带烂腰镮"句,释曰:"烂腰镮,耀眼的学士腰带。镮,泛指圆圈形物。《战国策·齐策五》:'军之所出,矛戟折,镮弦绝。'姚宏注:'镮,刀镮。'"欧诗又有《与子华原父小饮坐中寄同州江十学士休复》一首,句云"白发垂两鬓,黄金腰九环",《笺注》曰:"腰九环,腰带上悬挂九个金环。九环,九环带。古代帝王贵臣的腰带,以有九个金环,故称。"

前例,"镮,泛指圆圈形物",此注近于未注。下引刀镮故典,更与腰环无涉。"烂腰镮",自然也不可解作"耀眼的学士腰带"。后例,注语其实未名所以。"古代帝王贵臣"云云,"古代"二字范围实在太广,唐与宋今皆可谓之"古代",然而带的形制,宋与唐并不相同。

万钉宝带和腰九环,都是用典。南宋叶廷珪编集类书《海录碎事》卷五《衣冠服用部·带绅门》分别有"万钉带"和"九镮带"两项。一曰:"杨素破突厥,隋文帝赐万钉宝带。"一曰:"李德林修律令,赐九镮金带。"前者见《隋书》卷四十八《杨素传》,谓突厥达头可汗犯塞,杨素领兵出塞,大破之,帝"优诏褒扬,赐缣二万匹及万钉宝带"。同书卷六十三《卫玄传》,道周武帝任玄为益州总管长史,"赐以万钉宝带"。后者见于《隋书》卷四十二《李德林传》,曰开皇元年,敕令德林与于翼、高颎等同修律令,"事讫奏闻,别赐九环金带一腰"。可知万钉宝带与九环金带之赐,实为荣宠。

系腰的革带带表装缀金玉带銙（或作胯），带銙下端垂环以系佩物之带，此名蹀躞（亦作鞢𩍇带）。垂环的带銙，目前见到最早的实例为东汉物，它的普遍施用则在魏晋南北朝时期，流行范围也包括朝鲜和日本。纳入中原政权的舆服制度之后，便以銙下垂环的多少以别尊卑。《旧唐书·舆服志》曰，"隋代帝王贵臣，多服黄文绫袍，乌纱帽，九环带，乌皮六合靴"，"天子朝服亦如之，惟带加十三环以为差异"。沈括《梦溪笔谈》卷一中说道："带衣所垂蹀躞，盖欲佩带弓剑、帉帨、算囊、刀砺之类。自后虽去蹀躞，而犹存其环，环所以衔蹀躞，如马之鞦根，即今之带銙也。天子必以十三环为节，唐武德贞观时犹尔，开元之后，虽仍旧俗，而稍褒博矣。然带钩尚穿带本为孔，本朝加顺折，茂人文也。"陕西咸阳底张湾北周若干云墓出土八环蹀躞玉带，西安南郊何家村唐代窖藏中有九环蹀躞玉带。完整的一副十三环蹀躞带，前不久发现于扬州西湖镇曹庄隋炀帝陵，带銙为金，环为玉[1]（图34）。

用于垂系蹀躞的环与銙相连，带銙与带鞓的固定，多取用金钉。若干云墓出土的八环蹀躞带，便是由纵横排列的小金钉把玉带銙与带鞓和衬板固定在一起，各个玉銙用于固定的金钉数目不等，少者三五个，多者八九个，欧诗所谓"万钉"，固然是夸饰之辞，但金钉百余，以顶上的蘑菇头闪烁于带銙表面，入眼自不免有金色焕烂之感。而"万钉"式玉带既得真实，读袁桷《清容居士集》中的《采蘑菇》，便也可会心于"万钉宝带山泽癯，圆如佛螺缀头颅"之拟喻。

蹀躞带最为流行的时期是北周至隋与初唐，中晚唐时，革带多已不系蹀躞，而只是装缀带銙[2]。《太平广记》卷三九〇引五代杜光庭《录

1　今藏扬州博物馆，此为观展所见并摄影。
2　孙机《中国古代的带具·中国古舆服论丛》（增订本），文物出版社二〇〇一年。

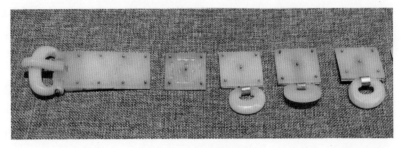

图34　十三环蹀躞带　江苏扬州西湖镇曹庄隋炀帝陵出土

十三环蹀躞带局部

十三环蹀躞带局部　　　　　　　　　　十三环蹀躞带局部

异记》曰群贼盗一大墓，见墓中"有石座，杂宝古样腰带陈列甚多"。此"古样腰带"，应指带銙下端垂环的蹀躞带。

　　唐代带銙重玉，两宋带銙尚金。欧阳修《归田录》卷二："太宗尝曰：'玉不离石，犀不离角，可贵者惟金也。'乃创为金銙之制以赐群臣，方团毬路以赐两府，御仙花以赐学士以上。"不过带銙下端早是不再系环。宋王得臣《麈史》卷上："胯且留一眼，号曰古眼，古环象也。"江西遂川郭知章墓出土荔枝纹金带具一副十三件：带扣二、带銙十、獭尾一，十枚带銙中的一枚桃形銙有一个花瓣为饰的圆孔，即所谓"古环象"之"古眼"。墓葬年代为政和四年，收入本书的《吕师孟夫妇墓出土金银器细读》已举出这一个实例。欧诗所谓"万钉宝带烂腰镮"，其实乃如此式样的一件。韩绛时为翰林学士，是"御仙花以赐学士以上"也，而这时候金带带銙下端是不垂环的。

胡仔《苕溪渔隐丛话》前集卷三十"六一居士下"引《王直方诗话》："《寄江十学士诗》云：'白发垂两鬓，黄金腰七镮。'又有《当宿直诗》'万钉宝带烂腰镮'。刘贡父云：'永叔这条腰带，几次道著也。'"刘攽原以"性滑稽，喜嘲谑"著称，此言自然也是带着调侃的成分，不过学士金带为时人所重本为实情。《夷坚志》中的《倪太傅金带》一则，即以梦中的一条金带昭示倪思一生宦迹，且应之不爽（《夷坚三志·壬》卷一）。更有一个极端的事例，——司马光《温公日记》卷三："陈彭年子彦博知汀州，以赃败，彦博子达贫困甚，乃与姊弟谋同发彭年冢，取金带卖分之。事觉，皆抵罪。"彭年在真宗朝附王钦若和丁谓，赞佞符瑞，急希进用，官至兵部侍郎。温公末了遂有如是之议："盖陈彭年之余殃耳。"

十 "水壶子"

晚唐诗僧贯休咏文房数事，中有《水壶子》一首，诗曰："良匠曾陶莹，多居笔砚中。一从亲几案，常恐近儿童。卓立澄心久，提携注意通。不应嫌器小，还有济人功。"《贯休歌诗系年笺注》注"水壶子"曰："此指书写磨墨用的盛水器。"又"卓立"句，注云："卓立，超群独立。杜甫《天育骠图歌》：'矫矫龙性含变化，卓立天骨森开张。'澄心，中心澄澈。陆龟蒙《移石盆绝句》：'移得龙泓潋滟寒，月轮初下白云端。无人尽日澄心坐，倒影新篁一两竿。'提携：张九龄《白羽扇赋》'提携密迩，摇动馨香'。注：水壶出水口。"[1]

1　《贯休歌诗系年笺注》，上册，页 424，中华书局二〇一一年。

图 35　瓯窑曲流砚滴　浙江温州市郊锦山出土

——无论于水壶子之物，抑或水壶子构造之种种，《笺注》似乎均未得要领。水壶子固然是"书写磨墨用的盛水器"，但此类盛水器的样式原不止一种，既曰水壶子，则造型如壶也。"卓立澄心久，提携注意通"，自是咏物，卓立，言器之形态；澄心，言器容清水；提携，道出壶有梁或柄而可提携注水。卓立、澄心、提携，虽是前贤用语，其实与诸人所咏之物无关。若以图为注，那么恰好有温州市郊锦山出土时属五代的一件瓯窑曲流砚滴[1]（图 35），器高 11.6 厘米，是一个瓜棱小壶，瓜棱下边探出卷曲的长流，中腰却被瓜腹伸出一个合掌的圆环抱住，扁宽的半环式壶柄上贴饰一只蝉。这一件砚滴，便是当日名作"水壶子"的一种，以蝉为饰，自是取意于"清"，与诗所谓"澄心"的意思是一样的。当然咏物诗总要意存双关，卓立、澄心，正不妨看作写心之语。然而咏物诗的要义之一，即在于咏物贴切，读诗者不得其物之实，恐怕也难得其咏物之妙，而左图右诗，或稍稍有助。

十一 "犹自风摇九子铃"

又有一类诗中"物"，在诗人已是用典，意本不在咏物，甚至他也不知"物"状究竟如何，而吾人借助现代考古，竟可因其诗，得其"物"，则此"看图说话"，便好比锦上添花了。

譬如李商隐《齐宫词》："永寿兵来夜不扃，金莲无复印中庭。梁台歌管三更罢，犹自风摇九子铃。"《李商隐诗歌集解》引前人注"九子铃"："《西京杂记》：'昭阳殿上设九金龙，皆衔九子金铃，每好风日，幡旎光影，照耀一殿，铃镊之声，惊动左右。'《齐书》：'庄严寺有玉九子铃，外国寺佛面有光相，禅灵寺塔诸宝珥，皆剥取以施潘妃殿饰。'"以下引述诸家评说，多言此诗以微物寄慨之好。《集解》因总评之日："'九子铃'既齐废帝荒淫昏愦之标志，亦其荒淫亡国之见证；既梁台新主荒淫相继之标志，亦其重蹈亡国覆辙之预兆。一微物而贯串两代亡国败君之丑剧，构思之巧妙，表现之含蓄，均臻极致。"[2]

玉溪生诗每有刻画物象的精妙，不过《齐宫词》中的九子铃却只是用典，而不在刻画。然而《集解》之评述既然特别强调"一微物而贯串两代亡国败君之丑剧"，则此"微物"究竟是何面目，吾人到底要明白才好。而此"物"以后又被欧阳修轻松拈出用于写景，便是《甘露寺》"危栏徙倚吟忘下，九子铃寒塔影移"。《欧阳修诗编年笺注》注"九子铃"云："古代寺观风檐上挂的装饰铃，用金玉等材料制成。"但所谓"装饰铃"，却又是如何"装饰"呢，此铃之面貌，依然教人踟蹰难寻。

这里便有必要"看图说话"。——首都博物馆展厅里陈列一枚嵌宝银铃，原是出自北京八宝山西晋幽州刺史王浚之妻华芳墓，银铃顶端一只背驮环钮的卧牛，其下打制出来八个人形，却是持器鼓吹或击掌节奏的八个伎乐，细窄的银条掐出伎乐的四肢、眉眼，包括手中的乐器，伎乐两足之间各一个小环，环缀嵌宝的小铃凡八枚。大铃、小铃，其表皆满布粟粒围出的石碗，自是用作嵌珠嵌宝，只是悉数脱

1　温州博物馆《温州古陶瓷》，图八八，文物出版社二〇〇一年。
2　《李商隐诗歌集解》，册三，页1533，中华书局二〇〇四年。

图 36　八子铃　北京八
宝山西晋华芳墓出土

落[1]（图 36）。小铃之于悬缀它的大铃，其"子"也，正如两汉魏晋习称的七子奁、九子奁，即大盒里边总装若干小盒而合为一器，小盒为七，名七子奁，小盒为九，名九子奁。一枚大铃悬缀若干小铃，便可依小铃之数而命作七子、八子乃至九子铃。华芳墓早年被盗，所存只是劫余，原初此铃或不止一枚。如《西京杂记》所说，龙口衔九子铃数挂，当日檐前叮咚之际，又不仅得以靡丽之音传布风的节奏，且更有流景闪烁引曜日月之嫣媚。妙巧殊工，果然有动人之魅，以至于成了亡国之"微物"，虽然亡国之因本不在"微物"，而只是被诗人撷来作为诗眼。唐人李商隐、宋人欧阳修是否见过九子铃，似难知晓，然而八子铃今人已可见得真确，"犹自风摇九子铃""九子铃寒塔影移"，较之古人系于文字的以物寄慨，吾人多了一重与"物"觌面的"穿越"之快，不是足以教人启颜么。

　　顺便说一句，华芳之曾祖，便是《世说新语》中载其行事的华歆。

十二　余絮

　　"看图说话"，只是读诗一法，并且很有它的局限性。大凡诗歌之有韵味者，总是会为读者留下想象的空间，如果用"图"填补了空白，说不定是一种"煞风景"，至少在很多情况下，"图"对于读诗来说属于可有可无。比如刘禹锡《和乐天春词》："新妆宜面下朱楼，深锁春光一院愁。行到中庭数花朵，蜻蜓飞上玉搔头。"生活中大约并不缺少如此诗意的瞬间，可巧扑入诗人之眼，于是成为春景中的一幅美人图。诗作本已如画，更无须作解。至多为"玉搔头"注明出处：《西京杂记》卷二，传说汉武帝过李夫人，"就取玉簪搔头，自此后宫人搔头皆用玉"，玉簪因有搔头之名，当然也推广及于金簪银簪而成为簪的昵称。如果吾人多事，援唐敬陵贞顺皇后亦即武惠妃墓石椁线刻画中的一幅为图解（见页 272 图 15），——山石花草间，袅娜一树花影下，新妆佳人手拈搔头"数花朵"，偏有粉蝶一只"飞上玉搔头"[2]，恐怕未如《刘禹锡集笺证》之深入一层，引白乐天原唱，揭明背景，曰"居易原诗涵意虽不能一一细解，禹锡和诗所谓'蜻蜓飞上玉搔头'则亦武儒衡讥元稹'适从何来，遽集于此'之意，不但和诗，而且次韵，语意又针锋相对，必非无因而作者"[3]。如此，则美人图就未必真的是写生，而意在讲另外的故事。

当然也有不少写实之作可令诗与画相得益彰。宋徽宗《宣和宫词》："女儿妆束效男儿，峭窄罗衫称玉肌。尽是真珠匀络缝，唐巾簇带万花枝。""官家"自写"家"事，其景其情当可凭信。若辅以绘笔，那么与此"女儿妆束"最为接近的一幅图像，便是南薰殿旧藏宋仁宗皇后坐像（图 37）。所绘仁宗皇后，当是曹后，虽然即便从仁宗末年算起，至徽宗之宣和亦逾半个世纪，但恐怕装束的改易多在细节，而大要不变。画幅中的红粉娇娥正是一身装束效男儿，"尽是真珠匀络缝"，与画笔下的宫女丝毫不差。桃、杏、菊、梅、栀子、牡丹，攒攒簇簇的"万花枝"也恰是簇带于"唐巾"。沈从文《中国古代服饰研究》在《宋皇后和宫女》一节援引这一幅画像，在讨论宫女穿戴时，乃引《老学庵笔记》中的一段话为释："靖康初，京师织帛及妇人首饰衣服，

1　孙机《三子钗与九子铃》一文已揭示其名，见《文物丛谈》，页 186，文物出版社一九九一年。

2　程旭等《唐贞顺皇后敬陵石椁》，页 91，图三六，《文物》二〇一二年第五期。

3　瞿蜕园《刘禹锡集笺证》，页 1088，上海古籍出版社一九八九年。

图 37 宋仁宗皇后坐像 台北故宫博物院藏

皆备四时。如节物则春幡、灯球、竞渡、艾虎、云月之类，花则桃、杏、荷花、菊花、梅花皆并为一景，谓之一年景。"然而从《宣和宫词》来看，杂花满头的"一年景"，风气源头原是在宫廷，且有名曰"万花枝"，靖康初年方风行于民间，俗称"一年景"，因此放翁道"靖康纪元果止一年，盖服妖也"。

　　这一个例子，可以说是援图解诗，却也可以说是援诗读图，其实二者本可相互利用。如大英博物馆藏一枚宋代银鎏金人物图妆盒（图38），银盒盖面以菱花式开光为画框，雕栏山石布置出庭园景致，中间是坐在一张鹤膝桌前略略欠身的主人公，侍儿六人捧物环立。主人公右手一方三女鬟，捧漱盂者一，捧奁盒者一，另一人抱了一个蒙袱的琵琶。左手一方，一人捧盆，一人手持包袱。又有站在桌子前方的一位，手擎尺寸将及半人高的一面大圆镜。原来点明画面主题的细节，正在此处。它把读图者的目光引向与圆镜相对的主人公，只见伊人右手分明提了一支笔，铺展在方桌的绢素上已现出半身像的一个轮廓。不必说，这是一幅对镜写真图。只是排场如此奢丽，显然不是寻常的闺中行乐。画中人娟娟楚楚，髻鬟高耸，帔帛绕身，一身装束类于唐宋画家笔下的"宫妆"，可知不是写绘时尚，而当别有故事。因不妨拈出花蕊夫人《宫词》一首："春天睡起晓妆成，随侍君王触处行。画得自家梳洗样，相凭女伴把来呈。"怀抱琵琶的女侍，也可援引王建《宫词》："内人相续报花开，准拟君王便看来。缝着五弦琴绣袋，宜春院里按歌回。"顺着这一思路，还可以想到这一枚妆盒本身又何尝不是呼应着诗中意象，便是那"晓妆"和"梳洗"。器用与装饰，在此正是相得益彰。那么此图似可名作"宫苑美人写真图"。固然不必胶着于某一诗某一事，却也不妨设想当日图案的设计者是由描绘禁苑生活的《宫词》取意。作为装饰纹样，它多半缘自"外人"对于"内人"浮华生活的诗意想象，同得自传闻的《宫词》作者以一支赋笔摹写娇艳富丽是相似的。

图 38　宋代银鎏金人物图妆盒　大英博物馆藏

银鎏金人物图妆盒盖面局部

《新编终朝采蓝》后记

　　《新编终朝采蓝》，缘于老友吴彬的提议和敦促。这一束"古名物寻微"的小文原结集于七年前，当日收在书里的文章近年陆陆续续修改了不少，两年前编订《楮柿楼集》的时候，遂将这一部分纳入其中。今再成此一编，实与彼集多有重复，而彼集未收者，不过十之三，即《文房四士总相依》《四时花信展尽黄金缕：两宋金银器类型、名称与造型、纹饰的诗意解读》《双鬟风袅莲花：蕲春罗州城遗址南宋金器窖藏观摩记》《物中看画：重读〈春游晚归图〉》《吕师孟夫妇墓出土金银器细读》《金钗斜戴玉春胜》以及《看图说话记》一组。

　　《春游晚归图》是我始终关注的一幅宋人画作，也不止一次考校画中名物，只是细节种种总未能觑得真确。今有赖于科技手段而得见"高清"，于是不仅有新的发现，且纠正了此前对画中之物的错认。

　　关于春幡胜的考索，也是一个不断自我刷新认知的过程。最初的《人胜·剪䌽花·春幡》发表于三年前，此后虽然不断补充材料，但尚缺少关键的物证。去岁初春，浙江省博物馆动议举办定州两塔文物展，主事者以"二次考古"的方法，确定静志寺真身舍利塔塔基地宫曾经改建，继而考校地宫出土碑文铭刻与遗物之对应，于是认定塔基地宫所存供养物，系自北魏兴安二年始，历经隋大业二年、唐大中十二年、龙纪元年、宋太平兴国二年延续递藏以及续入，因此宋物之外尚多有宋以前之物。以这样的认识再来审视塔基出土诸器，自然会有新的判断。机缘凑巧，我有幸随同考察，得以亲抚定州博物馆藏品，由是获益匪浅。就我关心的问题来说，其一，是增加了一大批唐代以及大约晚唐至宋初的首饰资料，如玉钗梁、银鱼钗、鎏金银钏、鎏金佛像银钗，等等。其一，则即我寻觅已久的实物证据"宜春大吉"银春幡的发现，——或者应该说是认知，因为它久已在彼，而等待吾人去叫出它的名字。此后写就的《金钗斜戴玉春胜》，或可算作春幡胜的一部小史。

《看图说话记》原是应老友之约在《书城》杂志开设的一个专栏。最初的打算是不断写下去以成一本小册子，只是计划终究未能实现。选定这一主题，是因为中华书局与上海古籍出版社出版的"中国古典文学基本"丛书，是我多年来始终眷爱的一套书，虽未特意清点，但感觉应该差不多是齐全的。事此大业者，都是文史方面造诣很深的专家，往往看见名字就觉得很信任，也果然如老师一般可以不时从中得获教益。只是偶尔会因若干注释未以"看图说话"的方式直指诗之物象而不免令人技痒，这里不揣谫陋摘其细末，诚可谓"不贤识小"者也。

终卷之际，尚不得不对本书文字与时下通例有异的两种处理方式略作说明。

一、关于"身分"一词的用法。《辞源》"身分"条义项之一曰："人在社会上的地位、资历等统称身分。《宋书·王僧达传》求徐州启：'固宜退省身分，识恩之厚，不知报答，当在何期。'北齐颜之推《颜氏家训·省事》：'吾自南及北，未尝一言与时人论身分也。'""分"的义项之一，是为职分、名分。而今所通行的"身份"一词，于古无征，且字义不通（"份"读作 fèn 时，为数量词）。因此本书取"身分"，而不取"身份"。

　　二、时下所引古代文献，均将繁体字转换为简体字，不过以考校名物之故，少量繁体字不宜如此转换，比如"毬"与"球"。凡遇这一类情况，则保持原貌。

　　"且要沉酣向文史，未须辛苦慕功名"，这是陆游六十八岁时写下的诗句，后此九年，放翁诗又有"学术非时好，文章幸自由"之句，两诗各有寄慨且不论，断章取义乃觉得这里的意思都很教人喜欢，如今我也渐入衰年，读此便更觉相契。名物考证的魅力在于艰辛劳作的过程中总能得到发现问题、解决问题的快乐，小书能够再版和新编，也是自我纠谬的难得机会，依然是放翁说出自家的心里话：学问更当穷广大，友朋谁与共磨砻。

乙未霜降

图书在版编目（CIP）数据

新编终朝采蓝：古名物寻微／扬之水著.
—北京：生活·读书·新知三联书店，2017.9
ISBN 978−7−108−05606−1

Ⅰ.①新… Ⅱ.①扬… Ⅲ.①出土文物−研究−中国
Ⅳ.① K871.4

中国版本图书馆 CIP 数据核字（2015）第 315679 号

特邀编辑 吴　彬
责任编辑 王　竞
装帧设计 薛　宇
责任校对 张国荣　张睿
责任印制 张雅丽

出版发行 生活·讀書·新知 三联书店
　　　　（北京市东城区美术馆东街 22 号 100010）

网　　址 www.sdxjpc.com
经　　销 新华书店
印　　刷 北京图文天地制版印刷有限公司
版　　次 2017 年 9 月北京第 1 版
　　　　 2017 年 9 月北京第 1 次印刷
开　　本 720 毫米 × 889 毫米　1/16　印张 33.5
字　　数 414 千字　图 1124 幅
印　　数 0,001−8,000 册
定　　价 128.00 元（上下册）

（印装查询：01064002715；邮购查询：01084010542）

Copyright © 2017 by SDX Joint Publishing Company. All Rights Reserved.
本作品版权由生活·读书·新知三联书店所有。未经许可，不得翻印。